내 마음의 소리

강경호 作, 「생성」(1992년)

국립중앙도서관 출판시도서목록(CIP)

내 마음의 소리 : 강경호 에세이집 / 지은이: 강경호.
-- 광 주 : 시와사람, 2015
p. ; cm

표제관련정보: 온갖 소음으로 고통받는 사람들에게 들려주는
ISBN 978-89-5665-419-5 03810 : ₩15000

한국 현대 수필[韓國現代隨筆]

814.7-KDC6
895.745-DDC23 CIP2015007323

온갖 소음으로 고통받는 사람들에게
들려주는

내 마음의 소리

강경호 지음

시와사람

내 마음의 소리를 만나다

1.

살아갈수록 무엇인가가 아쉽고 그리워진다. 세상도 많이 변하고 그동안 만났던 사람들도 많이 먼 길을 떠나갔다. 무엇보다도 아쉬운 것은 그 옛날 순수했던 아이는 어디로 가고 사납고 험악한 짐승의 모습을 한 나의 모습에 회한이 남는다. 내 안에 있는 짐승이 으르렁거릴수록 자꾸만 옛날이 그립다. 그러다가 내 안의 짐승이 몸부림치는 소리를 듣는다. 그것은 내 안의 짐승이 순해지고 싶어서일 것이다. 보다 착해지고 싶어서일 것이다. 순진하고 착했던 까까머리 소년시절로 되돌아갈 수는 없겠지만, 어른이 되어 잃어버린 것들을 되찾고 싶은 마음으로 내 마음 깊은 곳의 시기와 질투, 증오와 분노, 원망과 지칠줄 모르는 탐욕을 내쫓을 수 있을 것이라는 믿음 때문이다.

그러기 위해서 나는 그 옛날에 들었던 소리들을 불러내어야 한다. 그동안 문명이 낳은 자동차 소리, 앰블런스 소리, 포크레인 소리, 아파트 현장에서 쇠말뚝박는 소리, 드릴 돌아가는 소리, 전쟁터에서 들려오는 포탄과 총소리 등 인간이 만든 소리로 사나워진 나를 정화시켜야 한다. 유년에 나를 키웠던 소리들을 기억해내야 하는 것이다.

내 기억 속의 바람 소리, 새 소리, 물 소리, 눈 내리는 소리, 비 오는 소리, 나뭇잎 팔랑거리는 소리들은 모두가 자연의 소리들이었다. 태초에 조물주가 만들어낸 소리들인 것이다. 이 자연의 소리로 모든 생명들이 순리에 알맞게 생명을 낳고 살다가 자연으로 되돌아가는 순환의 연속이다. 그런데 인간이 만든 소리들은 거의가 탐욕이 깃들어 있다. 중장비가 내는 소리는 자연과 인간이 함께 살아가야 할 자연을 훼손할 때 내는 소리이며 살육의 현장에서 내는 소리 또한 누군가의 증오와 탐욕이 내재된 소리이다.

태초에 하느님이 이 세상을 창조하실 때 "빛이 있으라"고 말씀하신 것처럼 소리를 통해 빛이 생겨났고, "물 한가운데 창공이 생겨 물과 물 사이가 갈라져라" 하자 그대로 되었다는 성경의 창세기 말씀처럼 소리를 통해 무엇인가가 존재한다. 그러므로 소리는 존재의 또 다른 이름이라고 할 수 있다. 소리를 통해 존재를 드러내는 것이니 내가 기억하는, 내 마음 속의 소리들이 나의 존재를 증거하고 규명한다.

그렇지만 소리를 매제로 하는 음성 언어는 발설하면 사라지고 만다. 물론 소리를 녹음해 두면 다시 들을 수 있지만, 그러나 소리는 한 번 내뱉으면 일단 허공에 사라지고 만다. 그럼에도 소리가 주는 울림(느낌과 의미)은 듣는 사람의 머릿속에 남는다.

이러한 소리의 근원은 고요이다. 기독교에서는 하느님이 이 세상을 만들기 전에 오늘날처럼 우주도 없고 생명체도 없었다. 그러나 하느님이 우주를 만들자 수많은 행성들이 굉음을 내면 운행을 시작하였다. 고요하기 때문에 상대적으로 소리를 듣는 것이다. 그리하여 소리로 인하여 자신의 존재를 규명하게 될 수 있었던 것이다.

사람도 태어나자마자 맨 처음 하는 일은 우는 일이다. 마치 "나 여기 있소!" 하며 새로운 생명의 존재를 밝힌다. 생명은 숨을 쉬는 것을 말한다. 그러므로 사람이 살아있다는 것은 숨을 쉬기 때문이다. '소리'라는 말도 '숨'이라는 말에서 생겨난 것이 아닌가 하는 생각을 해본 적이 있다. 소리가 숨에서 생겨나기 때문이다. 악기도 소리를 내지 않으면 죽은 사물이다. 숨을 쉴 때, 즉 소리를 낼 때 악기도 생명을 갖는다. 물도 흘러갈 때 소리를 낸다. 물은 고여 있으면 썩기 마련인데, 흘러갈 때 소리를 내며 존재를 드러낸다.

그러므로 살아있는 폭포는 굉음을 내며 생명의 노래를 부른다. 소리꾼이 폭포 아래에서 목에서 피가 나도록 소리를 지를 때 언젠가는 득음의 경지에 이를 수가 있다. 처음에는 아무리 소리를 내질러도 폭포 소리만 들릴 뿐 자신의 소리를 듣지 못하다가도 마침내 거대한 폭포를 이겨내고 자신이 원하는 소리를 낼 수 있게 되는 것이다.

폭포 앞에서 가만히 귀를 기울이면 고요해진다. 그리고 마침내 폭포 소리에서 우주가 운행하는 소리, 지구가 돌아가는 소리, 바람 소리, 파도 소리, 새가 지저귀는 소리, 꽃이 피고 지는 소리들이 들린다. 그러므로 모든 소리의 어머니는 폭포가 아닐까. 소리의 어머니인 폭포를 이겨낼 때 자연의 순리와 인간의 삶이 담겨있는 소리를 담아낼 수 있는 득음의 경지에 이르는 것이다.

주지하다시피 소리는 청각의 언어이다. 바람은 나뭇잎을 팔랑거려 자신의 메시지를 보내고, 아기는 울음소리로 배고픔을 말한다. 만약에 소리가 없다면 참새는 짹짹거리며 뭐라고 말하지 못할 것이고 물소리가 없다면 물은 흐르지 못할 것이다. 특히 만물 중에서 가장 다양한 소리를 내는 인간의 언어는 무용지물이 되어 세상은 암흑천지의 죽음이 되고 말 것이다.

이에 반해 세상이 거대한 소리로 가득 찬다면 지옥이 되고 말 것이다. 그럴 때는 소리를 소리라고 할 수 없을 것이다. 소리가 소리를 잡아먹어 결국 아무 소리를 듣지 못하기 때문이다. 그렇지만 자연은 꼭 필요한 소리만을 낸다. 그렇기 때문에 아무리 다양한 소리를 내는 인간도 자연이 말하는 문장을 인간의 언어로 찾지 못하는 것이 많을 것이다. 자연의 소리는 인간의 상상력으로 형상화시킬 수 없는 문장이기 때문이다.

소리는 진실될 때 더욱 아름답다. 그래서 감동적인 소리는 관중을 압도하며 무대를 가득 채운다. 기도소리도 간절할 때 절대자와 소통이 가능해진다. 요란한 옷을 입고 낭송하는 시낭송가의 소리는 소통을 방해한다. 시를 낭송하는 마음이 소리의 뿌리에 가 닿았을 때 오히려 시인이 쓴 시보다 감동적이다.

소리도 민족마다 지역마다 다르다. 역사와 전통이 다르고 삶의 방식이 다르기 때문에 판소리, 샹송, 칸쇼네, 아프리카 음악, 라틴음악, 그리고 진도아리랑과 정선아리랑의 깊이와 넓이가 다를 수밖에 없다. 깊은 산중과 고개를 넘어가며 살아온 강원도 사람들의 삶, 떠돌이로 유장하며 살아온 집시들의 삶이 소리 속에 투사되어 지역마다 민족마다 음악이 다른 것이다. 그러므로 그 지역과 민족의 독특한 정서와 사상이 깊이 배어 있다.

뿐만 아니라 사람마다 살아온 과정과 방법이 다르므로 그 소리도 각기 다르다. 어린 날 종으로 팔려가 기막힌 삶을 살았던 공옥진이 내질렸던 소리는 저 밑바닥에서 가슴을 치게 하는 한스러운 소리이며, 따스하고 행복한 유년을 살아온 사람의 소리는 꽃처럼 햇살처럼 환하다.

내가 유년에 들어온 소리들은 나의 뼈와 살이 되었다. 세상에 나가 헛된 꿈을 꾸며 온갖 궂은 소리를 들으면서도 자꾸만 유년의 소리가 아쉽고 그리운 것은 바로 내 생명의 자양분이 되어준 어머니 뱃속에서 듣던 소리를 닮았기 때문이다.

'내 마음의 소리'들은 나를 키운 소리들이다. 그 배경은 대부분 1960년대이다. 그때만 해도 가난에 허덕였지만 순박한 시골 인심이 넘쳐났다. 수천 년 내려온 우리 민족의 공동체적인 삶의 숨결과 미풍양속이 거의 고스란히 남아있던 시대이다. 오늘날은 그 옛날에 비해 배고픈 사람도 없고, 집집마다 자동차가 있고, 좋은 집에서 호의호식하는 물질적으로 풍요로운 시대이다. 그럼에도 불구하고 내가 유년을 보낸 1960년대를 그리워하는 것은 그 시절에 울던 종달새 소리, 뻐꾸기 소리, 닭 우는 소리, 제비 지저귀는 소리와 아랫목에 술 익는 소리, 상여 소리, 다듬이 소리, 풍금 소리, 그리고 두레박 물 긷는 소리, 엿장수 가위질 소리, 쟁기질 소리, 대장간 망치질 소리와 보리피리 소리, 대숲의 바람 소리, 갈대 부딪치는 소리, 눈 내리는 소리를 잊지 못하기 때문이다. 이 소리들은 대부분 자연의 소리이거나 인간이 내는 맑고 순수하고 아름다운 소리들로 오늘날 많이 사라져 버렸다. 대신 그 자리에 탐욕이 넘치는 문명의 소리가 채워져 마음을 아프게 한다.

옛날에 함께 했던 것들이 시대의 흐름 속에서 세월의 뒤안길로 사라졌거나, 멸종 위기에 처해 보기 힘들어져 버렸다. 그러므로 만날 수 없는 소리들이 많아졌지만 아직도 내 마음 속에는 그것들이 남아 나를 일깨운다. 다시금 그 소리들을 불러 잠든 내 영혼들을 기쁘게 깨우고자 한다.

2.

오늘날 소리가 너무 많다. 그런데 그 소리들이 쫓아와 사람을 괴롭힌다. 모기 떼가 엘리베이터를 타고 고층 아파트에까지 올라와 극성이듯 길가에 방음벽을 쌓아도 막무가내로 방안까지 침투해 오는 찻소리가 지긋지긋하다. 세상이 소리로 만든 감옥이 되었다.

옛날에는 소리들이 순했다. 바람소리나 시냇물 흐르는 소리 등 대부분 자연이 들려주는 소리였기 때문이다. 그런데 오늘날 폭력적으로 사람의 심성을 건드는 소리들은 대부분 인간이 만든 소리들이다. 주지하다시피 인간이 만든 소리들은 욕심이 들어있다. 또는 자신만을 위한 이기주의가 배어있다. 순수하지 못한 의도에서 생겨난 소리들이기 때문에 사람의 마음과 귀를 거슬리게 한다.

문제는 현대인들 대부분이 이러한 소리들에 노출이 되어 있다는 점이다. 주변을 살펴보면 도시의 어느 곳에서는 언제나 공사를 하고 있다. 집을 짓든지, 아니면 도로공사를 하고 있다. 이런 곳에서는 쇠말뚝 박는 소리, 불도저나 포크레인 장비가 움직이는 소리가 들린다. 심할 경우에는 발파소리도 들리고 쇠를 깎는 소리도 들려온다.

주택가에서도 고약한 소리들은 들려온다. 단독주택 짓는 소리야 참아야 하겠지만, 아파트 층간 소음을 견디기 위해서는 대단한 인내력이 필요하다. 우리 아파트에 새로운 사람들이 이사를 왔다. 새벽에도 어린아이 뛰어다니는 소리, 밤늦게는 어른들이 쿵쾅거리는 소리가 매우 심해 한 번은 주의를 주러 위층에 갔는데 젊은 새댁이 우리더러 이사가라고 한다. 그러다가 얼마 전부터는 리모델링한다고 며칠째 천정에서 벼락 치는 소리가 끊이질 않더니 요즘에는 앙칼진 부부싸움하는 소리가 요란하다.

도시에서 집을 나서 거리에 나가면 더욱 가관이다. 앰뷸런스나 소방차 소리는 어쩔 수 없다해도 요란하게 질주하는 오토바이 소리, 자동차 클랙슨 소리, 전파사 · 음악사에서 들려오는 귀를 찢는 음악소리가 혼을 빼놓는다. 그러다가 지하철에 내려가면 환승하기 위해 달려가는 사람들의 발자국 소리가 왠지 불안하고 공포심을 유발한다.

내가 처음 소리에 놀란 것은 어린 시절인 60년대였다. 높은 하늘에 소리 없이 비행하던 제트기가 갑자기 '펑'하는 폭발음을 내며 비행하곤 하였는데, 나는 인간의 문명에 대해 처음으로 두려움을 느꼈다. 이후, 편대를 지어 '쏴아악!' 하는 소리를 내며 순식간에 사라지는 전투기 소리에서는 살의를 느끼기도 하였다

철공소 앞을 지나다 보면 쇠를 자르거나 망치질 하는 소리가 들려온다. 단단한 쇠를 자르는 소리가 마치 나의 뼈를 자르는 느낌으로 다가와 나는 치과에서 치료받을 때면 이를 가는 소리, 스케일링하는 소리가 지긋지긋하게 느껴졌다.

옛날엔 바닷가에서 갈매기가 끼룩끼룩 하는 소리를 들을 수 있었다. 그런데 지난여름에 동해안의 망상해수욕장을 갔는데 무슨 DJ페스티벌을 한다며 한밤중에 휘황찬란한 빛과 더불어 커다란 음악소리가 사람들의 뇌를 깨는 듯 했다. 머리가 지근지근 아파 오는데도 행락객들은 바닷가 상점에서 맥주를 마시고 있었다. 이제 사람들은 악다구니로 질러대는 소리들에 진화되어가는 것일까? 그래서 요즘 아이들은 귀에

이어폰을 꽂고 사는 걸까? 환경이 바뀌지면 생명체들도 그 환경에 적응하기 위해 진화하는 모양이다. 그런데 나는 그것들을 용납하지 못해 받아들이지 못하고 있으니 쉽게 진화하지 못해 멸종할 수밖에 없는 생물인 것 같다.

엄숙하고 신성해야 할 교회나 산중 사찰에 가도 인간의 마음을 할퀴는 시끄러운 소리들이 난무한다. 교회나 사찰에 확성기나 스피커를 달고 복음이나 불경 소리를 들려준다. 모름지기 복음이나 법문은 스스로의 수행을 통해 혼자서 깨닫는 것이지, 교회나 사찰 경내에서 분위기를 돋운다고 해서 깨달음이나 신앙심이 깊어지는 것은 아니다. 오히려 아무 소리들이 없는 고요함 속에서 어떤 신성성과 깨달음이 생성되는 것은 아닐까. 그런데 오늘을 살고 있는 사람들의 모습을 보면 소리 때문에 질식하고 마는 삶을 산다.

소리는 소통의 매개물이다. 옛날부터 소리를 통해 의사를 전달한 경우가 많았다. 더불어 소리를 통해 정서를 환기시키기도 하였다. 침팬지들은 자신의 가슴을 손으로 두드려 희노애락을 전하고 우리 선조들은 농악을 통해 화합하고 새로운 한 해를 희망차게 기원하였다.

그런데 오늘날 상대와 대화를 하다보면 자주 끊긴다. 휴대전화가 울려 또 다른 상대와 대화를 하기 때문이다. 옛날에는 전화기가 귀해 편지를 통해 소통했다. 오늘날은 휴대전화까지 있지만 여전히 말이 많은 시대이다. 살펴보면 쓸 데 없는 소리들을 많이 하고 있는 것이다.

그 옛날 눈 내리는 날 고학생들이 찹쌀떡 파는 소리나 골목을 돌아다니며 생선 파는 소리는 정겨웠다. 어렵지만 꿋꿋이 사는 사람들의 의지가 엿보이기도 했다. 그런데 오늘날은 트럭을 끌고 다니면서 행상하는 사람들이 내지르는 확성기 소리는 밤늦게까지 악다구니로 내지르는 매미 소리처럼 소음으로 들려온다.

소리는 소통의 방식에 필요한 매개물이지만, 어디를 가더라도 가득 찬 소리들은 우리의 삶을 깊숙이 간섭한다. 지방자치시대를 맞아 잦아진 선거 때문에 밤늦게까지 아파트 단지까지 와서 스피커로 선거 운동하는 소리를 어디까지 허용해야 할 것인가. 모처럼 단란한 가족들이 외식을 하는 식당 한 켠에서 커다란 목소리로 지난 밤에 먹었다는 1차, 2차 술 파티의 사연까지 듣고 있어야 하는지 인내심을 시험한다.

가끔 서울에 오르내리다 보면 밤늦게 승객들 모두 피곤하게 잠든 KTX안에서 휴대전화로 통화하거나 맥주를 홀짝이며 잠들지 못하게 시끄럽게 하는 사람들에게 뭐라고 해야 할지, 화를 참는 일이 비일비재 하다. 듣고 싶지 않은 소리, 들을 이유가 없는 소리들을 눈 감고 가만히 있어도 모두 들어야 하는 불청객(不聽客)의 처지가 괴롭다.

이처럼 옛날에 비하면 어디를 가더라도 소리들이 지천에 널려 있다. 대신 옛날에 들었던 순한 소리들은 많이 사라져 버렸다. 그것은 인간의 탐욕 때문이다.

주지하다시피 시인이 시를 쓰는 것은 새로운 말을 찾기 위해서이다. 기존에 사용한 말들은 이미 낡아버렸기 때문에 감동적이지 않다. 그렇기 때문에 낡은 언어를 버리고 새로운 언어로 시를 쓰는 것이다. '언어는 존재의 집'이라고 했던 실존주의자들의 말처럼 언어를 통해 자신의 존재를 드러내고 규명한다. 그러므로 자신이 내뱉은 언어는 바로 자신이다.

그런데 오늘날 수많은 소리(언어)가 난무한다. 이 소리들은 욕망을 드러내는 수단이 되고 있다. 텔레비전 광고에서 아무리 아름다운 여인이 고운 목소리로 말을 한다고 해도 그것은 '돈을 많이 벌겠다'는 메시지의 은유적 표현일 뿐이다. 그리고 앞에서 살펴보았던 인간이 만든 수많은 소리들 또한 인간의 욕망을 드러내는 수단이다. 다시 말해 포크레인 장비가 움직이는 소리도, 철공소에서 쇠 깎는 소리도 모두 자신의 이익을 위해 내는 소리인 것이다.

이렇듯 세계가 욕망이 깃든 소리로 가득하다 보니, 그것을 듣는 우리는 스트레스를 받으며 몸과 마음이 불편해진다. 그렇다고 가공하지 않은 소리인 자연의 소리만을 들을 수는 없다. 다시 말해 "자연으로 돌아가라"고 한 루소의 말대로 문명을 버리고 발가벗고 숲으로 돌아갈 수는 없지만, 어떻게 하면 자연과 인간이 하나가 되어 상생할 수 있는지를 생각해야 한다. 불편하더라도, 조금 손해 보더라도 자연의 이치를 거스르지 않고 순응하며 자연의 질서 속에 편입하려는 노력을 해야 한다.

이러한 노력의 하나로 우리는 자연을 찾는다. 휴일이면 산에 오르거나 한적한 계곡이나 들, 그리고 바다나 강 등 자연 속에 있으면 마음이 편해진다. 그곳에서는 물소리, 바람소리, 새 지저귀는 소리 등 인간이 가공한 것들이 아닌 소리들이 우리의 머릿속을 헹궈준다.

그리고 우리가 잊어버렸거나 잃어버린 오래 전의 소리들도 그리워하며 다시금 그 소리들을 생각해 내는 것도 문명에 다친 우리의 상처를 치유해 준다. 물 긷는 소리, 학교 종소리, 엿장수 가위질 소리, 쟁기질 소리, 도리깨질 소리, 맷돌 돌리는 소리, 소달구지 소리, 휘파람 소리, 상여 소리, 풍금 소리, 다듬이 소리, 한밤중에 누군가 불어주는 하모니카 소리는 인간이 만든 소리이기는 하지만 우리의 마음을 세례하듯 정화시켜 주는 소리들이다. 이것들은 자신의 이익을 위해 욕심을 부리는 소리들이 아닌 까닭이다.

때묻지 않은 이 소리들은 오늘날 많이 사라져버려 듣지 못하는 것들이 많다. 그러나 우리들 마음속에는 아직도 살아서 쟁쟁거리고 있다. 그러므로 마음을 가다듬고 눈을 감으면 내면의 깊은 곳에서 그것들이 살아서 내는 소리들이 들려온다.

소리에는 기억이 투사해 있다. 가령 옛날에 들었던 흘러간 노래에는 그 시대를 살았던 사람들의 삶과 정서가 배어 있고, 그러한 노래를 듣던 사람이 그 당시를 체험했던 어떤 정서적 사건이 그 소리를 들을 때면 살아온다. 그러므로 지난날 들었던 그리운 소리들을 마음속에서 다시 듣게 되면 그 옛날이 떠오르고, 그 옛날처럼 마음이 착해지고 순해진다.

그런데 요즘 신세대들은 옛날 사람들과는 정서가 많이 달라서인지 소리에 대한 취향이 달라도 너무나 다르다. 일제 강점기를 살면서 「나그네 설움」을 즐겨 부르던 아버지 세대와 「아침 이슬」을 즐겨 부르는 통기타 세대인 나의 취향이 다르듯이, 요즘 젊은 세대들의 노래는 매우 다양하고 낯설다. 왠지 비인간화된 것 같고 상품화 된 것 같다는 생각이 든다. 그것은 철저하게 상업적 전략에 의해 기획된 상품이기 때문이다. 한 마디로 요즘 음악은 자본에 의해, 최첨단 하이테크로 제작된 상품인 까닭이다. 그러다 보니 그러한 음악을 듣는 우리는 화려하고 현란하고 재미있지만, 삭막하고 규격화되어 뜨거운 인간의 체온을 느껴보기가 쉽지 않다.

우리 선조들은 지난날 일상에서 농사를 짓거나 일을 하면서 노동의 고단함이나 즐거움을 삶속에서 나오는 흥취와 감정에 의해 정직하게 노래하였다. '비나리' '메나리' 등이 바로 그것들이다. 그 속에서는 땀과 눈물과 기쁨의 환희가 배어있다. 그렇기 때문에 소박하지만 담담하고, 오래되어도 살아서 우리들을 감동시키는 것이다.

오늘날 소리는 많지만 우리를 감동하게 하는 소리가 귀한 시대이다. 자본문명의 득세로 인해 온갖 탐욕을 드러내는 소리들이 현대인을 불편하게 한다. 그렇다고 그 불편함을 불평할 수 만은 없다. 지난날 우리들의 마음을 움직였던 가동되지 않은 자연의 소리, 불온하거나 불순한 인간의 욕망이 깃든 소리가 아닌, 맑은 소리들을 다시금 불러내어 자본문명에 상처 입은 영혼들을 위로하기 위해 나는 수십 년 전에 들었던, 나의 일부였던, 동무들을 다시 만난다.

이 소리들은 실상 내면에서 단 한 번도 나를 떠난 적이 없었던 것 같다. 세상이 각박해질수록 자꾸만 바람소리, 새소리, 물소리, 풍금 소리, 하모니카 소리, 휘파람 소리가 되어 나의 영혼을 달래거나 각성시켰던 것 같다. 그래서 피와 살이 되어 나를 키웠던 것이다.

이제 세상 모두와 함께 지금껏 참고 있던 소리들을 함께 지르고 싶다.

"이제 내 소리를 들어봐. 때 묻지 않은 소리를 들어봐."

2015년 새봄에

저자 강경호

차례

1부 우물에 물방울 떨어지는 소리

차례

2부 감꽃 떨어지는 소리

차례

4부 어머니의 도마질 소리

차례

제1부

우물에 물방울 떨어지는 소리

맬컴 배런 作, 「오키프의 집안 뜰」 (1976년)

우물에 두레박
물 긷는 소리

고향에는 공동우물이 두 곳에 있었는데, 동편과 서편으로 나누어진 마을에 각각 하나씩 있었다. 이곳은 빨래를 하는 곳이기도 했지만 아낙네들이 물을 길어가는 곳이었다. 아낙네들은 새벽 일찍 일어나 이곳에서 양식을 씻었다. 배추나 무 등 김칫거리도 씻었다. 마을의 공동우물은 소통의 공간이기도 하였다. "동네처녀 우물가에 바람났네……" 어쩌고 부르는 노래처럼 사람을 만나고, 동네의 대소사가 전해지곤 하였다.

나는 동편 마을에서 살았는데 이곳에는 우물이 두 개가 있었다. 하나는 시멘트벽으로 둘러쌓은 넓지만 깊지 않은 우물이었고 다른 하나는 좁고 깊은 우물이었다. 마을 사람들은 큰 우물의 물을 길어 주로 빨래나 쌀을 씻었고 작은 우물에서는 물을 길어 음용수로 사용하였다. 두 개의 우물 중에 작은 우물이 깊고 서늘했기 때문이었을 것이다.

큰 우물은 깊지 않아 속이 훤히 보여 우물 속에 든 자갈의 색깔조차 식별이 가능했다. 그러나 작은 우물은 속이 깊어 바닥이 보이지 않았다. 나는 언제나 그 깊고 서늘한 작은 우물 속이 궁금했다. 작은 우물 속에 두레박을 내리고 줄을 흔들면 두레박이 뒤집히며 물이 담아졌다. 두레박줄을 잡아당기면 두레박이 물을 흘리며 위로 올라왔는데 지금도 우물 속에서 두레박 뒤집히는 소리와 물이 우물 속으로 떨어지는 소리가 들리는 듯하다.

물소리는 서늘하고 청량했다. 이따금 우물 속을 들여다보면 그 속에 푸른 하늘이 있고 흰 구름이 떠가기 일쑤였다. 우물의 출렁임이 멎은 후에 바라보면 순진하고 착한 아이 하나가 하늘 속에 잠겨 있곤 했다. 나는 우물 속을 들여다보는 것이 즐거웠다. 윤동주 시인은 우물 속의 사나이가 가엾어 다시 돌아가 우물 속을 들여다보았다고 시를 통해 자신의 처지를 노래했다. 이처럼 우물은 맑을수록 사람의 영혼까지 비춰주고 헹궈주는 청정하고 해맑은 정신의 표상이다.

군대 졸병 때의 일이다. 입대한 후 막내아우에게서 편지가 왔는데 태어나 처음 부모형제를 떠나 살게 되어 부모형제가 너무 그리울 때였다. 화장실에서 몰래 편지를 읽고 보초를 서다가 읽다보니 편지가 모두 헐게 되었다. 그때는 보안상 편지를 소지할 수가 없었다. 그래서 생각해낸 것이 부대 뒤편 숲속에 있는 우물 속에 편지를 숨겨두었다. 숲과 풀이 우거진 우물은 돌을 쌓아 축조한 것이었는데 우물 속 돌 틈에 편지를 숨겨 두었다가 가끔씩 편지를 꺼내 읽어보곤 하였다. 그때 허리를 굽혀 우물 속으로 손을 뻗으면 이등병 계급장을 단 초라한 군인 하나가 우물 속에 비쳤다. 나는 한참 동안을 우물 속의 군인을 바라보았다. 아직 마음이 여린 이등병은 우물 속의 이등병을 바라보며 눈물을 흘렸다. 군대 가서 처음 흘려본 눈물이었다. 아직 모질지 못해 정신적으로 군인이 덜 되어 집 떠나온 어린아이의 눈물 같은 것이었을 것이다. 그 자리에서 나는 아우에게서 온 편지를 찢어버리고 우물 속에 돌멩이를 던져버렸다. 그러자 우물물이 출렁거리고 우물 속에서 눈물짓던 이등병이 사라졌다.

그 이후 나는 일등병이 되고 상병이 되는 과정에 무더운 날엔 그곳에 가서 두레박으로 물을 퍼 올려 등목을 하였다. 물을 길어 올릴 때마다 이등병 시절의 나약한 군인은 물방울에 지워지고 마침내 건강한 군인으로 거듭 태어났다. 한 겨울에는 우물이 꽁꽁 얼어 물을 길을 수 없었지만 유약한 나의 모습은 오래전에 우물 속에 잠기었다. 그 우물이 있어 내가 보다 건강하고 씩씩한 남자로 거듭날 수 있었던 것이다.

언제부터 사람들이 우물을 파기 시작했을까? 사람들이 유목생활을 하다가 마을을 정해 정착하면서부터 우물을 파기 시작했을 것이다. 인류의 문명이 물가에서 시작된 것에서 알 수 있듯이 물은 생명의 씨앗이고, 생명의 시원이다.

그렇게 오늘날 내 유년의 맑은 영혼을 헹궈주던 고향의 우물은 모두 폐기되었다. 퍼내지 않은 우물은 샘솟지 않는 법이다. 우물은 자꾸 퍼내었을 때 고갈되지 않고 넘치는 까닭이다. 세상을 살아가면서 순정하고 서늘한 마음을 고갈되지 않게 자꾸 퍼내야 하는데 오늘 우리가 살고 있는 도시는 눈물 한 방울, 빗물 한 방울 스며들지 않게 시멘트와 아스팔트로 덮여 오아시스가 없는 사막처럼 인정이 메마른 삭막한 세상이 되어버렸다.

여름날 땀을 씻기 위해 등목을 하고 수박이나 참외를 우물 속에 담가놓으면 그것들도 차가워져 우리들 뱃속에 들어가 정신을 개운하게 했던 우물의 정신은 이제 수도가 보급되어 숨을 거두고 말았다.

까마득한 유년에 내게 젖을 먹이던 샘이 깊은 물은 내 마음속에 남아있다. 아직도 그 우물가에는 두레박 하나 놓여있어 마음이 흐려지거나 뜨거워질 때 우물 속에서 차디찬 물을 길어 한 두레박 시원하게 내 정수리에 부어주곤 하는 것이니 아직도 나는 두레박으로 물 긷는 소리를 듣고 있는 것이다.

대보름날의 환호, 불깡통 돌리는 소리

정월대보름날이면 아이들은 들판에 나가 쥐불놀이를 하였다. 어른들은 논둑밭둑에 불을 질러 보름날 밤은 사방이 어둠 속에서 불이 타오르는 장관을 연출한다. 아이들은 보름날 불깡통을 돌리기 위해 빈 통조림 깡통에 철사줄을 달아놓고 깡통에 구멍을 뚫어놓는다. 그리고 산에 가서 소나무 관솔을 꺾어모아 보름날 밤의 쥐불놀이를 준비한다.

보름날 밤에 아이들은 잠을 자지 않았다. 잠을 자면 눈에 다래끼가 난다는 속설이 있었기 때문이다. 그러나 나는 마을 뒤 언덕의 밭가에서 깡통불을 가지고 돌리며 놀다가 집으로 돌아와 억지로 잠을 자지 않으려고 버텼지만 한 번도 잠을 자지 않은 적이 없다.

보름날 밤이 되면 쥐불놀이 때문에 가슴이 설랬다. '타다닥' 소리를 내며 불타는 논둑밭둑에서 깡통을 돌리는 모습이 불놀이 축제처럼 아름다웠다. 아이들이 모여 한꺼번에 돌리는 불깡통은 어둠 속에서 잔영이 동그란 원을 연출한다. 어둠과 불빛이 그려내는 아름다운 이 그림은 아이들 가슴 속에 남아 그리운 추억이 될 것이다. 불깡통을 한참을 돌리는 아이, 불깡통끼리 부딛혀 하늘에 불티를 날리는 아이들, 그러다가 원심력을 이용하여 하늘 높이 불깡통을 던지면 요즘 불꽃놀이처럼 어두운 하늘을 배경으로 불꽃이 사방으로 장관을 연출했다.

이웃 마을 아이들과 불깡통놀이를 하는 경우도 있다. 상대편 마을 아이들을 향해 불깡통을 던지는 놀이인데, 싸움이 심해지면 돌팔매를 던지기도 하여 다친 아이들도 있었다. 불깡통놀이는 마을과 마을의 패싸움으로 이어지기도 하여 다른 마을에까지 쫓아가 밭에 쌓아놓은 마른 고구마순이나 볏집에 불을 지르고 도망오기도 했다.

본래 쥐불놀이는 정월 첫 쥐날에 논두밭두에 불을 놓아 해충과 쥐를 쫓는 풍속이다. 곡식을 축내는 쥐는 집안에서도 그렇지만 들에서도 곡식을 축내기 때문에 골칫거리였다. 또한 논둑이나 밭둑의 마른 풀에서 월동하는 해충들이 알과 유충을 죽이려고 불을 질렀다. 불놀이를 하다 보니 자연스럽게 아이들이 불깡통놀이를 하게 된 것 같다.

누님들이 넓은 집 마당에서 강강수월래를 부르며 춤을 추는 그 시간에 사내 아이들은 들에 나가 불깡통 놀이를 하였다. 우리 마을에서 바라보면 바다 건너 마을에서도 불깡통이 원을 그리며 춤을 추고 있었다. 까마득한 유년의 전설 같은 추억들이지만, 아무런 욕심도 없는 무욕의 시절이 그리운 것은 오직 보름밤의 축제를 위해 불깡통을 만들고 관솔가지를 따면서 설레는 마음으로 달밝은 정월대보름날을 기다린 소년들의 순정한 마음이 아름답기 때문이다.

형이 없는 나는 너무 어려 불깡통을 만들지 못했다. 다른 아이들은 형들이 불깡통을 어디서 구했는지 깡통 허리에 못이나 송곳으로 구멍을 뚫어 바람이 잘 통하게 불깡통을 만들어준다. 그런데 나는 마을 아이들이 불깡통을 돌리는 것만 바라보았다. 그러자 아버지께서 깡통을 구해 구멍을 뚫고 철사줄로 손잡이를 달아 불깡통을 만들어 주셨다.

불깡통을 맞아 머리카락이 탄 아이들도 있었다. 잘못 던진 불깡통이 하필 아이들 머리에 떨어져 얼굴에 화상을 입고 옷에 불구멍 났다. 그래서 아이들은 불깡통과의 거리를 두고 눈치를 보기도 하였다.

오늘날 아이들은 물론 농촌에서도 정월대보름이 되어도 쥐불놀이를 하지 않는다. 옛날에는 잘 몰랐지만 논둑밭둑에 불을 놓으면 해충의 천적인 이로운 충들을 오히려 죽인다는 말이 있기 때문이다. 그래서 논둑밭둑을 태우지 말자는 말을 하고 있는 실정이다.

그러나 그것들이야 어찌되었건 간에 오늘 우리가 그리운 것은, 그 시절 아이들과 사람들의 정이 넘치는 마음이다. 마을의 작은 행사 하나라도 모두가 내 일같이 다 함께 슬퍼하고 행복해 한 그들의 온정이 정월 대보름날 밤 어둠 속에서 아름다운 불꽃으로 피어났다고 믿기 때문이다.

생의 첫 이정표가 되어준 학교 종소리

일곱 살 때 작은 어머니와 작은집 형과 함께 처음 학교라는 곳에 갔다. 학교는 태어나서 본 가장 크고 넓은 집이었다. 외벽의 판자에 검은 피치를 바른 목재건물이었는데 건물에서 기름 냄새가 났다. 놀다가 아이들은 손과 옷에 검은 기름이 묻기도 하였다.

그때는 한 집에 자식들이 여섯이나 일곱 명 정도를 낳았기 때문에 학교에도 아이들이 들끓었다. 내 위로 누님들이 둘이나 있어 우리 집에서 학교는 낯선 곳이 아니었다. 그래도 처음 아들을 학교에 보내는 터라 학교와 나에 대한 기대가 대단히 컸던 것 같다. 그래서 나는 학교에 들어가기 전에 작은 누님으로부터 한글을 터득하여 입학하였다.

학교 건물 처마에 종이 하나 걸려있었다. 한 시간이 끝날 때마다 마치 '끝종' 하듯이 두 번 울렸다. 끝종이 울리면 아이들은 변소간에 가거나 잠시 쉬었다. 그러다가 10분쯤 시간이 지나면 종소리가 세 번 울렸다. 이를테면 '시작종' 소리였던 것이다. 그러면 아이들은 모두 교실에 들어가 앉았다. 공부가 시작되면 모두가 선생님의 눈과 입을 주목하였다.

처음 학교에 들어가니 선생님께서 아이들에게 화장실 위치며 종소리에 대해서 가르쳐 주셨다. 인사하는 법, 친구들과 사이좋게 지내기, 그리고 코가 나오면 가슴에 매달린 손수건으로 닦을 것 등 여러 가지 주의사항을 알려주셨다. 부모님 곁에서 잘 지내다가 여럿이 모인 학교에서 어떻게 해야 하는지 등 이른바 사회성에 대한 훈육을 받았다.

나는 미술시간과 국어시간이 특히 재미있었다. 집에서 땅바닥에 나무 막대기로 그림을 그리곤 하다 보니 크레파스로 빨간색, 노란색, 파란색을 도화지에 칠하는 것이 재미있고 호기심이 들었다. 그리고 글씨쓰기는 이미 학교에 들어가기 전에 모두 마쳤으니 무척 재미가 있었다.

미술준비는 작은 누님이 해줬다. 내가 초등학교에 입학할 때 누님은 5학년이었을 것이다. 키가 작은 나는 누님의 5학년 교실 곁에 있는 토관을 딛고 창문을 통해 교실을 바라보면서 누님을 불렀다. 토관에는 '방화수' 또는 '방화사'라고 붉은 글씨가 써져 있었다. 만날 누님을 찾는 나를 누님의 친구들은 모두 알고 있었다. "너희 동생 왔다"는 말소리 뒤에 누님이 하얀 도화지와 크레파스를 건네주곤 했다. 그때쯤 종소리가 세 번 울렸다. 시작 종소리였다. 종소리에 다급해진 나는 교실로 달려가다가 넘어져 무릎이 깨진 적도 있었다.

월요일은 교장 선생님 훈시를 듣는 날이었다. 일주일 중 제일 지겨운 시간이었다. 월요일 아침 운동장으로 모이라는 종소리가 들리면 아이들은 모두 구령대 앞으로 학년별로 학급별로 줄을 섰다. 교장선생님은 미주알고주알 잔소리를 하였다. 따가운 햇볕이 눈부셨다. 그 때는 부실하게 먹을 수밖에 없던 시절이라 많은 아이들이 영양실조와 빈혈이 있어 조회시간에 쓰러지는 일이 다반사였기 때문에 조회가 끝나기를 바랐다.

학교 종소리를 떠올리면 어린 재구쟁이가 생각난다. 한 번은 아이들과 내기를 하였다. 가위 바위 보를 해서 진 사람이 학교 종을 난타하기로 하였다. 그런데 하필이면 내가 꼴찌가 되어버렸다. 아직 상급학년들의 수업이 안 끝나 공부를 하고 있는 중이었는데 교무실 앞에 걸려있는 종 아래로 갔다. 가슴이 뛰고 숨이 막힐 듯 했다. 나는 용기를 내어 눈을 찔끔 감고 사정없이 종을 두드려버렸다. 그러자 학교는 아수라장이 되었다. 무슨 큰일이 난 줄 알고 아이들과 선생님들이 모두 운동장 밖으로 뛰쳐나왔다. 그 날 이후 나는 오랫동안 변소간 청소를 할 수밖에 없었다.

이제 학교에서 종이 사라진지가 오래이다. 어디에선가 처박혀 근대 유물로 전락하여 푸른 녹이 슬어있을 것이다. 그러나 종은 어미닭이 병아리를 부르는 것처럼 아이들을 모았다가 풀어놓는 것 같은 존재였다. 이 세상에 태어나 처음 자신의 길을 가는 아이들에게 길을 안내하는 이정표였다.

언제나 세 번 울리는 시작종 소리는 긴장과 기대를 갖게 하고 두 번 울리는 끝종 소리는 해방과 아쉬움을 주는 하나의 기호였다.

지금의 학교는 조회도 졸업식도 교실의 모니터를 바라보며 하고 전자벨소리에 시작과 끝을 알리는 간편한 시대이다. 그러나 그윽한 서정으로 우리들의 가슴 속을 울려주던 학교종소리가 애틋하고 정감 있게 떠오르고, "학교종이 땡땡땡, 어서 모이자. 선생님이 우리를 기다리신다"라고 부르던 키 작고 눈매 초롱초롱하던 일곱 살 아이가 어른거린다.

방물장수가 두드리는 방구소리

내 기억 속의 방물장수는 늘 지게 위에 좌판을 얹은 중늙은이었다. 방물장수는 주로 늙은 할머니이지만 할머니 방물장수는 기억 속에 흐릿하고, 걸을 때마다 방구소리를 내며 요란하게 나타나던 방물장수 아저씨가 떠오르곤 한다.

1960년대, 내가 여섯 살이나 일곱 살쯤 때였을 것이다. 그 때는 눈이 내리면 길이 막혀 동네가 고립이 되어 봄까지 기다려야 했다. 나는 삼동의 눈 속에 갇힌 집에서 참새 잡는 동네 형들을 따라다니거나 언 논에 가서 썰매를 지치곤 했다. 그러면서 "언제 봄이 오지?" 유독 봄을 기다렸던 것 같다. 춥고 갑갑한 것도 있지만 방물장수를 기다렸기 때문이다.

어찌 해서 남자 방물장수가 주로 여자들이 하는 일을 하게 되었는지는 모르지만, 우리 마을에 자주 나타나 마을 사람들은 물론 아이들까지 그 사람을 기억할 정도였다. 지금 생각하면 방물장수는 아주 희극적인 사람이었던 것 같다. 얼굴에 분장을 했는데 사람들의 시선을 끌기 위한 묘책이었던 것 같다.

할머니 방물장수들이 동네에 나타나 담장너머로, 또는 사립문을 열며 "빗 사세요, 동백기름도 있어요." 하며 물건 사기를 권하였다. 그러면 동네 처녀들이나 엄마뻘 되는 사람들은 "안 사요." 대꾸했다. 나는 어린 마음에 방물장수 할머니가 가엾다는 생각을 했다. 그런데 언제부턴가 그 가엾은 방물장수 할머니는 우리 동네에 나타나지 않았다. 아들을 따라 어디론가로 떠났다고도 하고, 어떤 사람은 아파서 죽었다고도 하였다.

방물장수는 눈이 녹아 길이 트이는 봄이면 나타났다. 한 겨울 동안 어디에서 어떻게 살았는지 남쪽에서 따스한 기운이 불어오고 보리밭 위에서 종달새 지저귈 때면 고개 넘어 보리밭길 지나 우리 동네에 나타났다. 얼굴에 우스꽝스러운 분장을 한 것이 마치 삐에로 같은 모습이어서 얌전한 할머니 방물장수보다 사람들의 시선을 끌었다. 개선장군 같은 호기로 발에 연결된 줄이 좌판 위에 매달린 방구에 연결되어 걸을 때마다 방구소리가 났다. 그리고 입에는 나팔을 물고 있었는데 암행어사라도 행차하듯 방물장수의 출현은 요란했다. 이러한 그의 행장 때문에 온 마을의 남녀노소가 이 엉뚱하고 즐거운 행차를 맞았다.

이렇듯 거창한 방물장수의 출현에 마을 앞에는 순식간에 많은 사람들이 모여들었다. 약장수처럼, 절로 터진 봇물처럼 맛깔스럽고 구수한 그의 입담과 공연에 홀려 사람들은 비녀, 참빗, 색실, 브로치, 동백기름, 동동구르무 그리고 비싼 노리개까지 동이 날 정도로 팔렸다.

이 능숙한 장사꾼은 외상장부까지 가지고 다니면서 개발네발 장부에 기록하여 고객을 관리하였다. 저녁 때는 동네 주막에서 얼큰하게 사람들과 술잔을 올리면서 육자배기 타령은 물론 심봉사가 눈 뜨는 판소리 한 대목을 피를 토해내듯 뱉어내 사람들의 애간장을 다 녹이기도 하였다.

벌써 오십 년이 다 된 아득한 날의 설화 같은 이야기이지만 겨울이 지나고 봄이 오면 종달새 앞장세우고 동네에 들어설 때 요란하던 방물장수의 방구소리가 그 동안 잠자던 흑백사진 같은 추억을 일깨운다. 어린 나와는 아무런 상관이 없는 방물장수이지만 괜히 봄날이면 언덕 너머에서 들려올 것 같은 설레임으로 기다렸던 추억의 방물장수가 그립다.

오늘날 지천에 널린 것이 그 옛날 방물장수의 좌판에 들어있던 물목들이지만 얼굴에 바를 동동구르무나 분을 사기 위해 열일곱 살 큰누님은 수줍게 방물장수 곁으로 갔을 것이다. 화장품 가게 앞을 지나다가 오래 전에 이 세상을 떠났을 방울장수의 흐릿한 얼굴이 떠오르고 신나게 밟아대던 방물장수의 '쿵덕, 쿵덕 쿵덕 쿵덕 쿵' 하고 언덕을 내려오던 방구소리가 들려왔다.

영혼을 담금질하는 대장간 망치질 소리

우리 마을에 대장간이 하나 있었다. 마을 샘거리 곁에 있었는데 집주인은 장애인이었다. 젊은 시절 기차에서 떨어져 다리를 다쳤다는 아저씨는 Y자로 된 굵은 지팡이를 겨드랑이에 끼고 다녔다. 걸음걸이가 움푹짐푹해 걸을 때마다 상체가 올라갔다 내려갔다 하곤 했다. 아저씨는 장애 때문인지 성격이 조금 까칠했다. 그렇지만 그 사람이 없으면 동네 일이 안 되는 만능탤런트였다. 장애인이었지만 대장간 일과 목수일도 잘 해 대패질은 물론 망치질도 능수능란했기 때문에 아무도 그를 무시하지 못했다.

샘거리에 가면 언제나 대장간 망치질 소리가 '탕! 탕! 탕!' 들리곤 했다. 대장간엔 아이들이 몰려왔다. 대장간에서 버려지는 쇳조각을 줍기 위해서였다. 손가락만한 크기의 쇳조각이 망치 끝에서 튕겨나가 땅에 떨어지면 아이들은 그걸 줍기 위해 기회만 엿보았다. 그런데 쇳조각은 엄청 뜨거운 것이어서 아이들은 쉽게 쇳조각을 줍지 못했다. 그러다가 성격이 급한 아이들이 쇳조각을 손으로 집어들다가 "앗! 뜨거워" 하며 내팽개치는 경우도 있었다. 손이 벌겋게 데워 고생하기도 하였다. 또 어떤 아이는 쇳조각이 식으면 가져가려는 꾀였다. 그런데 신발 타는 냄새와 함께 고무신이 타버려 발을 데어버리기가 일쑤였다.

대장간 주인은 아이들을 놀릴려고 "이번 쇳조각은 안 뜨겁다"고 속였는데 그것을 믿고 아이들이 쇳조각을 줍다가 낭패를 당하기도 하였다.

대장간에서는 낫, 호미, 괭이, 식칼 등 다양한 농기구와 생활도구들을 만들었다. 대장간 주인은 닳아 못 쓰게 된 쇠붙이 물건들을 용광로에 넣어 녹였다. 말이 용광로이지 실은 풀무에 딸린 작은 쇳그릇이었다. 이 쇳그릇을 불 위에 얹고 그 위에 고물을 담아 녹였다. 이때 필수적인 것이 풀무이다. 바람을 일으키는 풀무의 손잡이를 밀었다가 잡아당기는 것을 반복하여 불의 온도를 높이는 식인데 대장간에 가면 그 풀무가 신기해 주인 곁에 얌전히 앉아 풀무손잡이를 밀었다가 당기곤 했다. 그럴 때면 용광로 아궁이의 불이 불꽃을 피었다가 오무라드는 것을 반복했다.

이렇듯 풀무질을 하면 '푸우욱 푸우욱' 또는 '피식, 피식' 하는 바람소리가 났다. 아이들은 그 소리가 즐겁고 신기해 서로 풀무질을 하려고 떼를 썼는데 주인 아저씨의 환심을 사서 쇳조각 하나라도 얻어갈려는 요량이었다.

대장간에서 주운 쇳조각은 초승달 모양의 것들이 많았다. 큰 쇳조각은 다시 불에 녹여 사용하기 때문에 가져갈 수가 없었다. 아이들은 쇳조각을 숫돌에 갈아 주머니칼을 만들었다. 때로는 쇳조각을 망치로 뾰족하게 두드려 송곳을 만들어 사용하기도 하였다. 그때 아이들은 웬만한 장난감이나 놀이기구는 스스로 만들어 썼다. 이때 필요한 연장들이 주머니칼이나 송곳이었다. 그것들만 있으면 맥가이버처럼 못 만드는 것이 없었다.

이제 산업화시대가 되어 대장간이 거의 사라져버렸다. 장을 돌아다니며 대장간을 운영하던 사람들은 대부분 세월 속에 늙어가고 요즘 청년들은 힘든 대장간 일을 외면하고 있다. 뿐만 아니라 기계화되어 공장에서 대량생산이 이루어져 천년 동안 우리 민족의 연장을 만들어내던 대장간이 시대의 뒤켠으로 퇴장하고 말았다.

햇살 좋은 봄날, 대장간 마당에서 구슬치기 할 때 듣던 '땅! 땅! 땅!' 대장쟁이의 쇠 두드리는 망치질 소리, 그 소리를 들으며 아이들은 머리가 여물어갔다. 시뻘건 쇠를 땀을 뻘뻘 흘리며 망치질하다가, 다시 용광로에 넣어 달구었다가 또다시 망치질 하던 대장쟁이의 불끈 솟던 퍼런 힘줄이 떠오른다. 물 속으로 쇳조각을 집어넣으면 '푸우욱!' 또는 '피시식!' 소리와 함께 물이 튀면서 솟구치던 하얀 김도 눈앞에 보인다.

망치를 많이 맞은 징이 맑고 청아한 소리를 내고, 냉탕 온탕을 첨벙거리는 사람이 단련이 되듯, 담금질을 많이 한 쇠가 보검이 되는 것처럼 인생은 갖은 시련 속에서 건강하고 튼실하게 여물어가는 것이라는 것을 가르쳐준다.

봄볕에 새싹이 움트는데 어디선가 풀무질 소리가 들리고 이어서 내 영혼을 담금질하며 두드려 깨우는 대장간 망치소리가 들려온다.

어머니의 키질 소리

키를 머리에 쓰고 이웃집에서 소금을 얻으러 간 적이 있다. 이웃 어른들이 놀리면서 소금을 양푼에 담아 주셨는데, 어린 나이지만 부끄럽다는 생각을 하였다. 옛날엔 오줌을 못 가리는 아이들의 버릇을 잡아주기 위해 일부러 챙피한 생각을 갖도록 키를 머리에 씌워 심부름을 시켰던 것 같다.

우리 동네에서는 키를 대나무를 얇게 해서 만들었다. 대부분은 장에서 구입해서 썼지만 마을 앞에 큰 대나무 숲이 있는 우리 동네에는 대나무를 이용해 죽제품만 만들어 파는 손재주가 좋은 사람도 있었다.

키의 크기는 여러 가지여서 곡물의 종류나 사람의 크기에 따라 알맞은 것을 사용했다. 키가 작은 어머니는 아담한 키를 들고 날마다 부엌 앞에서 키질을 하며 바람을 일으키셨다.

매미 모양의 키는 크기에 비해 비교적 가볍기 때문에 들밭에 가지고 나가 깨를 까불거나 콩을 까불 때 아주 유용하게 사용할 수 있다. 키는 불순물이 섞인 곡물을 분리할 때 사용하는 농기구이다. 쭉정이나 돌 등 불순물이 섞인 곡물을 키에 담은 뒤 날개 윗부분을 잡고, 높이 들고 있다가 아래로 내리면서 까불면 그 힘에 의해 곡물이 공중으로 높이

올랐다가 내려오면서 쭉정이나 티끌 등의 이물질이 바람에 날리거나 평평한 앞쪽으로 몰리고 곡물은 오목한 뒤쪽에 남게 되는 원리를 이용한 농기구이다.

앞쪽의 양날개는 까불 때 곡물이 옆으로 떨어지는 것을 막아주고 공기의 소용돌이 현상을 만들어 효율적인 키질이 되도록 도와준다. 곡물을 모으고 공기 흐름을 조절하게 하는 넓고 오목한 모습이나 바람을 일으키는 양 옆의 날개 등 키에는 선조들의 지혜가 담겨져 있다.

키질은 여러 가지 방법이 있는데 곡식을 담은 키를 들고 천천히 흔들며 바닥에 쏟아내리는 '키내림'과 키를 나비가 날개를 치듯이 부쳐서 바람을 일으키는 '나비질' 등이 가장 대표적인 키질 방법이다. 키내림은 곡식에서 돌을 골라낼 때 잘 쓰는 방법이며, 나비질은 키 안에 곡식이 많은 경우 알곡과 쭉정이를 바람에 날릴 때 자주 쓰는 방법이다. 물론 이 두 가지 방법을 혼용하여 키질하는 경우가 대부분이다.

농기구 중 가장 많이 사용하는 것이 키인데 주로 여성들이 많이 사용하였다. 아침 저녁으로 밥을 짓기 위해 나락을 절구통에 넣고 껍질을 벗긴 후 키를 이용해 마무리를 하기 때문이다. 그리고 풍구에 넣기가 적은 양의 곡물을 까불 때 사용하는 것이 키이기 때문에 주로 할머니나 어머니가 많이 사용했다.

키질 소리는 키 안에 어떤 곡물이 담겨져 있는가에 따라 다르다. 무거운 곡물일수록 그 소리의 크키가 크고 씨알이 작은 곡물일수록 가벼운 소리가 난다. 콩을 까불 때는 콩이 구르는 소리, 콩이 부딪히는 소리가 크고 맑다. 쌀을 키질할 때는 소리가 조금 작다. 서숙의 씨알은 매우 작기 때문에 키질 소리도 매우 작다. 키질할 때 소리가 나는 것은 곡물을 높이 공중에 띄웠을 때 떨어지는 낙차 때문이다. 곡물에 따라 그 소리가 다르겠지만 쌀이나 콩 같은 경우 '싸라라락' 하는 소리를 내고, 낮게 곡물을 공중에 띄울 때는 '싸락'하는 단음이 난다.

키질은 아무나 하지 못한다. 마음대로 키가 움직이지 않기 때문이다. 키를 공중으로 올렸다 내렸다 하는 것이 기본적인 동작이지만, 자세히 보면 키의 끝부분을 안쪽보다 더 높이 공중으로 올리는 것을 알 수 있다. 그래서 어느 정도 숙련이 되어야 곡물을 까불 수가 있다. 키질을 잘 하는 사람은 아주 힘들어 보이지 않게 가볍게 키질을 하는데, 키 안의 곡물들이 구르거나 떨어지는 소리가 내는 소리와 키질을 하는 사람의 손동작이 리듬을 소리와 동작이 아주 율동적으로 느껴진다.

많은 농기구가 사라졌지만 키는 적은 양의 곡물을 탈곡하거나 빻은 뒤에 여전히 사용되고 있어 아직도 농가의 헛간에서 그 명맥을 유지하고 있는 것이 다행스럽다. 그러나 언제까지 키가 농부들 곁에 남아있을지 조금은 걱정이 된다.

키를 바라보면 각박한 현대사회에서 바쁘게 살아가는 사람들에게 마치 시원한 바람을 일으켜 땀을 식혀줄 것 같고 마음의 티끌과 돌멩이를 추려줄 것도 같다. 그 옛날 아이들에게 부끄러움을 가르쳐준 키가 오늘 우리들에게 천천히 자신의 길을 가라고 말해주는 것 같다.

아이들 부르는 엿장수 가위질 소리

옛날에는 오늘날처럼 군것질 할 것이 풍부하지가 않았다. 세 끼 밥도 제대로 챙겨먹을 수 없는 시절이라 밭이나 산에서 군것질거리를 찾았는데 계절에 따라 각기 달랐다. 봄이면 어린 소나무를 꺾어 송키를 씹으며 물을 빨아먹고, 찔레순을 꺾어먹고, 보릿고개엔 덜 여물었지만 보리이삭을 꺾어 불에 구워 먹었다. 단수숫대가 아이들 키를 넘은 한여름이면 단수숫대를 꺾어 단물을 빨아 먹었다. 질겅질겅 단수숫대를 씹어 입안에 고인 단물을 목구멍에 넘겼다.

감자나 고구마를 캐 쪄먹기도 하고 남의 집 과수원에 몰래 들어가 복숭아나 포도를 따먹기도 하였다. 한 번은 마을 아이들이 떼거리로 수박밭에 들어가 서리하다가 들켜 아버지께 혼쭐난 후 나는 남의 것을 넘보지 않게 되었다. 유년에 가장 기다려지는 것은 밀밭의 밀이 빨리 익는 것이었다. 그래서 나는 아버지께 "아버지, 올해는 밀을 몇 마지기 심어요?" 묻기도 하였는데 밀이 익어가는 밀밭 앞에 서면 배가 불렀다. 어머니는 밀을 손으로 대충 손바닥만한 크기로 주물러 밥을 할 때 밥 위에 얹어 우리들에게 간식으로 먹이곤 했다.

그 허기진 유년을 생각하면 지게에 엿판을 지고 마을에 가위를 짤각

거리며 들어오던 엿장수의 가위질 소리가 그리워진다.

엿장수는 입담도 세어 팔도를 유람하는 내용의 노래를 구수한 목소리로 중얼중얼 거리며 동네 아이들을 불렀다. 그러면 온 동네 아이들이 엿장수 곁으로 몰려 들었다. 아이들은 할머니와 어머니가 빗으로 머리를 빗을 때마다 조금씩 모아 돌돌 말아 뒤곁 시렁 틈에 숨겨놓은 것을 어떻게 알았는지 가져와 엿과 바꿔먹었다. 뿐만 아니라 대장간 주변에서 주운 쇳조각이나 떨어진 고무신을 가져와 엿과 교환하기도 하였다. 그런데 어떤 아이는 집안의 반상기를 가져와 엿장수에게 갖다 줘버려 나중에 그 집 어른들에게 발각되어 실컷 두들겨 맞기도 하였다. 양심이 바른 엿장수는 반상기나 집안의 살림살이를 아이들이 가져오면 타일러서 되가져가게 하고 엿을 먹고 싶어 하는 아이에게 엿을 떼어줬는데, 우스운 일은 아직 쓸 만한 고무신을 억지로 찢고 땅에 문질러 엿과 바꿔 먹는 아이도 있었다. 지금 생각하면 웃지 못 할 일이지만 그때 아이들에게 엿은 가장 달콤하고 맛있는 군것질 감이었다.

동네 청년들도 엿판으로 몰려들었다. 청년들은 이른바 엿치기라는 것을 했는데 가락엿을 두 동강내어 구멍이 크고 많이 뚫린 사람이 이기는 게임이었다. 두 손으로 엿을 잡고 부러뜨린 후 얼른 후 하고 입바람을 불었다. 밀가루에 묻혀있던 엿이 분질러지면서 혹시 구멍을 막을 수도 있기 때문이다. 구멍이 작은 사람이 엿을 산다든가 아니면 어떤 벌칙을 정해 벌칙에 따랐다.

엿장수의 엿은 두 가지였다. 하나는 나무 엿판에 무른 엿을 부어 굳게 한 것이었다. 팔 때마다 끌을 엿 위에 대고 엿가위로 끌을 탁탁 두들겨 엿을 쪼갰다. 다른 하나는 엿을 손가락 굵기로 늘려 만든 가락엿이었는데 뚝뚝 분질러 먹기 좋은 것이었다.

우리 동네에도 엿을 만드는 집이 있었다. 그 집 둘째 아들이 나와 같은 반이어서 가끔 엿을 얻어먹을 수 있었다. 엿을 팔아 7남매를 길러냈으니 마을 사람들이 엿 먹는 일은 엿집을 살리는 일이었다.

엿장수의 가위는 넓적했다. 가운데에 가위쇠 구멍이 있는데 그 구멍은 헐렁했다. 그 구멍에 핀을 박아 가위쇠 두 개를 고정시켰는데 이 느슨한 간격을 두 개의 가위쇠가 문지르거나 부딪치면 소리가 났다.

엿장수의 노련한 가위질에 따라 별의별 가락이 연주된다. 한 마디로 엿장수 마음대로 가위질을 함으로써 엿장수의 신명이 전해진다. 요즘에는 각설이 옷을 입고 얼굴에 주근깨를 찍은 분장으로 가위질하며 흥겹게 손님들을 유도한다. 그 옛날에도 각설이 타령조의 가위소리 연주하는 사람도 있었지만 주로 제 신명에 맞춰 '짤깍짤깍' 또는 '짤짜르짤짤'의 소리로 리듬을 맞추면 엿판가에 모여든 아이들과 어른들 모두가 흥에 빠졌다. 어른들은 엿에 관심을 가지기보다는 엿장수의 연주에 시선을 빼앗겼다. 마을에 엿장수가 나타나면 마을에 소란이 일고 무명 연예인의 즉석공연에 그날 마을 사람들도 적당히 기분이 좋아지곤 했다.

아버지의 새끼 꼬는 소리

아버지는 겨울 농한기 때가 되면 새끼를 꼬셨다. 겨울 날씨가 춥기 때문에 방안 윗목에서 새끼를 꼬셨는데 그러다보니 우리집 방안은 겨우내 지푸라기 천지였다. 어떤 때는 이불 속이나 우리 형제들 사타구니에서도 지푸라기가 손에 잡힐 정도였다.

호롱불 아래 우리들이 코가 새까매지도록 책을 읽다가 잠이 들어도 어둑어둑한 방안 구석에서 아버지는 손에 침을 발라 가면서 '찰그락 찰그락' 또는 '싸락싸락' 소리를 내며 새끼를 꼬셨다. 신통방통하게도 그것이 풀이든 지푸라기든 아버지의 손바닥에 들어가기면 하면 튼실한 새끼줄이 되었다. 한겨울 동안 새끼를 꼬다보니 우리집 헛간에는 새끼줄이 가득 쌓여갔다.

아버지가 꼰 새끼줄은 동네 아저씨들것보다 더 튼실하고 질겼다. 새끼줄을 꼬는 아버지의 손바닥에 더 기운이 모아졌기 때문일 것이다. 새끼줄은 힘이 없으면 꼬기가 쉽지 않다. 새끼줄을 엮는 손바닥에 힘을 줘야 새끼줄이 꽉 조여져 짱짱해지기 때문이다. 새끼줄 굵기에 따라 지푸라기를 두 개나 세 개씩 이어넣는다. 매듭이 없어야 새끼줄이 보기 좋기 때문에 아버지는 적당한 순간에 지푸라기를 새끼로 엮어가는 새끼줄에 잘 쑤셔 넣으셨다.

새끼줄을 꼬다가 조금 힘이 들 때면 아버지는 천천히 손바닥을 비비셨다. 이때는 '찰그락 찰그락' 소리가 났다. 그리고 기운이 넘칠 때는 손놀림이 바빠졌는데 이때는 '싸락 싸락' 속도감을 드러내는 소리가 났다. 그래서 나는 잠결에 아버지의 '찰그락 찰그락' 새끼 꼬는 소리가 들릴 때면 아버지가 주무실 때가 가까워졌다고 생각했다.

날이 새어 일어나보면 밤새 아버지의 수고스러움이 방구석에 듬뿍 또아리를 틀고 있었다. 그것들은 바람 부는 지붕을 감싸고 곡식을 담는 가마니가 되었다. 그리고 우리들이 세상을 건너갈 때 붙잡을 줄이 되어주었다.

어쩌면 우리 형제들은 아버지와 어머니가 밤새 꼬아놓은 새끼줄이었을 것이다. 지푸라기로 꼰 새끼줄은 아니지만 무엇인가를 담을 수 있는 가마니를 만들 때 쓰는 새끼줄, 그리고 지붕이며 물건을 묶을 때 유용하게 쓸 수 있는 새끼줄로 어린 우리들을 새끼줄처럼 정성껏 꼬아냈기 때문이다.

그때도 동네에서 잘 사는 집엔 새끼줄 꼬는 기계가 있었다. '철거덕 철거덕' 소리를 내는 나팔 같은 주둥이를 두 개 가진 새끼 꼬는 기계는 우리 아버지보다 훨씬 빠르게 지푸라기를 잡아물며 능구렁이 같은 새끼줄을 뽑아냈다. 그러나 기계로 짠 새끼줄은 힘이 없고 쉽게 끊어지곤 했다. 아버지가 꼰 새끼줄을 따라가지 못했다.

겨우내 새끼줄만 꼬는 아버지의 손바닥은 못이 박히고 딱딱해 가죽보다 질겨보였다. 지금 생각하면 손바닥이 아파 새끼 꼬는 일이 힘들었겠지만 아버지는 단 한 번도 새끼 꼬는 것을 멈추지 않았다. 당신의 어깨에 호박처럼 줄래줄래 매달린 어린 3남 3녀의 무게를 감당하려했기 때문일 것이다.

아버지가 겨울에 꼰 새끼줄은 일년 내내 유용하게 사용되었다. 늦가을 지붕 이을 때, 산에서 벤 나뭇단을 묶을 때, 하다못해 가을 배추나 무를 묶을 때, 가을 추수한 볏단을 묶을 때, 집안의 소소한 것까지 무엇인가를 묶을 때면 어김없이 새끼줄이 필요했다.

지금은 새끼줄보다 더 튼실한 줄이 빨간색, 파란색, 쥐색 등 별의별 재료와 색깔로 시장에 널려있다. 누구나 필요하면 쉽게 줄을 구입하여 사용할 수 있어 편리하다. 또한 초가지붕도 모두 사라져 지붕 이을 일이 없기 때문에 새끼줄은 더욱 설 자리를 잃어버렸다. 겨우 전승공예품이나 짚공예의 재료로 사용되고 있을 뿐이다.

나도 그 옛날에 아버지 곁에서 새끼줄을 꼬는 시늉을 해보았다. 아버지처럼 보기 좋게 새끼줄을 꼬지는 못했어도 바르고 예쁘게 인생길을 가야겠다는 생각처럼 열심히 새끼줄을 꼰 적이 있다. 하지만 우리 아이들은 지금껏 새끼 꼬는 모습을 구경한 적이 없다. 그럴 기회가 없기 때문이다. 그러나 언젠가는 자신들의 새끼줄을 튼실하게 꼬는 날이 있을 것이다. 새끼줄 꼬기가 이제 짚으로만 엮는 것이 아니기 때문이다. 비록 짚으로 새끼줄을 꼴 수는 없지만 우리 아버지가 새끼줄을 잘 꼬셨듯이 자신에게 알맞은 건강하고 예쁜 인생의 새끼줄을 꼬아야 하기 때문이다.

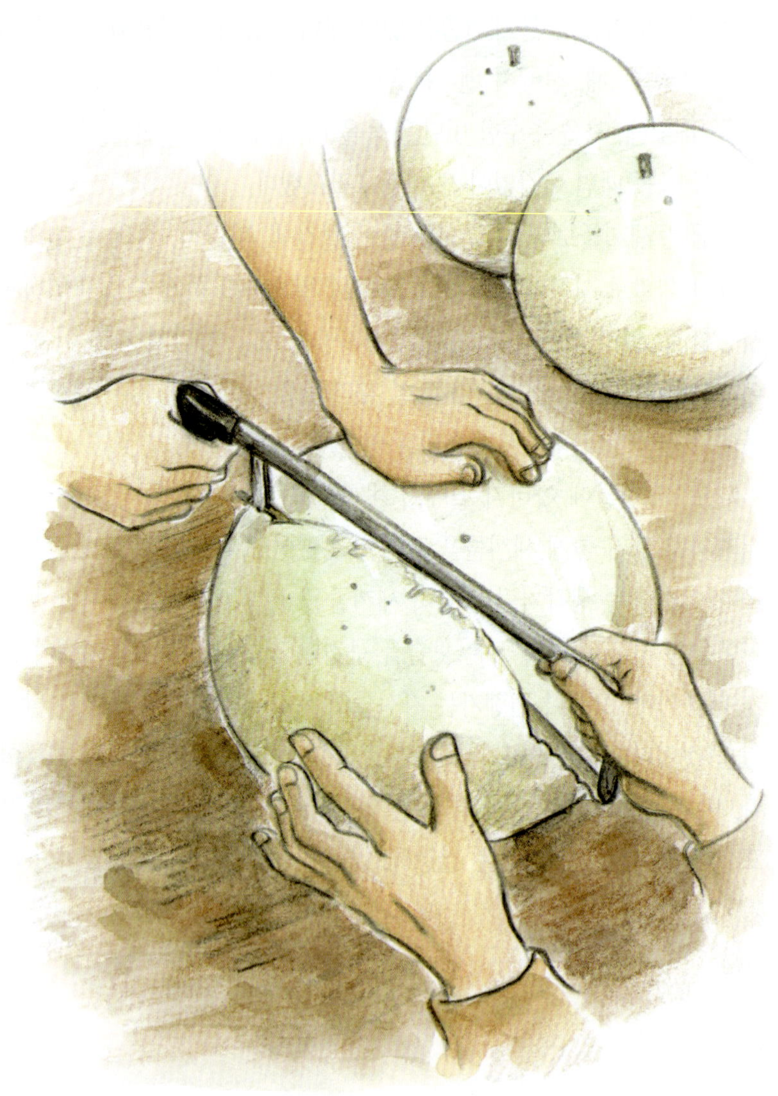

슬금슬금 박을 타는 흥부네 톱질소리

톱질소리를 들으면 옛 우리나라 이야기 속에서 대박을 낸 흥부가 떠오른다. 마루에 커다란 박을 갖다놓고 톱 양 끝을 잡은 가난하지만 마음씨 착했던 우리 아버지거나 외삼촌 같은 사람들이 톱질하는 모습은 정겹게 보인다. 흥부처럼 무슨 금은보화라도 쏟아져 좋은 일이 생길 것만 같아진다.

아버지는 손재주가 많으셨다. 아버지 손이 가면 무엇이든지 뚝딱 만들어졌다. 농사 솜씨도 좋으셨지만, 특히 목재로 생긴 것이면 농기계는 물론 집에서 사용하는 가재들을 직접 손으로 만들어 쓰셨다. 산에서 나무를 베어와 우리들의 팽이를 깎아주기도 하고, 겨울 바람이 불면 시누대와 창호지로 연을 만들어 주셨다. 심지어는 집에서 곡물을 담는 큰 뒤주와 됫박을 만들기도 하셨다. 이때 꼭 필요한 연장이 망치와 톱이었다. 망치는 못을 박을 때 사용하고 톱은 나무를 자를 때 사용하셨다. 헛간이라도 짓는 날에는 먹줄을 튕겨 톱질을 하셨는데 그때 아버지의 귀에는 연필이 꽂혀있고 입에는 못을 물고 계셨다. 그 모습이 영락없는 목수였다.

나무에 톱질을 하면 톱밥이 떨어지는데 톱밥에서 향기가 났다. 나무

중에서는 소나무와 향나무의 향기가 어떤 나무보다 향긋하고 상큼한 향기가 풍겼다. 제 몸이 잘려나가면 피비린내가 나는 것이 당연한데 나무는 꼭 자신을 닮은 향기가 났다. 오래된 나무일수록 그 향기가 더욱 아름답게 코 끝에 스며들었다.

가을이면 우리집 초가지붕과 아래채 지붕에 허연 박꽃이 피고 커다란 박이 열렸다. 아버지는 지붕에 올라가 박을 따셨는데 박씨를 빼내고 부드러운 박 속을 나물로 만들어 먹곤 했다. 잘 익은 박을 짜개기 위해 아버지와 어머니는 박에 톱질을 하셨다. '슥삭슥삭' 부드러운 박을 타는 소리는 둔탁하게 들렸다. 아버지가 톱을 잡아당기면 다시 어머니가 톱을 잡아당겨 박 속을 열어갔다. 이렇게 박을 탈 때면 흥부네가 생각났다. 놀부 마누라에게 주걱으로 봉변을 당했던 흥부의 모습과 다리 부러진 제비의 다리를 묶어주던 착한 흥부에게 제비가 강남에서 물어다준 씨가 자라 박을 타던 흥부의 내외의 행복한 얼굴이 나타났다.

매형은 진짜 목수였다. 평생 남의 집만 지어주다가 집 한 채도 갖지 못하고 세상을 떠나갔지만 톱질을 잘 했다. 매형의 톱질은 아주 쉬워 보였다. 말 그대로 '슬금슬금' 힘을 별로 안 들이고도 목재를 잘 잘랐다. 그런데 나에겐 결코 쉽지 않은 것이 톱질이었다. 톱질할 때는 우선 톱날이 반듯해야 했다. 톱날의 각도가 들쭉날쭉 하면 톱질이 잘 되지 않았다. 엉뚱한 데로 톱날이 가고 말았다. 힘이 너무 많이 톱날에 쏠리면 톱이 부러지기 일쑤였다. 그런데 오래된 매형의 톱질 기술은 힘을 별로 안 들이고 정확하게 목재를 잘라냈다.

그런데 톱질은 톱질하는 사람의 마음이 어디에 가 있는가에 따라 달라지는 것 같았다. 마음이 불안하다던가 불편하면 틀림없이 톱날이 엉뚱한 데로 갔다. 세 살 아이처럼 살살 달래가면서 톱질을 해야 한다. 그렇지 않으면 톱이 제대로 말을 듣지 않는 경우가 허다하다. 그래서 목수가 톱질하는 것을 보면 그 날의 컨디션이 어떠한 지를 금방 알 수가 있고 품성을 짐작할 수 있다.

제재소나 목공소에서도 톱질을 한다. 이곳에서는 자동톱날이 목재를 써는 것이기 때문에 그 소리가 '쐐애애' 하고 무척 시끄러운 기계음을 낸다. 집에서 흥부네가 박을 타듯이 '슬금슬금' 하는 부드러운 소리가 아니다. 그러므로 톱질소리는 그 옛날 흥부 같았던, 우리 아버지나 외삼촌이 박을 타던 것처럼 박을 타 한 끼 식사쯤으로 생각하며 타는 욕심없고 부드러운 톱질이어야 한다. 그런 박 타는 소리만이 켜켜이 잠긴 나무의 나이테를 열고 부러진 제비 다리를 고쳐주던 흥부의 영혼을 만날 수 있기 때문이다.

LIONS

영혼을 일깨우는 괘종소리

1960년대에는 시계가 있는 집이 귀했다. 부잣집에나 시계가 있었다. 심지어는 라디오도 없어 집집마다 스피커를 처마 밑에 달고 와이어선으로 연결하여 시간을 정해 틀어주면 듣고 시간이 지나면 마음대로 라디오를 들을 수 없었다. 그런 시절에 시간이 되어 '댕그렁 댕그렁'하며 소리를 내면 시간만큼 종소리를 들려주던 괘종시계는 참으로 신기한 물건이었다. 오늘날 시계의 원리를 생각하면 간단하여 비쌀 것도 없는 요술시계가 주먹만한 추를 좌우운동으로 움직이는 것이 신기하고 대단해보였다.

커다란 시계를 벽에 붙여놓고 오늘날로 치자면 텔레비전처럼 무슨 노래나 이야기가 나오는 것도 아니건만 그 집 아이들은 대단한 벼슬을 하는 것 마냥 우쭐대기 일쑤였다. 친구네 집은 나름대로 사는 집안이었던 것 같다. 할아버지가 동네 의원노릇을 하였는데 몸에 뾰루지가 나거나 체할 때면 그 할아버지가 치료해 주었다. 그래서 사람들은 그 집에 출입을 많이 했는데, 나는 그 집 아이와 동갑내기여서 같이 어울렸다.

그때는 학교 교실이 부족해 아침 반과 낮 반으로 나누어 학교에 갔다. 낮반일 경우는 그 아이 집에서 놀다가 학교에 갔는데 집 벽에 자랑스럽게 걸린 괘종시계가 그 집의 권위를 알리는 듯 '댕그렁 댕그렁' 울어댔다. 나는 마음속으로 그것이 불편해 심통이 났다. 괘종시계의 불알(추)을 손으로 꽉 쥐었다. 좌우로 흔들던 시계의 불알이 손에 잡혔으니, 시계가 죽을 줄 알았지만 시계는 아랑곳 않고 '째깍째깍' 숨소리를 내며 바늘이 돌아가는 것이다. 시계추를 움직이지 않게 하면 시계가 죽을 것인가 말 것인가에 대한 나의 궁금증은 풀렸지만 고약한 괘종시계를 어쩌지 못했으니 심술이 났다.

나중에 우리 집에도 괘종시계를 가지게 되었다. 평생 새벽 네 시에 일어나 새벽 기도를 가시곤 하던 어머니에게 괘종시계는 친절한 반려자였다. 밤중에는 실내에 미등을 켜두기 때문에 시계를 확인하고 일어나는 일은 쉬운 일이 아닐 것이다. 그런데 시계가 '댕그렁 댕그렁' 네 번을 울면 네 시가 되는 것이니 어머니는 그 소리를 듣고 일어나시곤 하였다.

그런데 괘종시계가 오래되다보니 이상해졌다. 시간도 맞지 않고 시간을 알리는 소리도 알맞은 개수로 울지 않고 마음대로였다. 내가 몇 번을 고쳤지만 끝내 시계의 고집을 꺾지 못했다. 나는 그 시계가 아까워 사무실 창고에 가져다 놓았다. 창고에 들어가면 자신의 존재를 알리는 듯 나를 향해 종을 울렸다. 누구를 위해 종을 알리는지도 모를 시계를 나는 잘 타일러서 다시 고쳤다. 그리고 괘종시계를 사무실에 기대놓았다. 눈으로 시계를 바라보면 시간은 맞지만 아직도 제멋대로 소리를 내는 것이 마치 나에게 시위하는 것 같다.

인간만이 시간을 인식하며 살아가는 동물이다. 동물들은 낮과 밤이라는 밝음과 어둠만을 인식하며 산다고 한다. 오직 인간만이 시간이라는 관념을 만들어 시간을 의식하며 시간 속에서 존재한다. 시간을 인식하는 존재만이 올바른 영혼을 가질 수 있는 존재가 될 수 있다고 한다. 그렇다면 유년의 내 마음 속에 들어와 째깍째깍 숨소리를 내며 살아있음을 깨우쳐 준 괘종시계는 나를 영혼이 있는 존재로 인도한 반려자일까? 그것은 알 수 없는 일이지만 오늘 우리들은 시계가 내지르는 소리를 잘 듣지 못하는 것 같다. 우리 집 괘종시계가 시간을 틀리게 소리 내어 알려주듯, 인간이 자유로운 영혼을 지니고 행복해지 위해서는 시간에서 자유로워야져야 하는 것일지도 모른다.

그러므로 우리 집의 오래된 괘종시계가 내는 소리는 산사의 종소리처럼 영혼의 자유로움은 시간을 넘어설 때 가능한 것이라고 오늘도 '댕그렁 댕그렁' 소리를 내며 범박한 내 영혼을 일깨우는 것이 아닌가 하는 생각이 든다.

생명의 전답을 일구는 쟁기질 소리

소와 농부가 밭이나 논에서 함께 쟁기질하는 소리는 참 정겹다. 묵묵히 쟁기를 끌고 전답을 오갈 때 농부는 가끔씩 "이랴, 이랴, 자 잣잣자, 이랴" 하면서 고삐로 갈 길을 안내하곤 하였다. 이른 봄 쟁기로 논을 갈아엎을 때 소의 입에서 하얀 입김이 났다. 한 나절 논을 갈다보면 숨이 차 소는 가끔 콧김을 길게 내뱉곤 하였다.

이 세상의 수많은 짐승들 중에서 농경민족인 우리 민족에게는 가장 친근한 짐승이 소였다. 덩치는 커다란 짐승이 순해빠져 살구만한 눈망울을 움썩 움썩 껌벅이는 모습에서 연민을 느끼곤 하였다. 그것은 평생 사람 곁에서 사람을 위해 죽어라고 일을 하기 때문이다. 그런데도 사람은 소를 위해 해주는 것이 아무것도 없었다. 우리나라 농부는 소를 닮았다. 평생 뼈빠지게 일하면서도 제대로 먹고 살기가 힘들었기 때문이다. 그래서인지 소와 농부는 왠지 닮았다는 생각이 들었다. 같은 집에서, 같은 전답에서 평생을 같이 하기 때문일 것이다. 그래서 소띠 해에 태어난 사람들은 일복을 타고 났다고 말하기도 했다.

소를 바라보는 농부의 마음은 그저 일꾼의 모습이 아니다. 소는 단순한 일꾼을 떠나 새끼를 낳아 살림을 늘려주고 그 집의 자식들을 학교에 보내주기도 하였다. 그러니 웬만한 사람보다 훨씬 유용한 존재였다. 뿐만 아니라 오래 같이 살다보니 가족이나 다름 없었다.

영화「워낭소리」에서 보았듯이 늙은 소를 팔아버리자는 자식들의 의견을 무시해버리는 대목에서 소를 가족 이상으로 여기는 노인의 생각을 엿볼 수가 있다. 늙은 소의 죽음이 혈육의 죽음인 것처럼 바라보는 노인의 눈매는 소와 함께 쟁기질해 왔던 우리 할아버지와 아버지의 눈매를 닮았다.

사람도 그렇듯이 소를 길들이는 일은 쉬운 일이 아니다. 나중에는 소와 사람이 어떤 일체감을 갖게 되지만 그러나 힘이 팔팔 넘치는 젊은 소가 쟁기질을 하고 달구지를 끌기 위해서는 어떤 관계가 설정되어야 하고 그 관계를 유지하기 위해서는 훈련이 필요하다. 그래서 우리 고향에서는 소에게 쟁기질 훈련을 시키기 위해 바닷가에 소를 데리고 가곤 하였다. 바닷가 백사장은 쟁기질 연습시키기가 좋은 장소였다.

아직 어린 소의 코에 코뚜레를 단 지 얼마 안 된 소의 등에 멍에를 얹고 소에게 쟁기를 달아 백사장으로 내몰면 젊은 소는 반항을 하며 말을 잘 듣지 않았다. 멍에를 얹는 일이 운명인 것을 알지 못하는 소는 이 운명을 뿌리칠려고 펄쩍펄쩍 날뛴다. 그러나 순치의 고삐를 쥔 주인의 손에 의해 소는 고통스럽게 모래밭에 쟁기를 박고 앞으로 나아갈 수밖에 없다. 처음엔 삐뚤삐뚤 길을 가지만 결국엔 쟁기를 백사장에 깊이 박고 자신의 삶을 일구어야만 한다. 그 길만이 소와 인간이 함께 갈 수밖에 없는 길이기 때문이다.

소를 바라보는 인간의 연민은 소를 쓰다듬는 손길에서 느껴진다. 농부는 마음 한 켠이 아려와도 소의 고삐를 끌고 쟁기질하다가 돌아와 말없이 소의 등을 어루만진다. 겨울엔 가마솥에 영양가 있는 사료를

뜨끈하게 삶아 소에게 내민다. 이러한 관계가 소와 농부의 관계이다.

겨울 동안에는 할 일이 없어 소도 농부도 한가한 시간을 보내지만 봄이 되면서부터는 모두가 바빠진다. 얼음이 풀린 밭에 나가 소와 농부는 쟁기질을 시작한다. 밭을 자주 갈아 엎어야 곡물이 튼실하게 자라기 때문에 전답은 꼭 일 년에 두 번씩 봄과 가을에 쟁기질을 해줘야 한다. 소의 노동은 쟁기질만이 아니다. 둑을 쌓고 고랑을 쳐야 하고, 장날은 짐을 싣고 읍내 장에도 다녀와야 한다. 한가하게 들판에서 풀을 뜯는 일이 드물 정도로 소는 우리 민족과 오랜 세월 함께 해 왔다.

이제 다행인지 불행인지 소가 할 일이 없어져 버렸다. 농사짓는 것도 물건을 나르는 것도 모두 기계나 차가 해버리기 때문이다. 대신 '한우'라는 이름으로 우리나라 소들은 '국내산' 소고기가 되어 식탁에 오르고 있을 뿐이다. 어찌되었든지 간에 우리나라 소는 요즘 할 일이 없어 초지나 목장에서 풀을 뜯으며 '한우고기'가 되기 위해 사육되고 있다. 그러므로 쟁기질 등 노동을 매개로 함께 살아왔던 우리나라 소와 농부의 운명적인 관계는 오래전에 사라져 버렸다. 그래서 우리나라 소의 목에서 들리던 워낭소리도 들은 지 오래되었다. 이제 우리 농부들이 할 일은 한우가격 하락을 막기 위해 시위를 하는 것 밖에 없어 보인다.

얼마 전에 보았던 영화 「워낭소리」가 더욱 공감이 가는 것은 이 때문이다. 우리의 소 한우의 처지가 자본의 논리에서 위태로운 상품으로 전락해 버렸기 때문이다. 더 이상 사람과 함께 울고 함께 웃던 운명적인 관계가 아닌 까닭이다.

산사에서 들려오는 맑은 쇠북종소리

종소리는 크게 두 가지로 나눌 수 있을 것 같다. 우리나라 사찰이나 민가에서 시간을 알릴 때와 종교적 의식으로 사용했던 종이 울리는 소리, 즉 쇠북소리와 서양에서 보급된 학교나 교회에서 사용하는 종이 내지르는 소리가 그것이다. 쇠북소리는 추가 없는 대신 종의 외벽을 커다란 나무로 때려 소리를 내게 하고 일반 종은 크기가 작은 대신 종 안에 추가 있어 이것으로 종의 안 표면을 때려 소리를 나게 한다.

그런데 학교나 교회에서 사용하는 종은 땡땡거리는 소리의 음파가 단파여서인지 그 여운이 짧다. 이에 반해 절간에서 사용하는 쇠북은 그 여운이 길고 멀리까지 퍼져나간다. 나는 이 두 종소리 중에 절간에서 들려오는 쇠북종소리에 더 귀를 기울인다. 우리 민족은 수천 년 동안 쇠북을 사용해 왔던 터라 우리의 역사와 생활 속에 그 정서가 깊이 스며있기도 하지만, 학교 종소리가 왠지 시끄럽고 수다스럽다는 느낌을 준다면 쇠북종소리는 깊고 웅혼하여 내면에 어떤 떨림을 준다. 그 떨림은 낯선 것이 아니여서 친밀하게 느껴지면서 영혼을 울리는 듯한 느낌이다.

언젠가 월정사에서 하룻밤을 묵은 적이 있다. 새벽녘에 울리는 산사의 쇠북종소리에 잠에서 깼다. 마침 잠에서 일어나려는 참이었는데 종소리를 들으며 눈을 떴다. 밖으로 나가 산 아래를 바라보니 새벽 숲이 안개 속에 잠겨 있는데 종소리가 숲을 휘감는 듯한 느낌을 받았다. 그것뿐만 아니라 쇠북종소리가 멈춘 뒤에도 그 여운이 남아 귓가에 종소리가 울리는 것이다. 종소리는 불교라는 종교적 이념을 넘어 사바세계에 크나큰 메시지를 주는 것 같다. 인간의 언어로는 도저히 만들어 낼 수 없는 신성한 의미와 신성한 기운을 스미게 하여 온 몸이 깨닫게 하는 듯했다.

흔히 신라 성덕대왕 신종으로 불리는 '에밀레종'은 우리 역사가 전하는 쇠북종의 대표적인 종이다. 아름다운 종소리를 만들기 위해 신라의 가난한 집 딸을 쇳물 속에 넣어 만들었다는 이 신종(神鐘)은 본래 봉덕사에 있었다. 높이가 333cm에 이르는 거대한 이 종은 국보23호로 경주박물관에 소장되어 있다. 어린 소녀를 시주받아 쇳물에 넣었다는 말이 참말인지 설화인지는 모르지만 슬픈 이야기가 깃들어 있어서인지 종소리에서 마치 어머니를 원망하는 듯한 여운으로 '에밀레'라는 소리로 들린다고 한다. 심금을 울리는 소리를 찾았던 신라인들의 고역을 짐작해 볼 수 있는 이야기이다.

조선시대 때 쇠북은 밤 10시가 되면 28번 종을 쳐서 통행금지를 알렸다. 새벽에는 통행금지 해제를 알리는 종소리를 33번 울렸는데 예부터 쇠북종은 백성들이 활동을 시작하고 멈추게 하는 신호를 지휘하는데 사용했으니 우리나라 종은 사찰에서 종교적인 의미로만 사용되었던 것이 아님을 알 수 있다.

일제강점기에 소설『상록수』를 쓴 심훈은 우리나라가 일제로부터 해방이 되면 자신은 까마귀가 되어 온몸으로 보신각에 부딪쳐 그 기쁨을 세상에 알리겠다고도 시를 써서 노래하였다. 이 보신각 종은 해방 이후 오늘날까지도 한 해를 보내고 새해를 맞이하는 의식을 할 때 대통령이나 서울시장이 타종하여 활력과 국운을 불어넣고 있다. 이처럼 우리의 전통 종인 쇠북은 우리나라 역사와 오랫동안 함께 숨결을 같이해 왔다.

그래서인지 국보로 지정된 전통 종이 유독 많다. 특히 사찰에 국보로 지정된 종이 많은데, 오늘날에도 전통사찰에는 반드시 단청으로 아름답게 꾸민 범종각이 있고 그곳에는 종이 모셔져 있다. 특히 에밀레종으로 알려진 성덕대왕종에는 펄펄 끓는 쇳물에 어여쁜 아이를 집어넣은 종이라는 슬픈 전설이 깃들어 있어 종소리를 듣는 사람의 가슴을 저리게 한다. 절에서는 날마다 범종각에 걸려있는 쇠북을 울려 수행자는 물론 사바세계의 중생들에게 깨달음을 전한다.

'대애앵……' 하고 온 몸을 떨면서 울리며 세상으로 퍼져나가는 쇠북종소리는 끊어질 듯하면서도 이어지는 여운을 남긴다. 이는 단순한 소리의 파장을 넘어 이 세상에서 한 번도 새겨듣지 못한 낯선 언어를 잉태한다. 개벽의 모음이다.

아버지의 장작 패는 소리

봄부터 겨울까지 일년 내내 아버지는 당산 너머 우리 선산에서 아예 사셨다. 아버지는 부지런하셔서 새벽 일찍 지게를 짊어지고 산에 가셨는데 아랫동생들에게 나누어 주기 위해 괭이와 삽이 서너 개씩 다 닳도록 산을 일구어 밭을 만드셨다. 그리고 틈틈이 산에 나무를 심고 나무의 가지를 쳤다. 이러한 과정에 많은 땔감이 산모퉁이에 쌓여갔다.

가을걷이가 다 끝난 초겨울, 아버지는 뒤꼍에서 장작을 패셨다. 젊은 시절 마을 인근에서 힘깨나 쓰는 장사로 소문이 난 아버지는 키는 작아도 다부지셨다. 근육질의 어깨에서 쏟아지는 힘으로 도끼로 나무토막을 내리치셨다. 그럴 때마다 소나무나 오리나무 등의 나무토막은 두 쪽으로 쩌억 쪼개졌다. 나무에서 향기로운 소나무나 오리나무 향이 났다.

장작패는 일은 얼핏 보기에는 쉬워보여도 아무나 할 수 있는 일이 아니었다. 잘못 하다간 도끼가 땅으로 박히거나 헛찍혀 나무토막이 미끄러져 도망가기 일쑤였다. 그리고 힘으로만 하는 일이 아니었다. 괜히 힘만 썼다간 그날 저녁 몸살 나기 때문이다. 아버지는 알맞게 썰어진 나무토막을 반쯤 쪼개진 큰 나무 토막 위에 올려놓고 중심을 찍었다. 이때 도끼날의 방향이 틀어지면 엉뚱한 데에 도끼가 박히기 때문에 나무토막의 중심을 겨냥해야 한다. 그래야만 나무의 세로 결을 가를 수 있다. 아버지께서 장작을 패면 촌철살인이라는 말처럼 단 한 번도 헛 도끼질을 하지 않으셨다. 이마에 도끼날을 맞은 장작은 향그러운 제 속살을 내보였다.

도끼날에 찍힌 나무토막이 제대로 도끼날에 찍히면 '쩌어억' 하는 소리와 함께 쉽게 쪼개진다. 그러나 장작은 한 번에 짜개지는 경우가 드물었다. 길이가 있기 때문이다. 그래서 아버지는 먼저 나무토막의 윗부분을 도끼로 내려친다. 그리고 중간 아래쯤에 또 한 번 도끼날을 내려치면 경쾌한 소리와 함께 장작이 짜개져 공중으로 날아올랐다.

아버지처럼 숙련된 사람이 장작을 팰 때는 장작이 짜개지는 소리가 경쾌하다. 이렇듯 리듬을 타면 일을 해도 덜 피곤하고 쉽게 장작을 팰 수가 있다. 이러한 이치를 아는 아버지는 장작 팰 때도 노동이라고 생각하지 않고 놀이로 여기신 것 같다. 신명 날 일은 아니지만 땀을 뻘뻘 흘리면서도 즐겁게 장작을 패셨던 것 같다. 그래서 아버지가 장작 패는 모습을 보고 있으면 속도감이 느껴졌다. 도끼날이 공중으로 치솟았다가 다시 땅으로 떨어질 때 곧바로 '쩌어억' 장작이 쪼개지는 소리를 내며 치솟았다가 땅으로 떨어졌다. 이러한 연속동작이 한동안 이어지다보면 어느새 뒤곁에 장작더미가 가지런히 쌓여갔다.

착착 잘 쌓아올린 장작더미를 바라보면 벌써 혹한의 겨울이 따뜻해지는 듯했다. 불기운이 느껴지는 것이다. 아무리 날씨가 추워도 장작만 있으면 아랫목이 설설 끓기 때문이다.

특히 우리들 방에는 아버지께서 소죽을 쑤면서 아궁이 깊이 장작을 더 쑤셔놓으셨다. 그러면 다음 날 아침까지도 장작불 기운 때문에 우리는 따스한 밤을 보낼 수 있었다.

장작불을 요긴하게 쓸 때는 설 무렵이었다. 설을 맞기 위해 강정이나 산자를 구울 때면 장작불을 뜨겁게 지폈는데, 방이 설설 끓었다. 엉덩이가 댈 정도로 뜨거워 까매진 아랫목에 강정이나 산자를 널어 놓으면 맛있게 익었다. 그것을 몰래 훔쳐먹다가 어른들에게 지청구를 듣기 일쑤였다.

이제 장작불을 지피기 위해 장작을 패는 사람들이 산중에나 있는지 모르겠다. 연탄불마저 거의 사라진 시대에 전기로 모든 난방을 해결하고 있다. 스위치를 누르면 방이 따스해지고 밥이 익고 물이 데워지는 편리한 세상이다. 그런데 어찌된 일인지 나는 장작불에 삶아진 꼬들꼬들한 밥을 먹고 싶어진다. 가마솥에 잘 누른 누룽지도 먹고 싶어진다. 그리고 장작을 패 어린 우리들의 삭신을 뎁히던 아버지는 세상을 떠나가셨지만 뒤꼍에서 장작을 패던 소리가 자꾸만 들려온다.

둠벙에서 물 푸는 소리

오늘날에는 둠벙에서 물 푸는 소리를 들을 수 없다. 관계시설이 좋아지고 펌프가 잘 보급이 되어 쉽게 물을 끌어들일 수가 있기 때문이다. 가뭄이 심한 때는 저수지의 수문을 열면 농부들은 삽을 들고 논에 나가 수로를 얼쩡거리며 자신의 논에 물을 대려고 야단이었다. 서로 물을 대려다 들판에서 큰 싸움이 벌어지는 일은 흔한 일이었다.

그러나 저수지가 없는 산 밑의 천수답은 어쩔 수 없이 둠벙을 파고 며칠이고 밤새 물을 펐다. 내 유년의 부모님을 생각하면 밤늦게까지 둠벙에서 물을 푸는 아버지와 어머니의 모습이 떠오른다. 바닷가에 있는 우리 논은 바닷물이 넘쳐 들어오는 경우가 많았다. 바닷물이 논에 들면 벼가 빨갛게 타버려 그 해 농사를 망치기 일쑤였다. 바닷물이 논에 들어오면 재빨리 바닷물을 빼고 논에 저수지의 물을 채워야 하는데 저수지의 수문은 언제나 열려있는 것이 아니였다. 저수지에 물을 채워 놓았다가 꼭 필요한 시기에만 수문을 열었다. 그러다보니 아버지와 어머니는 가뭄 때나 논에 바닷물이 들어왔을 때면 어김없이 며칠씩 둠벙에 나가 두레질을 하셨다.

아버지는 바닷가 논 귀퉁이에 둠벙을 파셨다. 선산 아래 천수답 귀퉁이에도 둠벙을 파셨다. 늦가을 둠벙물을 품어내면 누렇게 살이 찐 장어와 미꾸라지, 그리고 붕어가 잡혔다. 특히 가을 장어는 아주 기름진 것이어서 그 날은 고기를 먹는 날이었다. 숯불 위에 석쇠를 얹고 그 귀에 토막낸 장어를 올려놓으면 지글지글 소리를 내며 노릇노릇 익어 갔다. 지금도 고향 들녘을 지나갈 때면 옛날 아버지가 농사를 지으셨던 논을 바라보고 그 논가의 둠벙자리를 바라본다. 그러나 둠벙은 사라져 보이지 않고 낯선 사람만 눈에 띈다.

1960년대, 부모님들께서는 밤늦게까지 돌아오지 않으셨다. 나는 어린 나이에도 부모님이 걱정이 되어 들에 나갔다. 부모님은 어두운 들에서 일하시느라고 늦으셨다. 그러나 어떤 때는 부모님이 보이지 않은 경우도 있었다. 당산뫼 아래의 전답에서 부모님이 안 보일 때면 나는 바닷가 논으로 향했다. 그러면 그곳에서 부모님께서는 논을 매고 계셨다. 또 어떤 날은 아버지와 어머니께서는 둠벙가에 두레질을 하고 계셨다. '솨아 솨아' 하면서 들리는 두레질 소리는 나를 아프게 하였다. 밤새 두레질을 하다보면 허리가 아프고 두레줄을 잡은 손에서 피가 났다. 처음에는 물집이 생기다가 두레줄을 잡을 수 없을 정도로 아픈 손바닥에서 피가 흘러나왔다. 상처난 손을 헝겊으로 칭칭 동여매고 두레질 하는 모습은 마치 밤새 도깨비가 춤을 추는 듯했다. 어린 우리들은 부모님이 두레질을 하는 그 시간 아무것도 모르고 잠에 떨어져 있곤 했으니 참으로 철딱서니 없는 자식들이었다. 그러나 밤새 허기진 논에 물을 대기 위해 두레질 소리는 어린 우리들을 키우는 생명의 소리였다.

아버지와 어머니가 나무로 만들어진 마름모 기둥의 사각 두레가 물속으로 들어가 물을 담으면 배에 힘을 모아 두레를 들어 논으로 냅다

팽개치셨다. 그러면 두레에 담긴 물이 논바닥으로 흘러들어갔다.

다섯 마지기의 넓은 논에 물을 대는 일은 쉬운 일이 아니였을 것이다. 그러나 부모님들께서는 며칠씩 두레질을 해서라도 논에 물을 가두어 농사를 짓고 싶었을 것이다. 하루 종일 둠벙에서 물을 품어내면 다음날 또 다시 둠벙에 물이 고였다. 아버지와 어미니는 그것조차 아까워 또 다시 가문 논에 물을 퍼 올리셨다. 팍팍한 살림살이 때문에 식구들을 먹여 살리기 힘들었던 그 시절, 우리들의 아버지와 어머니의 어깨는 새끼들이 매달려 있었기 때문에 두레질을 마다할 수 없었을 것이다. 그래서 집으로 돌아오신 아버지와 어머니의 어깨는 수만 번 품어낸 두레질 때문에 알이 배이고 신경통이 도져 말할 수 없는 통증이 몰려왔을 것이다.

두레질 소리가 아름답거나 음악적으로 들리지는 않았지만 식량을 얻기 위해 뼛골이 빠지는 부모님들의 수고가 배어있었다. '솨아~ 솨아~' 논에 물 떨어지는 소리가 들릴 때마다 가슴이 철렁 하는 아픔이 묻어났다. 한밤중까지 두레질 하는 소리가 우리들을 키웠다는 것을 생각하면 두레질 소리만큼 고맙고 애틋한 소리도 없을 것이다.

아버지의 도리깨질 소리

옛날부터 마당은 공동체적인 삶을 구현하기 알맞은 공간이었다. 여름엔 마당에 멍석을 깔고 저녁밥을 먹고 누워 밤하늘의 별을 바라보곤 하였다. 집안의 대사인 혼례 치루는 일은 물론 어른이 돌아가시면 차일을 치고 문상객을 맞고 장례를 치뤘다. 팔월 한가위엔 동네 처녀들이 모여 강강술래를 부르며 빙글빙글 마당을 돌았다. 정월 보름날엔 농악패들이 한해 농사를 기원하고 집안의 안녕을 빌었다. 마당은 다목적 삶의 장소였던 것이다. 그래서 마당놀이라는 것을 하면서 온 가족과 마을 사람들이 흥에 겨워하기도 하고 슬픔을 나누기도 했던 삶의 고처였으니 마당이라는 말을 그냥 공간개념으로만 이해할 것이 아니다.

그 마당에서 농산물을 타작을 하고 건조시켰는데 멍석을 깔고 고추를 말리는 풍경은 이제는 아릿한 옛 풍경이 되어가고 있다. 나는 마당에서 아버지가 마른 콩대를 널어놓고 도리깨질하는 소리를 가끔 떠올린다. 지금은 남의 집이 되고 남의 마당이 되었지만 눈을 감으면 젊은 아버지께서 땀을 뻘뻘 흘리며 콩타작을 하는 도리깨질 소리가 들린다.

오늘날 같으면 마스크라도 쓰고 도리깨질을 했겠지만 그 시절에 아버지는 도리깨질을 하시다가 힘겨우면 냉수를 한 대접을 벌컥벌컥 들이키고는 수건으로 이마의 땀을 닦고 다시 도리깨질을 하셨다. 학교 갔다가 집에 돌아오면 우리 집 마당 위에서 도리깨발이 춤을 추곤 하였다. 하늘로 오르락내리락 할 때마다 콩대를 두들기는 소리가 '탁 탁 탁' 소리를 냈다. 집 마당에 들어서면 도리깨발을 맞은 콩깍지가 토해내는 콩알이 '툭 툭' 사방으로 튀었다. 마당 옆 변소간 벽을 맞고 구르는 콩알, 문풍지를 맞고 마루를 굴러 마당으로 떨어지는 콩알, 마치 새총에서 튕겨나간 새총알처럼 집안 구석구석으로 튕겨갔다. 어떤 때는 주머니에 손을 넣으면 어떻게 들어갔는지 콩알이 손에 쥐어지기도 하였다.

나중에 콩 타작이 끝나 수북하게 쌓여있는 콩알들을 보면 괜히 부자가 된 기분이었다. 열심히 농사지어 소출한 탐스럽고 영근 콩을 보는 아버지의 마음은 도리깨질의 힘겨움도 잊고 넉넉한 마음이었을 것이다. 우리 집에서는 둥그렇고 누런 메주콩을 많이 심었는데 열두 식구가 한 해 동안 먹을 된장과 장을 만드는데 쓰고 나머지는 읍내 장에 내다 팔아 가용에 썼다. 콩은 요긴하게 쓰였는데 메주뿐만 아니라 쑥떡 고물로 사용하면 그 구수한 맛과 향기가 코를 즐겁게 하였다.

타작을 하고 남은 콩대는 아궁이에 넣고 불을 지피면 아주 모질게 잘 탔다. 타다닥 소리를 내며 불쏘시개가 된 콩대에서 가끔 콩이 튀어나오기도 하였다.

아버지는 해마다 겨울이면 산에 가서 도리깨발로 쓸 나무를 베어오셨다. 그 재료가 어떤 나무인지는 잘 모르지만, 쉽게 부러지지 않는 어린 나무였는데 곧고 낭창낭창 잘 휘어지는 것을 골랐다. 그런 나무들을 새끼줄로 여러 개를 꽁꽁 묶어 헛간에 걸어놓으면 겨우내 알맞게 건조되어 단단한 도리깨발 재료가 되었다. 봄날 아버지는 미리 베어다 놓은 대나무에 구멍을 뚫고 나무 고리를 끼어 도리깨발과 결합하여 도리깨를 완성하셨다.

아버지는 도리깨질 할 때는 힘들었겠지만 당신의 품안에서 자라는 어린 눈망울을 떠올리며 신명나게 콩타작을 하셨을 것이다. 고통스럽고 모진 세상을 헤쳐나가며 누군가 낙신낙신 두들겨 패주고 싶을 때 온 힘을 풀어 애꿎은 콩을 두드렸을 아버지의 생각이 배어있을 것 같은 도리깨가 오늘은 어쩐지 내 종아리를 때리는 것 같다.

고소하게 쏟아지는 참깨 터는 소리

기름집 앞을 지나갈 때는 고소하다. 고소한 냄새를 맡는 일이 돈 드는 일은 아니지만 공짜로 참기름 냄새를 묻혀가는 것 같아 기분이 좋아진다. 나는 참기름 냄새뿐만 아니라 "일 년에 참기름을 한 마지기 정도를 먹는다"고 말할 정도로 참기름을 즐겨 먹는다.

참깨밭에서도 참기름의 고소한 냄새를 맡는다. 하얀 참깨꽃은 민춘란 꽃을 닮았는데 그 속에 꿀벌들이 잉잉거리며 꿀을 딴다. 그런데 내 생각으로는 꿀에서도 참깨향이 날 것 같다. 사람에게서도 참깨 향기가 난다면 그 사람은 누구에게나 고소한 사람이 될 것이라는 생각을 할 정도로 나는 참깨 애찬론자이다.

요즘에는 중국산이 많이 우리 식탁에 올라온다는데 그것은 가격이 싸기 때문이다. 중국산 깨는 우리나라 깨보다 향이 덜하다. 덜 고소해 맛이 떨어진다. 그래서 나는 무조건 우리나라 참깨만을 찾는다.

참기름을 좋아하는 나의 식성을 잘 아는 선배 한 분은 참기름이 떨어질 때가 되면 늘 참기름을 보낸다. 선배의 아우가 참기름집을 하기 때문이다.

한때 어른들께 참기름을 선물한 적이 있다. 많은 선물이 있지만 유독 고향에서 어머니가 농사지어 생산한 참깨를 선물했다. 돈으로 따지자면 별 것이 아니지만 선물받은 분들이 매우 좋아하셨다.

참깨는 완전히 익기 전에 낫으로 베었다. 그래야 참깨가 쏟아지지 않기 때문이다. 벤 참깨는 새끼줄로 묶었는데 다시 네 묶음을 하나로 묶었다. 마치 장정들이 씨름하는 듯한 모습의 깻단을 신작로가나 밭에 볕을 쬐게 며칠씩 두었다. 그러면 햇빛에 적당히 깻대가 마를 때를 기다렸다가 털어내곤 하였다.

참깨를 터는 날은 막대기와 멍석을 가지고 밭으로 갔다. 그동안 말린 깻단을 옮겨와 조심스럽게 막대기로 살살 때렸다. 그러면 여문 깨가 '솨아솨아' 하고 쏟아져 내렸다. 참깨 털 때의 서정을 빼어나게 노래한 김준태 시인은 일찍이 문단에 데뷔할 때 「참깨를 털면서」라는 시를 통해 참깨를 노래하였다. 손자가 할머니와 함께 밭귀퉁이에서 참깨를 터는데 할머니는 슬슬 막대기질을 하지만 손자는 막대기에 힘을 주어 참깨를 턴다. 마치 고약한 사람 때리듯 힘을 주어 때리면서 쾌감을 느낀다. 그러자 할머니가 "아가, 모가지까지 털어서는 안 되느니라" 하고 타이른다. 참깨를 터는 방식에서 세상을 어떻게 살아야 하는지를 가르쳐주는 할머니의 정신이 투사된 이 시에는 참깨를 털 때의 정서가 적나라하게 드러나 있다.

참깨를 털다보면 노린재라는 곤충이 눈에 띄게 많이 보인다. 나만이 참깨를 좋아하는 것이 아니라 노린재까지 좋아하는 것이 참깨인 것은 우연이 아닐 것 같다. 노린재라는 놈은 참깨의 이파리를 갉아먹는 놈인데 이놈들이 참깨밭에 몰려오면 참깨밭은 그야말로 쑥대밭이 되고 만다. 그래서 노린재를 잡기 위해 농약을 치는데 우리집에서는 사람이 먹는 음식이기 때문에 참깨꽃이 핀 이후에는 농약을 치지 않아 소출이 적었다.

참깨는 불에 들어가 볶아질 수록 고소한 맛이 든다. 그래서 기름집에서 기름을 짤 때 잘 볶는다. 잘 볶아진 참깨를 기름틀에 넣고 조이면 고소한 참기름이 흘러나온다. 그런데 사람은 들볶으면 스트레스를 받아 화를 불러일으킨다. 자신을 으깨면 고소한 향기가 나와 기분을 좋게 하는 참깨 같은 사람을 생각해 본다. 흔히 "깨알만하다"는 말을 하는데 이렇듯 작은 씨앗 하나가 누군가를 고소하게 하는 것이 참깨인데, 우리가 참기름을 먹으면서 어떤 메시지를 읽을 것인가를 생각하는 일은 의미있는 일이라고 할 수 있다.

참깨는 비가 많이 내리거나 가물면 잘 자라지 않는다. 성격이 까다롭기 때문이다. 그렇기 때문에 땅 속에서 고소하고 맛있는 것들만 끌어모아 온 몸이 참기름이 된다. 그 고소한 것들을 막대기로 두들기면 '솨아솨아' 하고 흘러내리는 소리가 들리는데, 까칠하고 신경질적인 내 영혼의 정수리에 쏟아지면 참기름처럼 부드럽고 향기로운 것이 될 수 있을 것이라는 생각을 해본다.

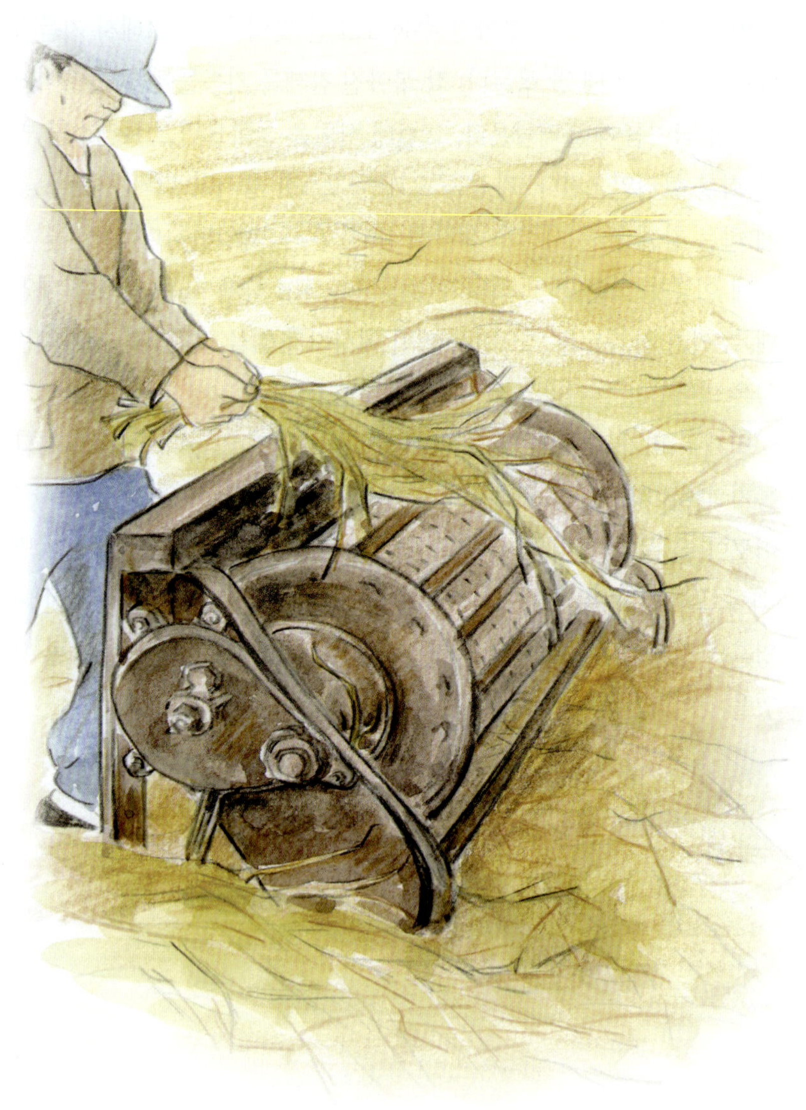

듣기만 해도 배부르는 탈곡기 소리

농부에게 가장 즐겁고 행복한 시간은 들판에서 걷어들인 곡식을 털어내는 탈곡의 시간일 것이다. 그러므로 탈곡기 돌아가는 소리는 자식의 목구멍에 밥 넘어가는 소리와 함께 즐거운 소리가 분명하다.

우리나라에서 탈곡기 돌아가는 소리를 듣는 때는 여름철 보리 탈곡할 때와 가을철 마당에서 벼 탈곡할 때이다.

푸르름이 넘치는 5월이면 온 들녘에서 보리를 탈곡하는 탈곡기 소리가 물결쳤다. 보리가 한꺼번에 여물기 때문에 탈곡기 주인은 순서를 정해 이 밭 저 밭으로 옮겨다니며 탈곡을 했다.

보리를 타작해야 하는 여름엔 날씨가 무더워지는 시기이므로 땀을 뻘뻘 흘리며 타작을 해야 한다. 특히 보리는 까시락이 있어 살갗을 콕콕 찔러 여간 신경 쓰이는 것이 아니다. 어쩌다 눈에 까시락이 들어가면 그 고통은 이루 말할 수 없다. 때로는 사타구니에 까시락이 들어가 곤욕을 치루기도 한다. 보리는 옷에 달라붙었다가 움직이면 기어오르는 성질이 있어 타작을 하다보면 보리이삭 몇 개쯤은 옷에 붙어 살을 찌르기 일쑤였다.

그래서 보리 타작하는 날은 몸단속을 철저히 했다. 복면 쓰듯 눈만 내놓고 얼굴을 가리거나 대님을 치듯 옷소매나 바지의 목을 단단히 묶어야 한다. 그래야만 보리이삭의 습격을 막을 수 있기 때문이다.

아버지는 보리타작 하기 전에 품을 얻어 보리를 베었다. 특히 우리 집에서는 보리 농사를 많이 지었다. 그러다보니 보리 베는 일은 큰 행사였다. 며칠째 뙤약볕에서 보리를 베다보면 지치고 목이 말랐다. 그 시절에는 딱히 먹을 것이 없어 뜨거워진 주전자의 물만 물고기처럼 연신 들이켜야 했다. 어린 우리들도 가끔 끌려가듯 보리밭에서 부모님의 일손을 거들기는 했지만, 무슨 핑계를 대서라도 도망가고 싶었다.

잘 여물고 마른 보릿단이 쌓여진 밭에서 발동기가 돌아가면 그 소리가 온 들판을 울렸다. 발동기와 탈곡기에 벨트를 연결하면 탈곡기가 '앵 앵 앵' 소리를 내며 힘차게 돌아갔다. 이때 탈곡기 앞에 선 인부는 옆에서 보릿단을 나누어 주는 인부에게 보릿단을 받아 탈곡기 속으로 넣어준다. 그러면 '싸르르' 소리와 함께 보리알이 떨어지는 소리가 들려왔다. 탈곡기 뒤편으로 보리껍질과 껍질이 분패칠 때 탈곡기 옆으로 누렇게 잘 익은 보리알이 쌓여갔다.

벼타작은 날 좋은 가을에 이루어진다. 그 무렵은 추석이 지난 터라 날씨가 선선할 때여서 일하기가 좋다. 보리타작할 때처럼 먼지가 많이 안 나고 천방지축 분패치는 벼까시락도 적어 타작이 수월한 편이다. 벼타작은 논에서 보다도 주로 집에서 많이 했던 것 같다. 일일이 지게에 볏단을 짊어지고 집으로 날랐다. 리어카나 소달구지가 있는 집은 더 편하게 볏단을 집으로 옮길 수 있었다. 그런데 아버지는 볏단을 지게에 짊어지고 땀 범벅으로 옮기곤 하셨다.

볏단을 집으로 옮기는 이야기를 하다 보니 옛날 이야기 하나가 생각난다. 어떤 형제가 벼농사를 지어 볏단을 집으로 날릴 때의 이야기이다. 형님 생각에 새로 저금난 아우가 힘이 필요할 것 같아 아우네 볏단에 자신의 볏단을 옮겼다. 그런데 아우도 식구 많은 형님네가 힘이 필요할 것 같아 볏단을 형님네 볏단으로 옮겼다. 그러다가 형제는 볏단을 상대에게 나르곤 했지만 변화가 없어 이상하게 생각하였다. 그런데 서로에게 갖다 줄 볏단을 지게에 진 형제는 달빛 아래에서 마주친다. 모든 사정을 알게 된 형제는 서로의 손을 붙잡았다. 우애 좋은 형제의 뜨거운 마음이 전해지는 이야기이다.

아버지는 아랫 동생들을 위해 열다섯 배미 논을 사서 농한기 때인 겨울이 되면 곡괭이와 삽질을 하셨다. 열다섯 배미를 세 배미로 만들었으니 그 수고스러움이야 말로 다 할 수 없었을 것이다. 이제는 남의 전답이 되어버린 그 옛날 아버지의 청춘과 땀이 배인 전답을 지나게 되면 괜히 마음이 아프다. 그리고 그 논 둠벙가에서 밤새 두레질로 물을 푸던 아버지와 어머니의 모습이 떠올라 눈시울이 뜨거워진다.

또다시 가을이 오고 들녘에서는 트렉터 소리가 들린다. 풀풀 날리는 검은 연기가 토해내는 기름 냄새를 맡는다. 지금은 모든 것이 기계화 되어 탈곡기 소리도 들을 수 없다. 보리 베는 것에서부터 마대에 보리알이 자동으로 담아진다. 이제는 가을 들녘에서 돌아가던 탈곡기 소리가 꿈결에서만 들린다. 손수 보리를 베고 손으로 탈곡을 하던 소리가 꿈결 속에서나마 들리는 것은 탈곡기에서 쏟아지는 누런 나락이 주는 풍요의 즐거움 때문이다. 벼 한 알 한 알에 우리 아버지와 어머니들의 혼이 담겨있는 까닭이다.

온 동네를 들썩이게 하는 농악패 소리

농악소리를 들으면 신명이 난다. 꽹과리·징·장구·북 등의 네 개의 악기가 내는 소리가 어우러져 흥을 돋군다. 이는 우리 민족의 내면 깊숙한 곳에 재기발랄한 흥취의 끼가 배어있음을 말해준다. 우리 민족이 호전적이지 않고 산과 자연, 그리고 조상들께 감사할 줄 아는 순박한 농경민족이기 때문이다.

우리 동네에서는 해마다 정월 보름날을 전후로 농악놀이가 벌어졌다. 집집마다 농악패가 장독간·부엌·안방·광·우물은 물론 집안을 돌아다니며 새해의 안녕과 복을 빌었다. 그럴 때면 마을 사람은 물론 동네 아이들까지 몰려와 신명나게 농악패의 악기소리에 맞춰 춤을 추었다. 그러면 집 주인은 먹을 것과 곡식을 내놓았다.

농악의 기원은 상고시대까지 거슬러 올라간다고 한다. 하늘에 제사를 지내는 의식에서 시작되었다고 할 수 있는데 남녀노소를 비롯한 모든 사람들이 술과 음식을 나눠먹고 춤을 추는데서 유래하였다고 한다. 여러 가지 과정을 거쳐 오늘의 모습으로 변하게 되었는데 오늘날의 농악은 조선 후기에 그 형태를 띄게 되었다.

농악에서 주된 악기는 꽹과리이다. 꽹과리는 농악패의 우두머리인

상쇠가 맨 앞장서서 장단을 이끈다. 꽹과리는 마치 키 작은 아이 같다. 키가 작기 때문에 목청을 높이 해야 자신의 주장을 펼 수 있는 아이처럼 작은 악기 꽹과리는 소리의 폭이 좁은 대신 높다. '깨갱 깨갱 깨깨갱' 소리를 내면 다른 악기들이 요란하게 소리를 내기 시작한다. 장구는 꽹과리처럼 시끄럽지는 않지만 그 울림이 재빠르면서도 부드러운 편이다. 북은 장구와 같은 가죽으로 만든 악기이지만 그 소리가 점잖다. 둔탁하면서도 짧은 울음이 남성적인 과묵함을 보여준다. 꽹과리와 장구 그리고 북이 제각기 화음을 낼 때 징은 천천히 일정한 장단에 맞춰 방점을 찍듯 커다란 소리로 울어준다. 그 여운은 길어서 징의 얼굴이 떠는 소리가 느껴진다.

이렇듯 꽹과리·징·북·장고가 제각기 숨가쁘게 소리를 내면 신명이 사람들을 그냥 있게 놔두지 않는다. 모든 사람이 절로 흥이 나 어깨춤을 춘다. 처음에는 천천히 농악놀이가 시작된다. 점차 악기의 숨소리가 가빠지면서 악기와 농악패의 몸동작이 숨가빠진다. 악기가 절단나듯 몸이 절단나듯 한참을 놀다보면 온 몸은 땀에 젖어든다. 이때쯤 꽹과리가 처음 시작할 때처럼 '깨갱 깨갱 깽깽' 소리를 내고 징이 한 번 크게 '배애앵' 하면 장고가 '쿵막 쿵막' 마지막인 듯 숨을 고르는데 다시 끊어질 듯한 악기소리가 혼절할 정도로 요란하다가 멎는다.

농악에서 쓰이는 악기들은 저 혼자 소리를 내지만 결코 혼자서 내는 것이 아니다. 절묘하게 서로 예의를 지켜가며 다른 악기 소리를 방해하지 않는다. 그러면서도 제각각의 고유한 소리의 바다를 헤엄쳐 향연을 벌인다.

농악놀이는 마을 앞 당산나무 아래에서 당산굿을 할 때가 가장 듣기 좋은 것 같다. 마당에서 농악놀이 할 때는 소리가 집 밖으로 터져 나가지 않으니 소리의 파장이 귀를 따갑게 울린다. 그런데 마을 앞 당산나무 아래에서는 적당히 막혀있고 시야도 있어 그 소리가 듣기 편하고 좋다. 마을의 복과 안녕을 마을의 수호신인 당산나무 아래에서 제사를 지내는 일은 예부터 매우 중요한 일이었다. 오늘날은 이러한 전통이 대부분 사라지고 몇몇 마을에만 전승되고 있어 안타깝다.

내 기억으로는 기우제나 마을에 일이 있을 때마다 농악놀이를 했던 것 같다. 가뭄이 심하면 비가 내리기를 기원하며 농악패들이 한바탕 소리를 질렀고, 풍년이 되면 농사를 잘 짓게 해 줬다고 조상과 하늘에게 감사를 드리는 농악놀이를 하였으니 농악은 농경민족의 전통을 고스란히 간직한 채 전승되고 있는 것이다.

오늘날은 그 전통이 단절돼 가는 것 같아 몹시 아쉽지만, 시대의 변화에 새롭게 발전해 나가는 것도 괜찮을 것 같다.

생의 무게로 돌고도는 맷돌소리

지금도 우리 집에는 수십 년 전에 우리 할머니와 어머니가 쓰시던 맷돌이 있다. 이 맷돌을 바라보면 허연 머리카락을 한 할머니가 맷돌 구멍에 콩이나 메밀을 넣던 모습이 떠오르고 밤새 맷돌을 돌리던 젊은 날의 어머니 모습이 다가온다.

어린 나는 할머니나 어머니 곁에서 맷돌 돌리는 모습을 구경하였다. 우리 집 맷돌은 마루 구석에 놓여 있었다. 할머니가 곡식을 맷돌 구멍에 넣으면 어머니는 맷돌 손잡이를 잡고 돌리셨다. 그러면 곡식은 맷돌에서 몇 바퀴 돌다가 가루가 되어 흘러나왔다.

맷돌은 상판과 하판으로 된 둥그렇고 넓적한 돌로 만들어졌다. 하판 윗부분 중앙에 이음쇠가 있어 그것을 상판 윗부분 구멍에 결합시키면 한 세트가 된다. 상판엔 곡식이 들어갈 수 있는 구멍이 뚫려 있는데 곡식을 너무 많이 넣으면 미처 안으로 들어가지 못하므로 곡식이 들어가는 양과 속도를 가늠해 집어 넣어야 한다.

우리 집에서 맷돌을 돌리는 날은 명절이 다가올 무렵이었다. 특히 메밀을 많이 맷돌에 갈았는데 잘 갈아진 메밀을 다시 가는 체로 껍질이나 쭉정이를 골라내어 묵을 만드는 데 사용하였다.

체로 잘 거른 메밀을 솥에 넣고 물이 증발하여 끈끈해질 때까지 불을 지폈다. 그때 어머니는 솥뚜껑을 연 채로 주걱으로 어깨가 아프도록 저어주셨다. 옛 우리나라 음식이 모두 그렇듯 음식 한 가지 만드는 쉬운 것이 없었다. 인내를 요구하는 노동력과 정성으로 음식을 만들었던 것이다. 메밀묵 쑤기는 특히 메밀을 맷돌에 빻아서 체로 걸러 묵이 되기까지 지극한 정성을 들여야 했다.

삼각형 모양의 메밀은 손으로 쥐면 날카로운 껍질이 쿡쿡 찔렀다. 요즘에는 메밀을 베개에 넣어 벼게 되면 건강에 좋다고 하여 베개에 솜 대신 넣어 웰빙용품으로 사용하기도 한다.

메밀을 맨발로 잘못 딛어 혼쭐난 적이 많다. 마루 송판 색깔과 비슷한 생메밀을 맨발로 딛으면 자갈밭을 걸어가는 것 보다 발바닥이 따갑다. 지금도 메밀을 보면 그 옛날 메밀을 밟았던 때가 생각난다.

우리 집에서는 당산뫼 황토밭 뙈기에 메밀을 심었다. 한 마지기 쯤이나 될까. 메밀밭에 가면 이효석의 「메밀꽃 필 무렵」에서의 풍경처럼 눈이 내린 듯, 소금을 뿌린 듯 허옇다. 이상하게도 메밀밭을 한낮에 바라볼 때도 달밤인 듯 착각에 빠졌다. 온통 하얀 꽃그늘이 바람에 잔잔하게 출렁이는 모습이 교교한 달빛처럼 느꼈기 때문인지도 모른다. 그래서 나는 메밀밭을 생각하면 달밤이 떠오르고 이효석의 「메밀꽃 필 무렵」의 이야기가 겹쳐진다.

메밀밭 사이로 난 길을 따라 막걸리 한 잔을 걸친 장돌뱅이 허생원과 젊은 장돌뱅이 동이가 마치 부자처럼 걸어가는 모습이 어른거린다. 왠지 아쉽고 서운한 감정이 느껴지는 「메밀꽃 필 무렵」에서 동이의 고향이 강원도 봉평이라는 말도 떠오른다. 이효석의 「메밀꽃 필 무렵」 때문에 강원도 봉평은 메밀의 고장으로 소문이 났다. 많은 사람이 하얀 달빛 어우러진 듯, 소금을 뿌려놓은 듯한 메밀밭에서 이효석과 그의 문학을 향수하는 것이다.

맷돌이 '차르르 차르르' 소리를 내며 돌아갈 때 구멍으로 물을 조금 부으면 하얀 눈가루 같은 메밀이 흘러내리던 풍경과 이효석 문학의 서정이 오버랩된 정서가 혼용이 되어 맷돌과 메밀이 한 세트로 나타난다.

그러나 맷돌의 무게가 누르는 힘과 어머니의 손이 돌리는 맷돌의 운동 사이에서 먹거리만 흘러나오는 것이 아니라 아름다운 유년의 서정도 묻어났다. 할머니나 어머니는 고단한 생의 한가운데에서 포기할 수 없는 인생길을 맷돌을 돌리듯 단련하여 돌고 돌아서 가는 것이 인생길이라는 것을 터득하셨는지 모른다.

그 옛날 맷돌에서 메밀묵을 만들기 위해 메밀을 갈고, 콩물을 만들기 위해 비릿하게 콩을 갈던 할머니와 어머니가 쓰던 맷돌은 근대문화 유산처럼 우리집 구석에서 먼지에 쌓여있지만, 나는 안다. 한때 그것들이 '차르르 차르르' 소리를 내며 어미가 새끼에게 먹이를 씹어 뱉어 주는 것처럼, 맷돌은 고단하고 허기진 우리네 생을 다독여 주던 할머니와 어머니의 또 다른 모습이었음을.

한여름밤 모기를 쫓던 모깃불 타는 소리

한여름이면 모기들이 들끓었다. 그래서 일찍부터 방문을 닫곤 하였다. 어쩌다 방안에 든 모기 때문에 잠을 설치는 경우가 많았다. 아침에 일어나면 모기에 물린 얼굴과 다리가 빨갛게 부었는데 나는 가려워서 미칠 지경이었다. 지금도 나는 늦가을까지 극성이는 모기를 단속하느라고 야단이다. 그래서 모기향을 피우는 일을 잊지 않는다. 하물며 모기약이 없던 시절에는 한여름을 지내는 일이 걱정이 되곤 하였다.

하루종일 들에서 일하다 오신 아버지께서는 잡풀을 마당에 쌓고 모깃불을 피우시곤 하였다. 불을 살릴 때는 마른 풀로 이용하지만 불이 제대로 타게 되면 그 위에 들에서 베어 온 아직 마르지 않은 생풀을 불 위에 얹으셨다. 그러면 불꽃을 내며 타던 불은 집안 가득히 하얀 연기를 내뿜었다. 그런데 나는 '타닥타닥' 소리를 내며 타는 모깃불 냄새가 좋았다. 하얀 연기가 무럭무럭 오르면 연기 속으로 들어가 연기를 코로 맡곤 하였다. 매케한 모깃불 냄새를 풍기며 타는 연기 때문에 모기들이 얼씬하지 못했다. 그러다보면 온 몸에 모깃불 냄새가 배이곤 하였다.

우리 식구들은 여름철이 되면 마당에 멍석을 깔고 누웠다. 모깃불이다 타면 아버지는 다시 그 위에 풀을 얹으셨는데, 모깃불이 잠시 연기를 내지 않는 틈을 타서 모기가 달려들기 때문에 모깃불이 다 타기 전에 풀을 얹어 연기를 피우곤 하였다.

마을 사람들과 품앗이를 하며 모를 심거나 김을 매는 날은 마을 사람들과 마당에서 밥을 먹곤 하였는데, 그럴때면 으레히 모깃불을 지폈다. 모깃불 연기는 밥상 위는 물론 사람들 몸을 휘감았다. 그렇지만 누구 하나 연기를 피하지 않았다. 오래도록 그런 생활을 해왔기 때문에 당연히 모깃불 연기를 쐬는 것이었다.

이렇듯 모기가 극성이는 여름밤이 되면 집집마다 모깃불 연기에 온 마을은 자욱한 연기에 묻히곤 하였다. 집안의 종손이 나는 할머니께서 끔찍이 아끼셔서 언제나 당신곁에 나를 두곤 하셨는데, 여름날 타닥타닥 타는 모깃불 옆에 멍석을 깔고 그 위에 앉아 할머니는 나를 무릎에 눕히고는 옛날 이야기를 들려주셨다.

큰재에서 우는 여우 울음 소리에 얽힌 이야기, 사람을 잡아먹는 호랑이를 맨 손으로 잡았다는 어느 장사의 이야기, 바닷가 소나무에 주렁주렁 매달린 어린 아이들의 주검에 관한 이야기 등 무수히 많은 이야기를 들었다. 그때 할머니 무릎에서 바라보던 밤하늘은 무척이나 아름다웠다. 뚝뚝 여문 별이 움쩍움쩍 반짝이는 모습이 경이롭고, 그 별들의 거리가 얼마나 되는지가 궁금했다. 할머니는 착하게 살면 죽어서 하늘의 별이 된다고 말씀하셨다. 밤하늘에 무수히 많은 별들은 언젠가 이 땅에서 살던 사람들이 착하게 살다가 사람들의 넋이라고 생각하며, 착하게 살아야겠다고 어린 마음에 다짐하기도 하였다. 할머니가 무서운 이야기를 하실 때는 온 몸에 소름이 돋아 엉엉 울기도 하였다. 그럴때는 할머니께서 꼬옥 안아주셨다. 모깃불이 타는 소리와 할머니 이야기를 듣다보면 나는 어느새 잠에 들고, 다음 날 일어나 보면 어찌된 일인지 나는 방에서 자고 있었다. 할머니는 잠이 든 손주를 한참을 바라보시다가 나를 안고 방으로 가 자리에 누이셨을 것이다.

어린 날의 모깃불을 떠올리면 모깃불 옆에서 팥죽을 먹던 일이 생각난다. 할머니는 서숙밭가에 언제나 팥을 심으셨다. 서숙과 팥은 궁합이 잘 맞는지 팥농사가 잘 되었다. 그 팥으로 만든 팥죽은 세상에서 가장 맛있는 음식이었다. 유독 팥죽을 좋아하는 손주 때문에 할머니는 팥을 딸 때에는 무슨 신성한 의식을 하는 것처럼 정성껏 팥을 추수하셨다. 그런 덕분인지는 모르지만 나는 지금도 팥죽을 무척 좋아한다.

내 유년의 아름다운 풍경 속에 모깃불 타는 소리를 떠올리면 모깃불 곁에서 옛날 이야기를 들려주시던 할머니와 모깃불 피우기 위해 들에서 잡풀을 베어 지게에 한바작 지고 오시던 아버지가 생각난다.

책보자기 속에서 달그덕 거리던 소리

이미 오래 전부터 아이들 책보자기가 사라졌다. 40대 이전의 성인들도 책보자기를 알지 못할 것이다. 나의 유년 시절엔 한 반에 가방을 가진 아이들이 하나가 있을까 말까 했다. 우리 반에는 바닷가 주포의 파출소 소장 딸이었던 여학생 하나만이 가방을 들고 다녔다. 그 애는 도시에서 전학온 아이로 예쁜 그림이 그려진 가방을 가지고 있었다. 그는 우리의 선망의 대상이었다. 가방을 만져보고 싶었다. 가까이서 바라보며 참으로 부러워 했다. 가방을 줄 것도 아닌데도 그의 곁에는 친구들이 몰려들었다. 대부분의 아이들은 헝겊으로 만든 보자기에 책과 학용품을 둘둘 말아서 메고 다녔다. 여학생들은 허리에, 남학생들은 어깨에서 허리로 대각선으로 질끈 매고 다녔다.

보자기에 책을 싸가지고 다닌 역사는 아마 수백 년, 아니 천 년이 넘을지 모른다. 본시 보자기는 이바지 떡을 싸거나 옷 등 간단한 물품을 싸는데 이용했던 물건인데 학동이나 선비들이 먹, 벼루, 붓 등과 함께 책을 싸서 이동할 때도 사용되었다. 그러므로 유년에 보자기에 책을 싸서 학교에 오고 갔던 것은 당연한 일일 것이다. 그럼에도 지금 생각하면 이상하고 까마득한 날의 일로 여겨진다. 그만큼 오늘날 아이들이 다양하고 아름다운 고가의 책가방을 이용하기 때문일 것이다.

우리 마을은 200호가 넘는 큰 마을인데도 어찌된 일인지 학교가 없었다. 면소를 지나 20 리가 다 되는 마을에 학교가 있어 날마다 20 리 길을 걸어서 학교에 갔다. 그러다보니 다른 아이들보다 일찍 일어나야 하고 하교 후에도 제일 먼 길을 걸어야 했으므로 우리는 학교에 갈 때나 집에 돌아올 때면 무조건 책보를 등에 짊어지고 달려야 했다. 그런 덕분에 운동회 때나 마을 대항 체육대회를 하면 달리기는 언제나 일등을 차지했다. 훗날 30 리가 넘는 읍내에 있는 중학교에 다닐 때는 새벽밥을 먹고 하루에 네 시간 가까이 학교에 가고 오다 보니 발뒤꿈치가 아파 고생하기도 하였다.

우리 마을 아이들은 겨울철이면 찬바람을 뚫고 학교와 집을 향해 뛰어다녔다. 그럴 때는 책보자기 속에서 '달그락 달그락' 소리가 났다. 걸음을 빨리 할 때와 천천히 걸어갈 때는 그 때마다 책보자기 속에서 각기 다른 소리가 들려왔다. 재빠르게 달려가면 요란하게 소리가 났다. 천천히 가면 소리가 덜했다. 그 소리의 주인공은 필통과 도시락통이었다. 책 사이에 낀 필통은 양철로 만든 것이어서 걸어가면 요동을 치며 움직였다. 그러다보니 연필심이 부러지기 일쑤였다. 그래서 아이들은 꾀를 내어 연필을 책을 펼치고 그 가운데에 넣었다. 그러면 꼭꼭 묶은 책보자기 속에서 움직이지 않았다. 그렇다고 지우개나 연필 칼도 책갈피에 넣을 수는 없어서 걸어가면, 특히 달려가면 양철 필통과 부딪치며 '달그닥 달그닥' 난리였다.

아이들은 연필통이 달그닥거리는 소리를 줄이기 위해 가위로 종이를 가늘게 썰어 마치 풀잎 같은 종이를 필통 속에 채워 필통의 공간을 없애 연필이나 지우개, 칼 등이 움직이지 않게 하기 위해 꾀를 내기도 하였다.

하급학년은 하루에 네 시간 정도만 수업을 하므로 도시락을 싸지 않았다. 그래서 책보자기에서 달그락거리는 소리가 들리지 않았다. 그러나 상급반 아이들은 늦게까지 수업을 해 도시락을 가지고 다녀야 하므로 집으로 돌아오는 하교길엔 빈 도시락통 소리를 들어야 했다.

도시락이 비워지는 시간은 4교시가 끝나고 점심시간이거늘, 배가 고픈 그 시절 아이들은 2~3교시가 끝나면 쉬는 시간에 도시락을 까먹기도 하였다. 그러면 선생님께서 수업에 들어오면 김치냄새가 교실에 진동하여 먼저 도시락을 까먹은 아이들은 벌을 받았다. 그 시절에는 왜 그리 춥고 배가 고팠는지 모른다. 오늘날은 먹을 것이 풍요로워 비만한 아이들이 많아져 건강을 위협받고 있다. 또한 옛날 아이들처럼 운동을 거의 하지 못해 덩치만 클 뿐 건강지수가 별로 안 좋다고 하니 걱정이다.

학교에서는 가난한 집 아이들을 골라 분유, 강냉이가루, 밀가루 등을 줬다. 나는 좌우가 둥그렇게 돌아가고 예쁜 그림이 그려진 도시락에 언제나 그 시절에 먹기 힘든 흰 쌀밥을 가지고 다녀서인지 가난한 아이들에게 주는 식량을 한 번도 받은 적이 없다. 그것은 내가 종손이어서 로얄젤리로 키우는 여왕벌처럼 쌀밥만을 먹게 했기 때문이다. 그러다보니 어떤 친구는 점심 때만 되면 돌아다니면서 아이들 반찬통에서 맛있는 반찬을 세금 걷듯이 걷어다가 맛있게 먹곤 했는데, 어린 마음으로도 꼴불견이라는 생각이 들었다. 내성적인 성격이어서 남의 밥먹기를 꺼려했던 나는 내 자리에 앉아 내 도시락만 비웠다.

3학년 때의 일일 것이다. 우리 반 짓궂은 아이가 6학년 여학생반이

체육시간이 되어 운동장으로 나간 틈을 이용해 6학년 교실에 들어갔다. 도시락통을 거꾸로 열어서 수저로 밥을 떠내고 그 빈 공간에 개구리를 잡아 넣었다. 점심시간이 되어 도시락을 먹던 여학생이 멀쩡한 도시락에서 갑자기 구멍이 뚫리더니 그 속에서 개구리가 튀어나오자 깜짝 놀랐다.

가난한 시대를 여리게 달려오면서 만난 내 유년의 책보자기를 생각하면 연필과 지우개 등 학용품이 달그닥거리던 소리가 들려오고 허기진 도시락통의 수저가 부딪치는 소리가 까까머리 소년을 배경으로 들려온다.

질퍽거리는 내 유년을 지나가는 소달구지 바퀴 소리

마을 앞에 길이 있었다. 읍내로 면소재지로 가는 흰 길이었다. 그 길가 풀섶에 소달구지가 혼자서 덩그마니 놓여 있었다. 어린 나는 그곳에 올라가 놀았다. 나무로 된 둥그런 바퀴를 넓적한 쇠가 감싸고 있었다. 바퀴의 중심축을 중심으로 나뭇살이 우산살처럼 박혀 있었다. 바퀴 안쪽으로 짐을 실을 수 있는 짐칸이 있고 소가 끌기 좋게 짐칸에서부터 앞으로 길게 커다란 나무가 이어져 있었다. 그것을 소의 목에 걸고 소가 끄는 소달구지에서 놀다가 주인에게 들켜 혼난 적이 한두 번이 아니었다. 아이들은 소달구지 위에 올라가기도 하고 바퀴를 만지며 놀기도 하였는데, 언젠가는 어떤 아이가 수레 밑에서 놀다가 짐칸에 올라간 아이들 때문에 수레가 힘의 균형을 잃어 다친 적이 있어서 수레 주인은 아이들이 다칠까 봐 아이들이 놀지 못하게 했던 것이다.

소달구지는 마을의 긴요한 이동수단이었다. 그때는 마을에 버스가 다니지 않았을 뿐더러 자동차가 귀한 시절이었다. 농작물을 추수하면 소달구지가 마을의 볏단이나 보릿단을 실어다 옮겼다. 30리가 넘는 읍내 장에 갈 때는 마을 사람들을 싣고 장에 갔다. 돌아올 때는 소달구지에 더 많고 무거운 짐과 사람을 싣고 왔다. 소달구지가 황토 고개마루

를 넘을 때는 힘들어 씩씩거리는 소의 숨소리가 들렸다.

그 무렵 학교에서 게을러서 소가 되어 쟁기를 끌고 달구지를 끄는 이야기를 배웠다. 나는 그때 공부를 열심히 해서 나중에 소가 되지 않겠다는 생각을 하였다. 게으르고 공부를 못해 소가 되면 얼마나 힘들까 하는 생각이 들 정도로 달구지를 끄는 소가 불쌍해 보였다.

달구지가 지나갈 때는 '달그락 달그락' 소리가 났다. 그 시절엔 요즘처럼 아스발트 길이 아니었다. 길이 닦이지 않아 비탈길이 많았다. 길에 홈이 파여 울퉁불퉁하였다. 비가 내린 후에는 길에 웅덩이가 생겨 물이 고여 있었다. 그 위로 짐을 가득 실은 소달구지를 끄는 소가 가여울 수밖에 없었다. 소달구지가 장에 갈 때 그 위에 탄 마을 사람들은 달구지가 흔들리는 대로 흔들거리며 느릿느릿 장으로 향했다. 모를 심거나 집안의 대사를 치루기 위해 장에 가는 사람들이 많아 달구지에 올라타는 사람이 한정되었다. 주로 노인들이거나 아낙네들이 소달구지를 타고 장에 갔다. 느릿느릿 가는 소달구지이지만 그것을 타고 가는 것만으로도 행운이라는 듯 소달구지를 타는 일은 선택받음이었다.

장에 못 가는 사람들은 소달구지 주인에게 돈을 주며 물건을 주문하면 소달구지 주인은 장을 보아다 주었다. 그럴 때면 주인은 맡긴 사람들에게 얼마간 운임이나 수고비를 받았다. 그러므로 장날 장에 갔다오는 소달구지는 언제나 짐이 가득하였다.

마을에 소달구지가 한두 개 뿐이었는데, 가난했기 때문에 그 중에 제법 사는 집안에서 소달구지를 운용하였다. 소달구지 주인은 자기네 일가친척을 우선으로 일을 하기 때문에 소달구지가 있는 집을 부러워했다. 소달구지가 있는 집은 쟁기와 써레 등 농기구가 있어 논밭을 갈았다. 그러므로 봄이 되어 전답을 갈기 위해서는 언제나 순번을 기다려 소달구지 주인의 눈치를 보아야 했다. 우리 집엔 소가 없었으므로 아버지는 언제나 전답을 갈 때는 걱정이 앞섰다. 쟁기로 깊게 논밭을 갈아 엎어야만이 농사가 잘 되었다. 밑에 있는 흙을 위로 끌어 올리고 위에 있던 흙을 안쪽으로 밀어 넣어야만이 땅 속에 산소를 공급하고 흙 속의 영양분을 골고루 분해하는 일이기에 반드시 쟁기질을 해야 했다.

이제는 소달구지가 사라졌다. 근대유산박물관에나 가야 볼 수 있는 민속품이 되었다. 어떤 사람은 소달구지 바퀴를 장식품으로 이용하기도 한다. 소달구지 대신 트랙터 등 발전된 농기구들이 쉽게 전답을 간다. 그러나 나는 소달구지를 생각하면 유년의 한 자락이 생각나며 수레바퀴 밑에서 놀던 시절이 오래된 필름처럼 떠오른다. 헤르만 헤세는 「수레바퀴 아래에서」라는 소설에서 인간의 삶을 통찰하였는데, 내가 소달구지 수레바퀴 밑에서 놀던 시절은 내 인생의 출발을 알리는 때였다는 것을 떠올린다. 누군가는 「소달구지」라는 노래로 시골에서 살던 시절을 회상하게 하는데, 그 노래를 들을 때마다 꿈결 같은 유년의 잠 속으로 바퀴자국을 남기며 덜커덩덜커덩 지나가는 소달구지 소리가 들린다.

제2부

감꽃 떨어지는 소리

이브 탕기 作, 「느린 하루」 (1939년)

봄이 오는 소리

정월이 되면 아무리 눈이 많이 내려도 봄이 가까워짐을 느낄 수 있다. 이는 귀로 듣는 봄이 오는 소리뿐만 아니라 몸으로도 봄이 오는 소리를 듣는 것이다. 꽃샘추위가 봄소식을 훼방 놓는다 해도 훨씬 부드러워진 눈의 질감에서 남해바닷가 어디께를 북상하고 있는 봄의 입김을 느낄 수 있다. 차디찬 물속으로 곤두박질쳤다가 물 위로 얼굴을 내미는 비바리들이 내쉬는 휘파람소리가 아니라도 봄이 오는 소리는 지척에서 들려온다.

바닷가 물빛은 푸르러지고 쌀쌀한 바람결이지만 어딘가 푸근한 느낌이 볼에 느껴진다. 이때 백사장으로 밀려오는 밀물소리는 마치 천군만마의 말발굽소리처럼 위풍당당하다. 겨우내 꽁꽁 얼었던 바다의 마음이 얼음장 녹듯 풀릴 때, 어부들은 겨우내 백사장에서 건조하던 배의 마지막 망치질을 해댄다. 찢겨진 그물코도 기워 바다에 나갈 꿈을 꾼다.

이때쯤 물 빠진 갯벌에 나가면 게들이 쏘다니는 소리가 분주하다. 우리 마을 바다에는 주로 참게와 농게가 많이 서식하고 있는데, 사람이 다가가면 갯벌에서 놀다가 제 구멍 속으로 얼른 들어가 버린다. 유년에 나는 아랫동생과 함께 삽과 양은주전자를 들고 바닷가로 나가곤 하였다. 동생은 몸이 건강해 추운 갯벌에 맨발로 다니면서 금방 구멍

속으로 들어간 게를 잡기 위해 삽질을 해댔다. 입에서는 하얀 김을 내뿜으면서 연신 삽질을 해대는데 쭈그러진 주전자를 들고 동생을 따라다니며 나는 추위에 몸을 사렸다.

겨울 게들을 볶아먹으면 무척 맛이 좋다. 입안에서 게의 몸통이 '와삭' 하는 소리를 내며 부서질 때는 희열을 느꼈다. 이러한 기억을 간직하고 있는 나는 정월 끝자락이 되면 눈이 소복하게 내려도 고향바다에 가 삽으로 게를 잡고 싶은 충동을 느낀다. 유년에 함께 바닷게를 잡던 동생은 국가대표 레스링 선수까지 한 건강한 몸이었지만 이제는 이승에서 만날 수 없다. 바닷가 가까운 곳에 묻혀서 바람소리와 파도소리를 듣고 있으니 인간의 삶이 참으로 무상하다.

겨울이 깊을수록 봄이 멀지 않음을 우리는 잘 안다. 얼음장이 고향마을 바닷가 갈대밭 언저리에 밀려왔는데 엄청 두껍다. 그러나 바닷물이다보니 두께만 두꺼울 뿐 발로 밟으면 푸석푸석 부서지곤 했는데 그것들이 파도에 부딪칠 때는 말로 형용할 수 없는 소리가 났다. 이렇듯 지독한 추위가 몰려오는 날은 어린 우리들은 새벽 일찍 바닷가로 나가곤 하였다. 간밤에 해변가에서 얼어죽은 청둥오리를 줍기 위해서이다. 일찍 일어난 자만이 기러기 한 마리, 또는 두 마리를 바닷가에서 주을 수 있었다. 철새인 기러기는 저녁 무렵 고향마을 창공을 지나 열을 지어 산을 넘어가곤 하였는데, 어떤 때는 길 잃은 기러기 한 마리가 기러기들이 날아간 쪽으로 불안하고 허둥대는 소리를 내며 좇아가는 때도 있었다.

봄이 오는 소리는 아직 녹지 않은 눈 속에서도 들려왔다. 따스한 햇빛이 비치는 양지녘 눈 속을 파헤치면 여리지만 강인한 푸른 빼를 가진 쑥이 자라고 있다. 겨울 추위가 매서울 수록 쑥향은 진해지는데, 보리밭 위로 일렁이는 바람속을 휘젓고 돌아다니는 아이들도 건강하게 자신의 생을 이끌고 가는 것이다.

정월 보름쯤이면 봄이 오는 소리가 선명하게 들렸다. 마을 뒷산 당산뫼에 있는 우리 산을 뒤지면 전국에서 가장 유명한 함평 민춘란이 바람결에 보리밥알 같은 하얀 꽃잎이 검붉은 혀를 내민 채 방울소리를 내는 것이다. 이제 민춘란이 향기를 피워 올리다보면 꽃샘추위 쯤이야 아무것도 아니다. 짧은 이월도 가고 나면 남녘으로부터 꽃향기가 귀를 어질어질하게 한다. 그래서 무슨 축포를 쏘는 양 사방에서 겨우내 실탄을 장진했다가 터뜨리는 봄 신고식 같은 총소리가 사방에서 튀밥튀는 소리처럼 들려온다.

얼음장 밑으로 들려오던 빙벽 같았던 혹한을 녹이던 계곡물도 어느덧 힘차게 바다로 달려가면, 우리 아버지, 어머니, 마을의 농삿꾼들은 한 해 풍년농사 짓겠다고 순해진 눈빛으로 연장들을 단속하곤 하였다. 바다에선 썰물 따라 주포항구에서 발동선들이 '통통통' 환호를 지르며 겨우내 항구에 갇혀 있다가 해방된 듯 먼 바다로 나가곤 하였다.

이제는 모두가 수십 년 전의 전설 같은 추억들이지만 여전히 봄의 문턱에서 나는 봄의 소리들을 들으며, 그 옛날처럼 마음이 들뜨는 설레임을 감출 수 없다. 그러나 이러한 기억은 나만의 것일지도 모른다. 자라나는 청춘들에게는 봄이 오는 소리에도 감흥이 있는지 모르겠다. 내일 모레가 정월 대보름이다. 마을 구석구석을 돌며 한 해 무병장수와 풍년을 기원하던 봄의 전령사, 농악패들도 모두 죽고, 늙어 이제는 풍악소리마저 들을 길 없다.

나이가 들수록 옛것들이 그리워지는데, 구순이 다 된 어머니는 늙어갈 수록 무장무장 마음만 푸르러져 인생의 봄날에 불렀던 노랫가락 잊지 않고 새로운 봄을 꿈꾸시는 것이다.

생명의 씨앗,
봄비 내리는 소리

삼동의 계절에 매서운 추위가 기승을 부릴 때면 봄이 오겠는가 싶은 생각이 든다. 앙상한 가지의 나무가 찬바람에 떨고 있는 메마른 대지는 꽁꽁 언 채 헐벗고 있기 때문이다. 그런데 몇 번의 꽃샘추위가 오락가락하다가 봄비가 내리면 얼었던 대지에 따스한 기운이 도는데 마치 꺼져가는 생명에 피가 돌듯 숨소리가 들리는 듯하다.

아직 날씨는 쌀쌀하지만 겨우내 숨죽여 있던 땅 속의 생명들은 잠에서 깨어나 기지개를 켜고 물관부에 물이 오르기 시작한다. 이때쯤 농부들은 들을 둘러보고 새로운 생명들을 가꾸기 위해 먼지 내리고 흙 묻은 연장들을 깨끗이 손질한다. 무슨 씨앗을 뿌릴 것인가도 생각하고 헛간에 잠들어 있는 씨앗을 챙긴다.

봄비는 씨앗의 잠을 깨는 기상나팔이다. 봄비는 생명의 기운을 불어넣어주는 헌혈자이다. 칙칙하고 지루했던 시간들이 머문 대기를 창밖으로 보내 환기시키는 봄비는 순식간에 약동의 기운을 불어 넣어주는 호흡이다. 차갑지만 모든 만물의 뿌리와 입술에 닿는 봄비는 생명을 전해주는 순환의 핏톨이다.

봄비가 들녘을 적셔주는 날은 이상하게 잠이 온다. 이런 날은 아궁이에 장작불을 지피고 신경통이 도진 삭신을 작신작신 지진다. 그리고 모처럼 편안하고 달콤한 봄잠을 잔다. 이 잠은 몸과 마음을 안심시켜 살찌우는 잠이다.

이제 얼마 후면 온 세상에 푸른 생명의 기운들이 움터올 것이다. 환호작약하는 생명의 노래가 온누리에 울려 퍼질 것이다. 생기발양한 것들이 시끄럽게 손을 들어 수다를 떨 것이다. 두꺼운 누더기 옷을 벗고 산뜻한 칼라의 가벼운 옷으로 갈아입을 것이다. 노고지리는 아지랑이 하늘거리는 하늘에서 날개짓하며 신생의 계절을 노래할 것이다.

누에가 뽕잎을 먹는 소리 같은 봄비 내리는 소리는 고즈넉하고 마음이 뒤숭숭해져 심란하게 한다. 기다리는 사람은 없지만 겨우내 닫혔던 사립문을 열고 누군가를 기다린다. 봄비는 대지의 잠만 깨우는 것이 아니라 닫혔던 사람들의 마음까지 열게 하는 것이다.

아침부터 내리던 봄비가 한밤중이 되도록 내린다. 소나기처럼, 또는 장맛비처럼 폭력적으로 거칠게 내리지 않고 연인의 목덜미를 쓰다듬듯 다정하고 포근하다. 밤이 되어 세상의 사위가 고요할 때 창밖에 내리는 봄비는 밤새 주고받는 연인들의 속삭임 같다. 바쁜 길 재촉하지 않고 추근추근한 사흘쯤 내리는 봄비는 그 옛날에 양식을 장만해 장에서 돌아오는 할머니의 발걸음처럼 넉넉하고 편안하다.

천둥을 동반해 사람의 가슴을 쥐어짜는 것이 여름철에 내리는 비이다. 호박잎이며 잎사귀 넓은 나뭇잎을 뺨 때리듯이 후려치는 여름철의 비는 순식간에 도시의 골목을 흙탕물로 소용돌이치게 하지만 빈 가지나 부드러운 보리밭에 내리는 봄비는 혼기에 찬 처녀의 수줍음이 배어있다. 손길도 부드럽고 목소리도 청아해 치마 저고리를 입고 조신조신 길을 가는 스물세 살 처녀의 발걸음 소리로 지상을 밟아가는 것이 봄비이다.

이런 날은 집에서 콩이나 보리를 볶아먹었다. 딱히 할 일 없어 뜨겁게 달구어진 방바닥에서 뒹굴다가 궁금한 입을 달래기 위해 콩이나 보리를 볶아먹으면 세상에서 가장 편안한 마음이 된다. 몸과 마음이 넉넉해져서 스르르 잠이 쏟아지고 들녘에서는 며칠째 봄비에 젖은 보리밭이 푸르러질 것이다.

감꽃 떨어지는 소리

감꽃은 덩치 큰 감나무에 비해 그 크기가 작은 편이다. 화려하지도 않고 민춘란을 연상시키면서 밥풀 모양으로 생긴 아주 개성있는 꽃이다.

배고픈 날, 감나무 밑에 가면 하얀 감꽃이 떨어졌다. 그 감꽃을 주워 먹은들 허기가 가실 리가 없지만 잘근잘근 씹어 목구멍에 넘기면 떫은 듯 하면서도 입 속에 단물이 고였다. 여자 아이들은 감꽃을 실에 꿰어 목걸이를 만들어 목에 걸고 다녔다. 하룻밤 자고 나면 감꽃 목걸이는 거무퉤퉤한 색으로 변해버리곤 했지만 감꽃을 보면 아름답고 순수했던 유년의 모습들이 되살아난다.

엊그제 처가에 갔다. 늙은 처남댁이 들에서 돌아오지 않아 혼자 감나무 밑에서 기다리고 있는데 감꽃이 내 머리를 자꾸만 툭툭 건드린다. 처가의 두 그루 감나무는 백여 년 정도 묵은 고목이어서 비탈진 뒤안의 흙을 뿌리로 붙잡고 있지만 마치 늙은 할머니의 손처럼 거친 뿌리가 드러나 앙상하다.

아내의 어린 날의 추억이 깃들어 있을 그 감나무 아래 혼자 사는 할머니가 된 처남댁을 기다리는 저녁 무렵, 마을 앞 논에서 개구리소리가 시끄럽다. 다 늦은 저녁인데 까치 두 마리가 뒷산의 무성한 밤나무 숲을 한바퀴 돌며 비행한다. 그때 쯤 제비 한 마리가 활시위처럼 감나무 위를 날아간다. 날이 어둑해지자 처가 처마 밑에서 박쥐 몇 마리가 하늘 높이 날아오른다. 생기발양해지는 시간이다.

초여름 저녁 무렵 일손을 마친 농부들이 집으로 들어오는 시간, 감꽃이 지붕 위로 떨어진다. 처남이 안 계신 처가에 내가 나서서 최근에 양철기와로 지붕개량을 한 지붕 위로 감꽃이 떨어질 때마다 '후두둑' 소리가 난다. 바람이 불자 그 화음에 장단이라도 맞추려는 듯 후두둑 후두둑 소리가 리듬을 탄다. 지붕에 올라가 조심스럽게 빗자루로 봄철에는 감꽃을, 가을철엔 떨어진 감과 낙엽을 쓸던 처남이 생각난다. 감꽃 떨어지는 소리가 나를 추억 속으로 데려간다.

누군가 담장 밖으로 지나간다. 낯선 발자국이었는지 갑자기 옆집 개가 시끄럽게 짖어댄다. 그러자 옆집 개들이 박자를 맞춰 컹컹 짖어댄다. 온 마을이 짖어대는 듯 마을이 소란스러워진다. 마을 앞 가로등에 불이 들어오는데 뒷산에서 뻐꾸기 소리가 들려온다. 이때 또 다시 감꽃이 머리를 때린다. 바람이 한 차례 불어온 것이다.

세상이 고요하다. 소나기 지나간 듯 개짖는 소리가 멎은 마을은 개구리들 소리와는 상관없이 왠지 적막감에 싸인다. 나는 할 일이 없어진 사람처럼 무료하다. 그런데 그 무료함이 나를 안식에 들게 한다. 아무것도 들리지 않고 감꽃만 떨어지는데, 나는 세상에서 가장 먼 곳으로 보내진 사람처럼 고요하고 적막하다. 도시에서의 시끄러워진 머릿속의 잡념을 모두 잊어버리고 혼자가 된 듯 외로워진다. 멍하니 아무런 생각도 없이 무상무념의 상태에서 머릿속이 백지가 된 듯 하얗게 비워진다. 감꽃은 내 머리와 지붕을 풍금처럼 두드리는데 오래 전에 잃어버린 추억을 되찾는 시간이다.

푸른 종소리 나던 도라지꽃 피는 소리

도라지는 우리 민요에 자주 등장할 정도로 우리 민족과 친했다. "도라지 도라지 심심산천의 백도라지"라고 부르던 노래 속의 도라지는 백도라지이지만, 산야에서는 백도라지보다 청도라지를 흔히 볼 수 있다. 도라지는 우리나라 산에 가면 어렵지 않게 만날 수 있다. 씨앗으로 번식이 되고 우리 토질에 뿌리를 잘 내리기 때문이다. 예부터 민가의 텃밭 귀퉁이에 백도라지와 청도라지를 심어왔다. 백도라지와 청도라지가 함께 어우러져 한 마을을 이루고 있는 것이 정겨워 보인다.

그 옛날에 선산에 가면 도라지가 지천에 널려 푸른 꽃을 피우고 있었고 어머니께서는 텃밭 귀퉁이에 솔과 도라지를 심으셨다. 그래서 도라지는 내게 아주 낯익고 친근한 식물로 기억되고 있다. 어머니는 도라지를 물에 하룻밤을 담가 놓으시곤 하셨는데 그래야 쓴맛이 순해지고 칼로 껍질을 문지르면 잘 벗겨진다.

나는 쓴맛이 나는 것이면 모두 잘 먹었다. 입맛이 없을 때 쓴 음식을 먹으면 입맛이 잘 돌았다. 그래서 고들빼기와 도라지를 좋아하기 때문에, 어머니는 고들빼기를 나물로 무쳐주시고 가을엔 도라지 나물을 만들어 내놓으시곤 하셨다. 그러므로 내 핏속에 쓴 맛이 있다면 그것은 순전히 도라지의 쓴맛일 것이다.

언젠가 잘 아는 스님을 찾아 호국사라는 절간에 간 적이 있다. 스님은 내게 줄 도라지 손수 음식을 장만하셨는데, 석쇠에 구어주시는 것이다. 도라지를 굽느라고 절 공양간이 연기로 가득 차 누가 보면 절에 불난 것처럼 보였을 텐데, 도라지를 보면 그 인자하고 마음씨 좋은 스님이 떠오른다.

도라지꽃을 보면 종소리가 들린다. 그 소리는 아주 작아서 귀로 듣는 것이 아니라 마음으로 들을 수 있는 소리이다. 어린 시절에는 텃밭가에 심어진 도라지꽃을 장난삼아 터뜨리곤 했다. 그때마다 다섯 쪽으로 갈라진 통꽃이 '퍽' 소리를 내며 터지곤 했다. 그런데 도라지의 통꽃이 열릴 때 나는 소리는 아무나 들을 수 없는 것이어서 신경을 써야 들을 수 있다. 도라지꽃 터지는 소리는 마음으로 들을 수 있는 것이기 때문이다.

8월이나 9월에 피는 도라지꽃은 다섯 쪽으로 갈라진 통꽃이 벌어지며 푸른 웃음이나 하얀 웃음을 짓는다. 바람이 불때마다 흔들리며 소리를 내는 절간의 풍경처럼 청아한 종소리를 낸다. 그 소리를 들으면 때 묻은 마음을 씻어주어서 세탁소에서 다리미질이 끝난 옷과 같은 고실고실한 마음이 된다.

우리 집 정원의 도라지에 나팔꽃이 도라지를 휘감고 올라가고 있었다. 처음에는 아기가 엄마 품에 안기는 듯하던 것이 나중에는 사랑하는 사람을 안 듯 숨 막히게 도라지의 목을 조이는 것이다. 나팔꽃을 떼어내려다가 그만두었다. 도라지가 꽃을 피우자 종소리가 났는데 화답이라도 하듯 나팔꽃이 나팔을 분다.

물론 도라지꽃에서 종소리를 듣기는 어렵다. 도라지꽃을 바라보는 내 마음이 듣는 소리이다. 어찌하여 도라지꽃이 필 때 종소리가 들리는지는 모르겠지만, 언제부턴가 나는 도라지꽃에서 종소리를 연상하는 것이다.

도라지꽃이 벌어질 때면 말로 형언할 수 없는 그윽한 향기가 풍겨 나온다. 그 향기는 땅 냄새 같은 것인데 어떤 땅에서 자랐느냐에 따라 그 향기가 각기 다르게 느껴진다. 새벽 도라지꽃 향기는 이슬냄새가 나고 저녁 때 느껴지는 도라지 꽃 향기는 바람 냄새가 나는데, 도라지의 생육 환경에 따라서도 그 향기가 다르게 느껴진다. 산도라지꽃의 향기는 소나무 향이 나고 밭도라지꽃 향기는 그때그때 달라 메꽃향이 날 때도 있고 풀냄새가 날 때도 있다.

가슴속에 메아리치는 보리피리 소리

'보릿고개'라는 말이 있었다. 가파르고 길게 이어진 이 고개는 허기져서 넘어가기가 쉽지 않은 고개였다. 봄날 아지랑이처럼 어지러움증을 동반한 고개였기에 이 고개 앞에 서면 누구나 허리를 꾸부정하게 구부리고 고개를 넘어가야 했다. 고갯길을 넘다보면 쓰러져 신음하는 비쩍 마르고 얼룩이 누렇게 뜬 사람들이 눈에 띄기도 하였다. 이 고개를 '춘궁기'라고도 불렀는데, 이 고개는 세상 어디에도 없는 것이어서 눈에 보이는 그런 고개가 아니었지만 참으로 지독하고 험한 고개였다. 가을에 걷어들인 식량이 뒤주에서 바닥을 보이는 봄날에 찾아오는 고개였다.

봄날 보리는 아직도 제대로 여물지 않아 푸르를 뿐 들판에 나가도 먹을 것이 없었다. 찔레순이나 어린 소나무가지를 꺾어 허기를 채울 수밖에 없었다. 1960년대 까지도 그 허기지고 허리가 휘어지게 하는 고개가 마을 언저리에 있었다. 그 고갯길을 넘어가는 아이들의 얼굴은 누렇게 부황이 떠 있었다.

그 고갯길에서 나는 아직 알이 여물지 않은 푸른 보리이삭을 꺾어 피리를 만들어 불었다. 그때 내 입에서 터져나가는 소리는 보릿고개

에 쓰러져 누운 사람들의 귓가에 구슬프게 들렸을 것이다. 아직 덜 여문 보리이삭을 아버지는 연례행사처럼 봄날이면 꺾어가지고 오셨다. 시퍼런 보리이삭을 불에 구워 손바닥에 놓고 비벼대면 껍질이 벗겨진 말랑말랑한 보리알이 만져졌다. 어떤 것은 제대로 여물지 않아 하얀 뜬물이 터져나오기도 하였다.

그런 시절에 낮반이었던 나는 해가 중천에 뜬 시간에 아이들과 함께 학교로 향하곤 하였다. 천성이 느린 나는 아이들과 함께 학교에 가지 못하고 뒤처지기가 일쑤였다. 길을 가다가 들꽃이며 땅바닥에 기어가는 개미까지 참견하기 때문이다.

혼자 학교를 가다가 나는 보리밭 둑에 앉아 보리이삭을 뽑았다. 그리고 어린 내 손가락만하게 잘라 그 끝을 살짝 이로 씹었다. 입안에 바람을 모아 보리피리를 불면 피리소리가 들판으로 흘러나갔다. '삐삐리, 삐삐삐이리' 소리가 청아하고 맑았다.

보리피리를 불다 보면 얼굴이 빨개지고 힘이 들었다. 그 시절 나는 늘 힘이 없고 머리가 어지러웠다. 그래서 집에서는 가끔 약병아리를 고아 가마솥 바닥에 고인 누렇고 미끈한 기름을 먹게 하였다. 보리피리 부는 것조차 힘에 부쳤으니 참으로 약골이었던 것 같다.

마땅한 장난감이 없던 시절이라 보리피리를 만들어 불곤 했는데, 버드나무가지를 꺾어 피리를 만들어 불기도 하였다. 새로 난 연한 가지를 꺾어 불면 버들피리는 조금 둔탁하지만 '띠이이 띠띠띠이이' 하고 소리가 났다. 그런데 시간이 지나면 말라버려 소리가 잘 나지 않았기 때문에 보리피리나 버들피리는 일회용 악기였으며 장난감이었다.

허기진 배를 웅크리며 봄 들판을 지나가며 불던 보리피리 소리, 현기증 나는 내 유년의 봄을 생각하면 떠오르는 풍경이다. 그 소리는 어떤 악기로도 흉내낼 수 없는 소리이기도 하지만 이슥한 보릿고개를 넘어갈 수 있었던 힘이기도 했다. 보리피리를 불며 들판을 바라보면 바람에 온갖 푸르른 생명들이 바람에 물결을 치고 지난 겨울 잘 견뎠다고 종달새는 하늘 높이 떠서 제 짝을 찾느라 뭐라고 노래했다.

'문둥이 시인'이라고 부르는 한하운은 봄날 소록도에 가다가 자신의 삶이 하도 서러워 '필닐리 필닐리' 보리피리 불었다고 「보리피리」라는 시를 통해 노래하였다. 가도가도 끝이 없는 전라도 황톳길을 가다가 사방에 널려있는 보리밭에서 보리모가지를 꺾어 피리를 만들어 부르는 그 소리가 슬프게 들리는 것은 당연했을 것이다. 그런데 문둥이가 어린 아이를 잡아먹기 위해 보리밭에 숨어있다는 소문이 자자했다. 그래서 학교길에 보리밭 앞을 지나갈 때는 여럿이서 함께 다닌 기억이 있다.

보리피리를 입에 물면 상큼한 향기와 함께 약간 비린 향기가 났다. 못 먹어 코피를 흘릴 때의 그 비릿함 같은 향기였다. 그래서 비릿한 향기가 날 때면 유년의 보릿고개를 건너가는 어린 소년의 모습이 꿈결처럼 떠오른다.

요즘 아이들은 보리피리를 불어보는지 모르겠다. 인스턴트 콘크리트 건물에 갇혀 피아노학원이나 다니는 아이들이 비릿한 보리피리나 버들피리 소리를 맡을 수 있으면 좋겠다는 생각을 해 보곤 한다. 배고팠지만 산과 들, 그리고 개울과 바다에서 순치되지 않은 원시와 야생의 옛날 아이들처럼 세상의 길을 걸어갔으면 좋겠다. 이렇듯 자연에서 자연으로 자라는 아이들이 정신적으로 견고해지고 성품도 온화해질 수 있기 때문이다.

연방죽에 내리는 소나기 소리

여름날, 순식간에 세상을 적시고 가는 성미 급한 손님이 소나기이다. 어른들은 들밭에 일하러 가시고 아이들은 집 밖에서 노는 날, 갑자기 소나기가 쏟아졌다. 그럴 때마다 나는 빨랫줄의 빨래를 걷었다. 마당 멍석에 널어논 벼나 콩 등 곡물을 잽싸게 마대에 담아야 했다. 이럴 때는 마음이 급해져서 후다닥 움직여야 했다.

소나기는 도둑놈처럼 지나간다. 청명했던 하늘이 갑자기 어두워지면서 검은 구름이 몰려간다. 이때 바람이 일어 대숲이나 나무가 흔들린다. 수선스러운 시간 끝에 장대비가 쏟아지면 건조해진 흙이 먼지를 일으키며 튄다. 흙냄새 질펀한 땅바닥에 쏟아지는 소나기는 '두두둑둑' 요란한 소리를 낸다.

소나기가 연방죽을 건너갈 때는 콩볶는 소리가 난다. 손을 하늘로 쳐든 널따란 연잎에 떨어지는 소리가 따갑게 느껴진다. 연잎은 물에 젖지 않기 때문에 소나기가 떨어지면 그대로 굴러 연못에 떨어지고 만다. 쉴새없이 사선을 그으며 쏟아지는 빗물은 '딱' 하는 소리와 함께 물방이 튄다. 연잎은 수없이 따귀를 맞아도 그 흔적이 없는데 연못으로 곤두박질치는 빗방울은 어지럽게 물수제비를 띄운다. 혼을 빼놓는 공

연이 한참동안 계속되다가 어느 순간 소나기는 연방죽을 건너간다.

소나기가 텃밭을 지나갈라치면 그 소리가 난타공연처럼 요란하다. 텃밭 구석에서 자라는 토란잎에 굵은 소나기가 한 줄금 뿌리면 콩볶는 듯한 소리가 요동친다. 기관총을 쏘는 듯한 연발음의 소나기가 지나갈 때까지 멈추지 않는다. 귀를 찌를 듯한 소리가 귀를 먹먹하게 한다.

소나기가 쏟아지면 들판에서 일하던 사람들이 비를 피하기 위해 분주하게 뛰어간다. 논둑 밭둑을 한달음에 달리기도 하고 황급히 옥수숫단 아래로 들어가거나 큰나무 아래로 몸을 숨긴다. 이럴 땐 숲속의 새들도 시끄럽다. 청개구리는 '깩 깩 깩' 소리를 내고 비를 맞는 나무들은 '쏴아아' 소리를 질러 숲속은 순식간에 아수라장이 되고 만다.

내가 가진 최초의 기억인지 모르겠다. 세 살이나 네 살쯤이었겠다. 아버지는 나를 데리고 들판에 나가셨다. 바닷가 부근에 있던 논이었던 것 같다. 그때는 짚으로 만든 우장을 쓰고 다녔다. 어깨에 걸치면 어느 정도 비를 피할 수 있는 것인데, 요즘으로 치자면 우비쯤일 것 같다. 소나기가 쏟아지자 비를 피할 데가 없어 나를 엎고 그 위에 우장을 씌우고 냅다 집으로 달리셨다. 우장 하나로 아버지와 내가 소나기를 피할 수는 없었다. 빗물인지 땀인지 아버지의 등에서 물이 흐르고 있었다. 그리고 땀냄새가 났다. 저 유년의 까마득한 여름날, 어린 아들을 소나기에 맞게 하지 않으려고 아들을 업고 아버지는 한달음에 집으로 달렸다. 그때 나는 아버지의 등에서 땀냄새를 맡았다. 수십 년이 지났지만 여전히 내 의식의 한 귀퉁이에서 그때의 모습이 살아오곤 하는 것이다.

소나기를 떠올리면 황순원 선생의 「소나기」를 생각하지 않을 수 없다. 소나기를 피하기 위해 수숫단 아래에서 숨어있던 윤초시네 증손녀와 소년, 그리고 소나기 맞은 소녀를 업고 온 소년의 옷에 든 물이 가슴을 저리게 한다. 소나기는 맑고 순수한 소년 소녀의 애틋한 순애보를 연상시킨다.

소나기가 내리면 우선 피하고 보는 것이 사람의 심리이다. 그런데도 나는 이상하게도 소나기가 내리던지 말던지 그대로 길을 갔다. 사람들은 바삐 처마 밑이나 나무 밑으로 달려가지만 나는 결코 뛰어가지 않았다. 가던 길 그대로 길을 갔다. 논둑길을 가다가 소나기를 만나건 숲속을 가다가 소나기를 만나건, 콩밭에 튀는 소나기 소리, 저수지에 물수제비처럼 꽂히는 소나기를 온몸으로 고스란히 받아냈다. 어린 시절에는 천성이 느렸기 때문이기도 하지만 소나기를 맞으면 왠지 마음이 후련해졌던 것 같다. 소나기를 맞아 옷이 몸에 찰싹 달라붙고 후줄근한 모습이 비에 젖은 생쥐 같아 보였겠지만, 돌아다니다보면 어느샌가 옷이 다 마르곤 하였다.

우리 동네에 소나기가 내릴 때 함평만 건너 해제반도에는 햇볕이 쨍하고 내리쬐고 있는 경우가 많았다. 소나기는 전면적으로 내리는 것이 아니라 특정한 지역을 부분적으로 내리기 때문일 것이다.

소나기가 그치면 언제 그랬느냐는 듯 하늘은 푸르고 산과 들은 더욱 싱그러움이 넘쳤다. 이럴 때는 소나기가 뜨겁고 속 타는 세상에 한 줄금 시원하고 톡 쏘는 청량한 음료수를 선사하고 간 느낌이 든다. 몸도 마음도 개운해졌다.

갯벌에 물 들어오는 소리

바닷가에서 나고 자란 나는 바닷가에 밀물이 쳐올라 올 때면 가슴이 두근두근 뛰곤 했다. 마을 갯가로 발동선이 통통통 소리를 내며 하얀 연기를 내뿜으며 들어오곤 했다. 돛을 단 돛단배도 미끄러지듯이 작은 항구로 들어왔다. 배가 들어오면 마을 사람들이 바닷가로 몰려가곤 했다. 생선을 받아 팔아야 하고 밥상에 올리거나 젯상에 올릴 생선을 사야 했기 때문이다. 생선을 사지 않아도 좋았다. 비릿한 생선을 구경하고 마을 사람들이 북적대는 것이 좋아 바닷가로 나가는 사람들도 있었다. 그때 나는 밀물이 뻘을 쳐서 올라올 때 배를 타고 수평선 멀리 갈매기 끼룩대는 동경하는 세계로 갈 수 있을 것이라는 생각이 들었다.

썰물은 아무런 소리를 내지 않고 도둑놈 담장 넘어가듯 빠져나가버린다. 그런데 밀물은 '촤르르' 생명의 화음으로 갯뻘을 쓰다듬으며 몰려온다. 무엇인가 생명의 기운이 깃든 당찬 소리로 마치 심장의 박동소리처럼 활기차게 뛰어오는 것이 바다의 밀물소리이다.

그런데 밀물 드는 소리는 계절마다 모두 그 소리가 다르다. 그리고 날씨에따라 다르게 들린다. 우리 고향 함평만에 봄이 오면 바닥물에까지 빠져나갔던 바닷물이 하루에 두 번씩 몰려오는 밀물은 한나절 동안

말랐던 갯뻘을 적시며 해안가로 올라온다. 그럴 때면 겨울 바다와는 다른 바다의 체온을 전해주는 밀물에 놀라 갯벌에서 햇볕을 쬐고 있던 게나 망둥어가 재빨리 제 집을 찾아 들어가 버린다. 들려오는 바닷물 소리가 생명의 화음이라는 것을 온몸으로 느끼며 망둥어와 게들이 봄의 기운을 세례받는 것이다. 이 때의 바닷물 들어오는 소리는 바다의 고랑과 갯구멍에 생명을 불어넣는 활기차고 경쾌한 봄의 왈츠곡 소리를 낸다. 그 소리는 마치 멀리 떠났던 사람이 손을 흔들어 집으로 돌아오는 듯한 느낌을 준다.

여름에는 피서객들 들끓는 돌머리해수욕장의 번잡함과 시끄러움 때문에 하루에 두 번씩 갯벌을 치고 바닷물이 몰려오지만 사위가 밀물이 드는지 썰물이 빠져나가는지 잘 의식하지 못한다. 햇볕에 뜨겁게 달구어진 백사장을 식히며 밀물이 더위를 식혀주지만 사람들의 관심은 한여름밤의 꿈을 꾸기만 하지 밀물드는 여름 저녁 바닷소리를 듣지 못하는 것이다.

가을이 되면 찬바람이 일어 파도가 되살아난다. 그래서 사람들이 빠져나간 바다에 밀물이 들어올 때는 '소소소' 소리를 낸다. 햇살 좋은 가을날, 나는 바닷가 제방에 앉아 낚싯대를 드리우곤 하였다. 그때는 고기 반 물 반이라는 소리가 참말이었다. 빈 낚시를 던져도 눈이 먼 운조리나 모치, 그리고 복어가 걸려나왔다. 한참동안 해안가를 훑으며 찰랑대던 부드러운 파도가 그 기세를 잦아들었다가 빠져나가면 바다는 한바탕 소나기 지나간 바다처럼 물기로 반짝였다.

겨울날 해변을 향해 달려오는 바다는 화난 사람 같다. 아니 천군만마를 거느리고 적진으로 향하는 군사들처럼 기세등등했다. 말발굽소리와 군사들의 함성이 들리는 듯한 것이 겨울 해안으로 밀려오는 밀물의 소리이다. 앞발을 쳐들고 히히힝 소리를 내지르는 군마소리, 칼을 높이 치켜든 채 적을 위협하며 달려가는 장수의 기개가 느껴지는 겨울 밀물의 액션이다. 매서운 바람이 날뛰는 파도를 때리고 천만 번 쓰러졌다 일어서며 인해전술로 해안을 위협하는 겨울바다의 밀물은 가장 포악하고 왕성한 생명의 기운이다. 거센 눈보라 속에서 출항했던 배가 함평만 끄트머리의 작은 항구 주포 앞 등대를 향해 어김없이 몰려오곤 하였다.

마음 속에서 샘솟는 옹달샘 물소리

내 마음엔 옹달샘이 두 개가 있다. 고향마을 우리 산 아래의 작고 맑은 옹달샘과 고향 앞바다에 있던 이마가 차디찬 옹달샘이 그것이다.

1960년대, 아버지는 산을 개간하여 아카시아 씨앗을 뿌려 육묘를 하였다. 날마다 인부들과 함께 아카시아 육묘장에서 작업을 할 때 나는 초등학교 2학년이나 3학년 쯤이었을 것이다. 그때 같은 반이었던 사촌형과 학교 갔다 오다가 아카시아 육묘장으로 가서 밥을 얻어먹곤 하였다.

그런데 사촌형과 나는 산 아래 옹달샘가에 가서 한참을 놀았다. 옹달샘에서 물을 마시기도 하고 옹달샘에서 솟아오른 물이 흘러가는 것을 바라보았다. 어느 날이던가. 여느 때처럼 사촌형과 나는 학교 갔다 오다가 옹달샘에 서 목을 축이고 세수를 하였다. 그리고 옹달샘에서 하늘하늘 솟아오르는 샘물을 바라보며 물이 어떻게 땅속에서 나오는지 궁금해 했다. 산에 비가 내려 땅 속으로 흘러들어갔다가 산 아래로 솟아오르는 것이라고 생각하였다.

옹달샘물은 몹시 차가웠다. 아마 깊은 땅 속을 지나오는 동안 샘물이 찬기운을 묻혀오기 때문일 것이라고 사촌형과 말하기도 하였다. 샘

물은 샘바닥에 쌓인 모래를 뚫고 솟아오르고 있었는데 연신 물방울이 터지며 '퐁퐁' 소리를 냈다. 이제 여덟 살과 아홉 살 밖에 안 된 나와 사촌형은 연신 그것이 신기해 한참동안을 옹달샘 가에서 놀았다.

가까운 산 아래 육묘장에서 일을 하던 아버지와 인부들은 옹달샘물을 길어다 마셨다. 동요속 이야기처럼 "깊은 산 속 옹달샘 누가 와서 먹나요. 새벽에 토끼가 눈 비비며 일어나 세수하러 왔다가 물만 먹고" 가고 있었다. 뿐만 아니라 옹달샘에 다가가면 꽁지가 예쁜 파랑새와 할미새가 물가에서 물을 마시고 날아가는 것이다.

그 옹달샘은 여름에는 이가 시릴 정도로 물이 차가웠다. 그렇지만 겨울에는 김이 무럭무럭 날 정도로 물이 따스했다. 주변에 눈이 수북히 쌓였지만 산 아래 옹달샘은 얼음이 얼지 않고 졸졸졸 소리를 내며 넘쳐 흘렀다.

그 옹달샘은 오랫동안 짐승들과 사람들의 오아시스가 되어줬다. 그런데 언제부터인지 옹달샘이 보이지 않았다. 어떻게 되었는지는 모르지만 그곳에 논이 만들어져 있고 벼가 자라고 있었다.

내 유년의 동심을 맑게 씻어주고 세계에 대한 의문과 동경을 불러일으켜 준 고향 산 아래에 있었던 옹달샘은 이제는 내 마음 속에서 '퐁퐁퐁' 물소리를 내며 솟아오르고 있을 뿐이다.

또 하나의 옹달샘은 고향 앞바다 갯벌 속에 있었다. 한여름에도 동상에 걸릴 정도로 차가운 물이었는데 이른바 복류천이었다. 즉 높은 산에서 바다 밑으로 지하수가 흘렀다가 솟구치는 옹달샘이었던 것이다.

오래 전에 누군가가 돌을 쌓아 축조한 옹달샘이었는데 바다로 물길을 내며 흘러갔다. 가까운 들녘에서 김을 매거나 벼를 벨 때 목마르면 주전자에 물을 떠가곤 하던 그 작은 옹달샘은 바다에 들앉아 맑고 차가운 물을 '퐁 퐁 퐁' 솟아내고 있었으니 참으로 신기한 샘이었다.

그 옹달샘은 예부터 인근 마을에 소문이 나 여름이면 물 맞으러 오곤 하였다. 우리는 바다에서 게를 잡다가 옹달샘에서 목을 축이곤 하였다. 바다에 있지만 물맛이 짜지 않고 오히려 간장이 싸늘하도록 시원하고 맛이 좋았다. 여름이면 동네 청년들은 백사장에 차일을 치고 놀면서 옹달샘에서 몸을 씻었다. 수박을 옹달샘에 담궜다가 차일 아래에서 쪼개먹기도 하였다.

그런데 언젠가 인근 마을 사람들이 달밤에 옹달샘에서 물을 맞다가 바닷물에 휩쓸려 죽는 사건이 생겼다. 그 일 때문인지는 몰라도 사람들은 옹달샘을 찾지 않았다. 수십 년 세월이 흘러 그곳에 가보았는데 옹달샘은 흔적도 없이 사라지고 말았다.

왜가리와 두루미가 물마시다가 날아오르곤 하던 고향마을 앞바다의 옹달샘이었지만 이제 아득한 유년의 기억 속에서만 '퐁 퐁 퐁' 솟아오르고 있는 옹달샘은, 어느샌가 내 의식의 가장 깊은 자리에서 내 마음이 뜨겁고 어지러워질 때마다 차갑게 나를 일깨우곤 한다.

무궁화 꽃 피는 소리, 지는 소리

내가 가장 좋아하는 꽃은 능소화 꽃과 더불어 무궁화 꽃이다. 무궁화 꽃은 능소화 꽃과 마찬가지로 일 년 중 가장 무더운 날에 핀다. 세상의 꽃들이 더위를 먹어 어깻죽지를 축 늘어뜨리고 있는 시절에 무궁화 꽃은 조선 선비처럼 부채도 없이 담장 위에서 헛기침을 하는 형국이다.

꽃 중에서 가장 내면의 아름다움을 지닌 꽃이 무궁화 꽃임을 나는 근래에 깨달았다. 이전에는 사군자가 좋아 집에다가 사군자를 심어 가까이 했지만, 생각하니 무궁화 꽃보다 더 기품이 있는 꽃이 세상에 있겠는가 하는 생각에 이르게 되어 나는 무궁화 꽃 예찬론자가 되어버렸다.

일제에 의해 우리나라 꽃인 무궁화가 왜곡되어 한때는 몸에 나쁜 꽃이라고 생각했는데 그것이 아니었다. 우리 조상들이 왜 무궁화 꽃을 나라꽃으로 여겼는지를 알게 되었다. 무궁화나무는 아무리 척박한 땅에서도 잘 자란다. 그리고 가뭄에도 잘 견디며 일 년 중 가장 무더운 날 꽃을 피워내는데 어떠한 시련에도 흔들리지 않는 기품과 의연한 선비의 모습을 지녔다. 여느 꽃들이 아침에 피었다가 햇살이 따가운 한 낮

이나 저녁에 지는 것에 비해 무궁화 꽃은 오래 시들지 않으면서 떨어질 때는 벚꽃처럼 수다스럽고 번잡하게 지는 것이 아니라 주변 정리를 하고 자진하는 투사적인 일면을 지녔다.

처가의 할머니께서는 백수가 다 되어 세상을 뜨셨는데 큰 아들이 세상을 뜨자 눈이 멀어버리셨다. 그래서 귀로 보고 귀로 듣는 세월을 사시다가 돌아가시는 손주사위인 나와 손녀딸인 아내가 드린 음식까지 맛있게 드시고 "나 이제 돌아가련다" 하시며 세상을 떠나셨다. 숨을 거두기 전에 할머니는 목욕을 하고 깨끗한 옷으로 갈아입으셨다. 처가 할머니처럼 무궁화 꽃은 조선 선비가 갈 때를 알고 두루마기를 곱게 접어 두고 세상을 떠나는 것처럼, 무궁화 꽃은 하얀 꽃을 둘둘 말아 나무 아래에 툭 떨어뜨리고는 자신의 목숨을 거둔다. 참으로 정갈한 최후이다.

나라꽃인 무궁화 꽃은 추위에도 강하다. 혹독한 겨울을 지낸 우리나라 무궁화 꽃은 어떠한 시련에도 굴하지 않고 수천 년 역사의 물줄기는 도도하게 이어온 우리민족을 닮았다. 그러기 때문에 일제 강점기 때 왜인들이 무궁화 꽃을 만지면 눈병이 생긴다는 얼토당토 않은 말을 지어 무궁화 꽃의 진실을 왜곡했던 것이다.

무궁화의 종류는 참으로 많다. 오늘날 남방계 무궁화 꽃이 들어와 꽃집에서 팔리고 있기 때문이다. 그런데 이 무궁화나무는 우리나라에서 월동하지 못하고 죽어버린다. 추위에 강한 우리나라 무궁화 꽃에 비하면 인내심도 없고 연약하다. 이에 반해 하얀 우리나라 무궁화꽃은 백색이 주는 순결함과 담백함이 우리 민족의 체질이나 정서에 알맞다.

옛날에는 미인의 기준을 말할 때 후덕한 얼굴에 눈에 쌍꺼풀이 없는 사람을 쳐줬다. 무궁화꽃도 홑꽃을 진짜 꽃으로 여겼다. 오늘날 개량

종인지는 몰라도 겹꽃이 많이 심어져 있다. 그러나 우리 선조들은 어떠한 꽃이든 홑꽃의 간결미와 절제미, 그리고 시끄럽지 않은 담백함을 선호했다. 그런데 덩치도 큰 남방계의 무궁화 꽃들은 울긋불긋한 색깔들이어서 시끄럽다. 마치 얼굴에 화장을 떡칠하고 요란한 옷으로 치장한 화류계의 여성을 보는 듯한 느낌이다. 이러한 남방계 무궁화들의 인상은 절제와 고고한 정신세계의 기품을 지닌 우리민족의 정서와는 딴판이다.

옛날 고향집 담장에 오래 묵은 무궁화나무들이 있었다. 누군가가 무궁화 꽃을 만지면 눈병이 난다고 말했던 것 같다. 그래서 어린 시절에 무궁화 꽃 가까이에 가지 않았다. 그런데 생각해보니 언젠가부터 내 마음 속에 무궁화 꽃이 들어와 피어있다. 없는 듯 피어있는 무궁화 꽃의 그늘이 알게 모르게 내 의식 속에 투사되어 있었던 것이다. 쉽게 변하지 않는 잎사귀들의 푸르름과 아무에게나 뜨거운 눈길을 주지 않는 희거나 절제된 분홍빛 무궁화 꽃의 눈길은 진정 인간이 닮아야 할 아름다운 덕목이 아닐 수 없다.

조광조 선생이 귀양살이 하다가 비장하게 사약을 마신 전라도 능주 길 길가에 마을을 이룬 수만 그루의 무궁화 꽃들이 무더운 여름철에도 땀 흘리지 않은 채로 서 있다. 가끔 제 목숨을 둘둘 말아 길 떠나듯이 툭 하고 떨어뜨리는 소리가 내 마음의 귓가에 들려온다.

대숲에서 부는 바람 소리

남도에는 대나무 숲이 지천에 깔려 있다. 따스한 기운이 도는 봄이면 그야말로 하룻밤 새에도 사람의 키를 넘을 정도로 속성으로 자라는 것이 대나무이다. 봄철에 땅가죽을 뚫고 하루에 70~80cm 길이로 올라오는 죽순은 사람들의 입맛을 당겨준다. 초여름쯤 대숲은 일년 중 가장 아름다울 때이다. 연두색의 대잎이 노란색이나 붉은 색으로 변해 떨어지고 그 자리에 새순이 나기 때문이다.

대나무는 혼자 살지 않는다. 무리를 짓고 마을을 이루어 떼거리로 살기 때문에 서로 몸을 기대어 의지하고 살 수 있다. 설령 혼자 살아간다 해도 금방 가족을 이루어 함께 모여 사는 모습이 자작일촌을 이룬 남도의 어느 예의 바르고 올곧은 정신을 지닌 집성촌 사람들 같다.

나라가 어려울 때는 죽창이 되기도 하고 남도사람들의 손에 의해 대바구니, 대소쿠리로 다시 태어나기도 하는 대나무는, 때로는 부채의 뼈마디가 되어 무더운 날 시원한 바람을 일으켜 더위를 물리쳐 준다. 뿐만 아니라 무당의 손에 들린 댓가지가 되어 누군가의 넋을 위로하는 주술사가 되기도 한다.

우리 마을에는 앞뒤로 대숲이 우거져 있었다. 어린 우리들은 몰래 대숲에 들어가 낫으로 대나무를 베어다가 스케이트를 만들곤 했다. 주인에게 들킬까 봐 가슴 조마조마할 때 대숲에 바람이 거칠게 불어와 부는 바람소리가 좋았다.

지금도 대나무를 생각하면 유년의 대숲에 부는 바람소리가 눈을 터는 대나무 가지 펴지는 소리가 들려온다. 아낙네의 긴 머리카락이 바람에 휩쓸리듯 바람에 쏠린 대숲이 몸 비벼대는 소리가 귓가에 들려온다.

대나무는 예부터 수많은 시인들이 시제로 삼아 노래하는 대상이었다. 뿐만 아니라 화가들에게도 좋은 화제가 되어 사군자를 치는 사람이면 즐겨 그리는 대상이었다. 속이 비어 욕심이 없는 존재로 의인화시키기도 하고 곧바로 자라는 생태적 특성 때문에 지조를 지닌 곧은 선비의 표상으로 선호하여 선비들이 시제나 화제로 즐겨 찾곤 하였다.

그런 대나무는 여름에도 서늘한 기운을 내뿜기 때문에 대숲에 들어가면 몸과 마음이 시원해지곤 하였다. 이때 쯤 바람이라도 한 번 불어오면 대숲에서 소리가 나는데 그 소리는 머리칼을 휘날리는 청량감으로 다가온다. 바람에 대숲이 흔들리면서 댓가지끼리 부딪히기 때문에 나는 그 소리는 인위적으로 가공하지 않아 가슴까지 턱턱 막히게 하는 더위를 몰아내기에 충분했다.

대숲이 내는 소리는 그때그때 다르다. 추적추적 내리는 봄비가 내리는 날은 금방이라도 싹을 틔울 것 같은 소리가 땅 속에서 들릴 것 같다. 그러나 무성한 여름 비바람이 몰고 오는 소리는 온 세상이 흔들리는 멀미를 동반한 듯하다. 그러나 그 어지러움은 열두 발 상모를 돌리는 농악패 상쇠의 신명이 깃들어 있어 가슴까지 후련하다. 대숲이 겨울에 내는 소리는 활시위를 당기는 듯한 속도감과 전율이 함께 흐른다. 눈을 잔뜩 이고 있던 대나무가 눈의 무게를 털며 일어섰다가 바르르 떠는 소리이다. 휘어질 수 없는 대나무의 정신은 언제나 곧게 일어서려 한다. 그러다가 안간힘으로 눈의 무게를 밀어내고 활을 쏘듯 제 몸을 튕기며 바르르 떤다. 휘어질 수 없는 대나무의 원심력이 정신이 바르게 펴는 소리이다.

대숲에 오면 무위자연(無爲自然)이라는 말처럼 이상하게도 마음이 편안해진다. 대나무가 자기들끼리 서로 몸을 끌어안기도 하고 몸을 비비는 소리에서 가슴이 훈훈해진다. 마치 사람들에게 서로 어깨동무를 하며 살라고 하는 것도 같고 볼을 맞대어 서로 비벼대라고 하는 것 같기 때문이다.

가슴이 답답할 때는 우리집 뒷 뜰 대숲에서 부는 바람소리를 듣는다. 대숲이 내는 바람소리는 가공하지 않은 육성의 모음으로 서늘하고 청정하게 나를 깨어나게 하기 때문이다.

징검다리 아래를 흐르는 물소리

징검다리 아래를 흘러가는 물소리를 생각하면 초등학교 시절이 떠오른다. 이름이 없는 그 냇가는 우리 동네에서 십여 리 쯤 되는 학교 길에 있었는데 그곳에는 징검다리가 놓여 있었다. 냇물의 폭이 70여 미터쯤 되는 제법 큰 냇가는 목교 저수지에서 흘러내려와 지처의 함평만으로 빠지는 냇물이었다.

비가 많이 와 홍수가 지면 징검다리가 물속에 들어가 우리는 그곳을 건너지 못해 주포 쪽으로 돌아 학교에 가곤 하였다.

징검다리에 놓인 돌들은 차라리 바윗덩이에 가까운 것이어서 처음 징검다리를 건널 때는 쉽게 발길을 떼지 못했지만, 얼마 후부터는 쉽게 건너다닐 수 있었다.

학교 갔다가 돌아올 때면 아이들은 바지를 걷어 올리고 징검다리 밑을 더듬거리며 물고기를 잡기도 하고 모래밭에서 조개를 줍기도 하였다.

징검다리를 생각하면 황순원의 「소나기」라는 소설이 떠오른다. 윤초시네 증손녀가 징검다리 위에서 물놀이를 할 때 하교길의 소년이 징검다리를 건너지 못하고 소녀가 하는 짓을 바라보는 모습에서 소년의

순진함과 애틋한 소녀의 순정한 마음이 아릿하게 다가온다. 소녀가 몸이 아파 나타나지 않자 소녀가 앉아서 물놀이를 하던 텅 빈 징검다리를 바라보는 소년의 순수한 마음속으로 들어가 보기도 하였다.

징검다리를 건너갈 때 냇물 흐르는 소리가 차갑게 들려왔다. 징검다리를 건널 때마다 무심했지만, 어느 날 갑자기 냇물 흐르는 소리가 들려온 것이다. 징검다리 돌과 돌 사이를 흐르는 물은 엿가락 꼬듯이 휘어지면서 좁은 공간을 지나다 보니 비명을 지르는 것이었는지, 아니면 더러운 것을 씻어내는 세례의 기도소리였는지는 알 수 없었지만, 맑고 투명한 소리로 들려왔다. 징검다리 위로 발길을 옮길 때마다 물소리가 달랐다. 징검다리와 징검다리 사이의 폭이 각기 다르고 냇물의 깊이가 다르기 때문에 물이 내는 소리도 달랐던 것이다. 이는 사람마다 마음의 폭과 깊이가 다르듯이 냇물도 폭과 깊이에 따라 물소리가 다르게 들린 것인데, 냇물이 가물 때는 소리 없이 흘러갔다가 비라도 내린 날이면 물소리는 우렁우렁 소리를 내며 흘러갔다.

유년시절 하굣길에서 날마다 듣는 냇물 소리는 냇물이 깊어지듯이 바다로 흘러갔는데 냇물은 바다에서 더 큰 소리를 만나는 것이었다. 가느다랗고 작은 물소리들이 바다로 흘러가 대양(大洋)을 부르는 큰 파도소리를 내듯이 아이들도 자라 어른이 되어 목소리가 굵어지는 동안 나는 차츰 유년의 냇물소리를 잊어갔다.

수십 년이 지난 어느 날, 유년의 학교 길을 가다가 옛 징검다리 앞에 다다르게 되었다. 그런데 징검다리는 사라지고 그 위로 콘크리트 다리가 놓여 자동차가 질주하고 있었다. 물난리로 어린 초등학생을 잡아가기도 했던 징검다리였지만, 더 이상 유년의 물소리가 들려오지 않았다. 내 유년의 추억 한 자락이 사라진 듯 마음이 허전하고 쓸쓸하여, 냇물 아래에서 멱을 감고 물고기를 잡고 조개를 줍던 고향 동무들의 웃음소리가 귀를 먹은 듯 들리지 않는 것이다.

오늘날 교통이 편리한 세상이 되었다. 황토고개마루를 오르며 작은어머니의 손을 잡고 초등학교에 입학하기 위해 처음 내딛었던 징검다리, 그 징검다리는 나에게 천천히, 그리고 한발 한발 세상을 걸어가라고 가르쳐주었다. 징검다리를 하나씩 하나씩 건널 때의 위태위태했던 내가 징검다리를 딛으며 냇물을 다 건넜을 때의 희열과 성취감을 징검다리가 깨우쳐 주기도 하였다.

생의 냇물도 징검다리 건너는 것처럼 숱한 곡절을 겪다보니 이제는 두려움 없이 생의 징검다리를 건널 수 있는 세월을 건너왔다. 그 세월의 강을 건너오면서 내가 들었던 징검다리 아래로 흐르던 물소리는 여전히 귓가를 적신다. 타이르듯, 속삭이듯, 또는 투명한 목소리로, 흙탕물 소리로 세상을 어떻게 살아가야 하는지를 말해주던 냇물소리, 마침내 모두가 평등한 세상인 바다로 인도해 온 유년의 징검다리 아래로 흐르던 물소리가 오늘은 참으로 편안하게 들려온다.

폭염을 쫓아내던 참매미 우는 소리

여름날 무더위가 푹푹 찔 때, 그래서 뙤약볕에 일하러 나갔던 마을 사람들이 점심을 먹고 원두막이나 마루에서 낮잠을 잘 때면 매미가 울었다. 미루나무 높다란 키가 바람 한 점이 없어 하늘을 찌를 때 그 나무 숲 그늘 어디께게서 매미울음소리가 들려왔다.

어떻게 생긴 것이기에 하루 종일 울어대는지 그 모습이 궁금했다. 뒤안의 감나무 아래에서 살금살금 발소리를 죽이며 다가가면 매미소리가 뚝 그치곤 했다. 감나무 가지를 흔들면 매마가 '부우웅' 하고 날아가 버렸다. 엄지손가락 한 마디보다 작은 것의 어디에 목울대가 있어 여름 한낮을 달구는지 신기해 보였다.

여름이 깊어갈수록 매미우는 소리는 무성해졌다. 또한 나무아래에 죽은 매미들이 감꽃 떨어지듯 여기저기에 떨어져 있었다. 좋은 시절을 노래하다가 목숨을 거둔 미물들이 삶과 죽음의 의미를 되새겨보도록 했다.

내 유년에 울던 매미는 대부분 참매미였다. 부드럽고 투명한 날개가 몸보다 더 길었다. 꼬리는 동굴동굴했다. 이놈들은 7년이나 10년, 또는 십수 년 동안을 땅 속에서 애벌레로 살다가 단 며칠을 살다가 죽는다.

오직 한 철을 울기 위해 10년을 준비한다고 하니 안쓰럽고 대단하다는 생각이 들었다.

매미가 우는 소리는 암컷을 부르는 구애의 소리이니 매미의 울음소리는 생명의 소리이다. 아름다운 짝을 만나 이 세상에 생명을 남기려고 울어대는 소리이니 매미의 울음소리는 소중하고 가치있는 소리이다. 수만 년 이어져 온 소리가 오늘 매미를 살게 하고 또다시 생명을 잉태하고 목숨을 다하니 감나무 아래 떨어진 죽음은 거룩한 것이 아닐 수 없다.

매미들의 울음은 한꺼번에 시작하는 법이 없다. 처음에 한 마리가 울면 이어서 다른 놈들이 따라 울기 시작하면서 여름 숲은 매미의 합창무대가 되고 만다. 매미의 울음소리는 상황에 따라 다르다고 한다. 암컷에게 자신의 위치를 알리는 구애의 소리가 대부분이지만, 암컷이 옆에 다가왔을 때 유인하는 소리도 있고, 옆에 있는 수컷의 울음소리를 방해할 때, 그리고 죽을 때도 비명소리를 낸다고 한다. 그런데 재미있는 것은 울음소리가 클수록 암컷을 유혹하는데 더 유리하다고 하니, 매미들의 세계에서는 목소리 큰 놈이 잘난 놈인 셈이다.

매미는 굼벵이 시절에는 울지 않았을 것이다. 애벌레에서 완전변태를 하면서 어느 순간 자신에게 소리가 있다는 것을 알았을 것이다. 10년 동안 소리없이 살다가, 오직 소리를 얻기 위해 살아왔다가 어느 날 명창처럼 소리를 얻게 되었으니, 그 10년의 침묵은 득음을 위한 세월이었을 것이다.

어린 시절 방학을 하면 매미채를 가지고 나무 아래에서 기웃대곤 하였다. 그때는 방학과제물로 반드시 곤충채집과 식물채집이라는 것이 있었다. 아이들은 나비, 메뚜기나 잠자리, 매미를 잡아 핀으로 박아 방학이 끝나면 선생님께 제출하곤 하였다. 잠자리나 나비, 풍뎅이를 잡는 것은 어려운 일이 아니었으나 매미를 잡는 일은 쉬운 일이 아니었다. 소리만 들리지 잘 보이지 않기 때문이기도 했지만 매미가 높은 가지에 붙어있는 경우가 많아서 매미채로 잡기가 힘들었다. 어쩌다가 매미를 산 채로 잡기라도 하면 나비나 잠자리 잡는 것보다 기분이 좋았다. 무슨 횡재라도 한 양 손 안에 쥔 매미가 보물처럼 여겨졌다.

매미는 여전히 우리 곁을 떠나지 않고 여름이면 울어쌓는다. 그런데 매미소리가 옛날 같지 않는다. 시골에서만 들었던 그 옛날의 매미 울음소리가 도시의 빌딩 숲 속에서도 들려온다. 그것도 아침 일찍부터 저녁 늦게까지 울어대는데 마치 비명 같다. 서늘한 원두막이나 마을 동각에서 선선한 바람 속에서 들려오던 여유롭고 생태적인 소리가 아니라 현대 도시인들의 각박한 정서를 반영한 듯 악다구니로 소리를 질러댄다. 수십 년 세월이 흐르면서 매미도 살아남기 위해 진화한 것일까. 매미 울음소리가 철공소에서 쇠 가는 소리처럼 마음을 찌르며 어지럽게 파고든다.

매연을 풍겨대며 분주하게 오가는 도시의 거리에서 울어대는 매미소리는 어쩌면 인간의 탐욕에 대한 경고의 메시지가 아닌지 모르겠다. 뜨거운 아스발트 지열이 끓어오르는 그 위에서 멱살 잡고 싸우는 인간에 대한 간절한 타이름일 것이다.

영혼을 관통하는 물방울 떨어지는 소리

한때 나는 새해 첫날을 맞기 위해 한 해의 마지막 날엔 백아산에 가곤 했다. 더렵혀진 마음을 씻기 위해 아이들을 데리고 신부님과 함께 통나무집에서 침묵 피정으로 보내곤 했는데, 통나무집에 앉아 묵언수행 하듯이 지난 1년을 통찰하여 새로운 마음을 가지고 산을 내려오곤 했다.

백아산 통나무집엔 흥청거렸던 연말의 분위기에 휩싸여 술을 마시다가 잠에 든 사람들도 있었지만 우리 통나무집 사람들은 다음날 아침에 떠오를 태양처럼 새롭게 거듭나기 위해 눈을 감은 채 기도하는 등신불이 되었다.

산중의 밤이 깊어 술을 푸던 사람들의 통나무집 등불마저 모두 꺼진 칠흑 같은 그 시간에 나는 혼자 밖으로 나갔다. 아마 제야의 종소리도 훨씬 전에 울린 시간이었을 것이다. 밖의 날씨는 매우 쌀쌀해 차디찬 밤공기가 정신을 들게 했다. 인기척에 놀란 밤새가 푸드덕거리며 밤공기를 가르며 어둠 속으로 날아갔다. 어둡지만 어둠속을 유영하는 새의 행방이 궁금했다.

이때 어디선가에서 물방울 떨어지는 소리 들려왔다. 어린날 비가 새

는 교실에서 세숫대야에 떨어지는 빗방울 소리가 떠올랐다. 그리고 가난한 친구네 천정에서 낙숫물 떨어지는 소리도 생각났다. 그때 내가 들은 물방울 떨어지는 소리는 이상하게도 빈혈상태의 내 영혼에 수혈하는 핏방울 떨어지는 소리처럼 들려오고 영혼이 맑아지는 것이었다. 그러니까 겨울 백아산에서 들었던 물방울 소리는 병원에서 링거를 맞고 다시 살아나 눈을 뜨는 그런 기분 이었다.

나는 어둠 속에서 물방울 떨어지는 소리의 행방을 찾기 위해 귀를 기울였다. 한참 만에 내가 다다른 곳은 약수터였다. 흐르던 약수터 샘이 얼어가자 흐르지 못하고 한 방울 씩 물방울만 떨어뜨리고 있는 중이었다. 나는 약수터에서 떨어지는 물방울에 이마를 갖다 댔다. 차디찬 기온이 온몸에 번져왔는데 몸이 따뜻해지는 것이다. 그동안 싸늘하게 식어버렸던 체온이 뎁혀지면서 죽었던 세포들이 일어나는 것 같았다.

그날 밤 나는 새로 태어난듯한 기쁨에 잠을 이루지 못했다. 기쁨 충만은 물론 새로 태어난 듯한 생명의 환희가 나를 들뜨게 하여 행복한 새해 아침을 맞을 수 있었다. 또한 그날밤 내 영혼을 관통하며 떨어지던 물방울 소리는 살아가면서 온몸이 불구덕에 빠지고 마음이 심란할 때면 물에 잉크방울이 떨어져 번지듯 나의 영혼을 헹궈주곤 했다.

내게 물방울 소리가 처음 다가왔던 계기는 어린 시절 처마에서 떨어지는 낙숫물 소리일 것이다. 비가 멈추고 하늘이 파랗게 열릴 무렵 초가집 처마에서 물 떨어지는 소리가 들려왔다. 비가 내릴 때의 어수선함이 사라지고 세상이 정적에 휩싸인 그 시간에 처마에 맺힌 물방울이 '똑 똑 똑' 소리를 내며 마당으로 떨어지는 것이다. 마치 격렬한 연주가 끝나고 마지막 피아노 건반을 천천히 두드리는 것 같은 분위기가 연출

되는 낙수소리는 어린시절의 초가집을 생각하면 떠오르는 것이다. 비가 그친 마당가에 지렁이 몇 마리가 꿈틀대며 어디론가로 가고 있었을 것이고, 나는 기어가는 붉은 지렁이를 바라보며 낙수소리를 들었을 것이다.

또 하나 기억나는 물방울 떨어지는 소리는 처마 밑에 고드름이 길게 흘러내렸다가 기온이 올라가자 고드름 끝에서 물방울이 맺혀 마당으로 떨어지는 소리이다. 물방울 떨어지는 소리는 뒤이어 고드름이 땅에 떨어지는 소리를 동반하곤 했는데 봄이 오는 소리이기도 했다.

물방울이 소리 중에서 가장 아름다운 소리는 아마 동굴 석순에서 지하연못에 떨어지는 소리일 것이다. 물과 물이 부딪혀 나는 이 소리는, 아주 청량감 있고 맑은 이 소리는, 수천수만 년 동안에 생성된 동굴 속 석순이 간직한 시간만큼 함부로 만들어진 소리가 아니다. 동굴이 온몸으로 짜내어 만든 아름다운 소리여서 석순에서 물방울이 떨어지면 '총 총 총' 소리를 내는 것인데 인간의 시간을 훨씬 넘어선 영겁의 소리인 것이다. 그러므로 동굴천정에서 떨어지는 물방울 소리는 가장 맑고, 가장 투명하고, 가장 순수한 소리 이전의 소리인 것이다.

영원 속으로 잠기는 별똥별 소리

여름날 마당에 멍석을 깔고 그 위에 누워 있으면 밤하늘에 밝은 달이 떠있었다. 구름이 일어 달이 잠시 구름 속에 들어갔다가 다시 달이 구름 속에서 얼굴을 내밀었다. 박목월 시인은 이렇듯 정겨운 풍경을 「나그네」라는 시에서 "구름이 달 가듯이 가는 나그네"라고 남도의 서정을 노래했다. 그러한 밤하늘에는 별들이 총총 빛나곤 했는데 이따금 별똥별이 선을 그으며 우주에서 사라지곤 하였다.

어린 시절, 우주로 사라지는 별들을 바라보며. '별이 죽어 무엇이 되는지' 궁금하였다. 그러면서도 나는 '죽어서 별이 될 것'이라는 생각을 했다. 별은 아무나 되는 것이 아니라 착하게 살아야 죽어서 별이 된다고 믿었기 때문이다. 그러므로 살아있을 때 내뱉은 말 중에서 나쁜 말은 땅속으로 들어가 지렁이가 되고, 착한 말은 꽃으로 피어나거나 하늘에 올라가 별이 된다고 믿었다. 이렇듯 사람은 '별'을 순진무구한 것이나 영원성의 상징으로 표현되었다. 아버지는 밤하늘의 은하수를 가리키며 "은하수는 하늘의 강이어서 어디론가로 흘러가고 있는 것인데, 저 강물이 하늘 저쪽쯤에 흘러갈 때면 쌀밥을 먹을 것이다" 하셨다. 아버지는 배고픈 시절의 기다림과 희망조차 은하수의 흐름에 비유하셨

던 것이다.

마당의 모깃불 매케한 연기 속에서 바라보던 유년의 밤하늘에서 순간의 반짝임을 남기고 우주 속으로 사라지는 별을 통해 인간이 어떻게 살아야 하는지를 생각 했다. 할아버지가 돌아가시고 이웃 사람들이 죽는 것을 본 나는 이 세상에 영원한 것은 아무것도 없다고 생각하였다.

그러나 사람이 살아있을 때 내뱉는 모든 말은 우주 어딘가에 살아남아있을 것이라는 생각이 들었다. 특히 착하게 살면서 아름다운 말만 남겨야 그 아름다운 말들이 우주 어딘가에서 영원할 것이라는 신념은 지금도 변함이 없다. 그래서 나는 지금 내가 뱉어내는 말들이 기도가 되고 복음이 되어 마침내 별이 되기를 소망한다. 운주사에 가면 북두칠성을 형상화한 칠성바위가 있다. 이 유적은 영원한 무엇이 되고 싶었던 고려적 사람들의 염원이 담겨있다. 육신은 사라지지만 영혼은 남아 있고 싶은 인간의 간절함이 배어있는 유적들로 나의 발길을 이끈다. 이 유적들을 만들었던 우리 선조들의 마음이 천 년 후까지 전해져 칠성바위 앞에서면 착한 마음을 갖게 된다. 칠성바위 앞에서 무엇인가를 소망하며 두 손 모아 기도하던 옛 사람들의 모습이 현현하기 때문이다.

오늘날 이름 있는 사람들을 '스타', 즉 '별'이라고 부른다. 별은 반짝반짝 빛나는 것이어서 유명한 연예인이나 정치인은 뭇 사람들 속에서 우뚝 솟아 빛나기 때문일 것이다. 그러나 이들은 대부분 그 빛남이 오래 가지 않는다. 바람처럼 지나가는 것이어서 시간이 지나면 그 빛이 바래어 사람들 기억 속에서 잊혀져 가기 일쑤이다. 그러므로 나는 진정한 스타가 되기를 소망한다. 세간의 주목을 받지 못해 빛나지 않아도, 그러나 세월이 갈수록 역사 속에서 빛을 낸다면 진정한 스타라고 할 수 있을 것이다. 아니 결코 빛이 나지 않는다 해도 이 세상에 빛과 소금처럼 쓸모 있는 존재라면 별이 될 수 있을 것이다.

오늘날 사람들은 연예인 같은 스타를 우러러보는 경향이 있다. 잠시 반짝이는 연예인의 속성상 나는 연예인들을 선망하지 않는다. 그러므로 '어떻게 살 것인가?' '무엇이 될 것인가?'에 대해 더 고뇌하는 편이다. 나는 밤하늘에서 사라지는 별을 바라보며 수억 년 동안 우주의 어느 켠에서 묵묵히 우주공간을 운행하다 우주 속으로 사라지는 별의 생애를 생각한다. 만약에 별들이 궤도를 일탈 했다면 결코 자신의 길을 가지 못했을 것이다. 사람도 마찬가지이다. 사람이 가야할 길을 가지 않고 일탈했다면 감옥에 가거나 죽음을 맞이했을 것이다. 그것처럼 일생의 임무를 마치고 우주 속으로 사라지는 밤하늘의 별똥별은 영원으로 깃들기 위해 빛을 마감하는 것이다.

이 시간에도 별이 광활한 우주 어딘가에로 사라질 것이다. 하지만 별은 사라지는 것이 아니라 지금까지 운행해온 시간보다 더 아득한 영원 속으로 잠겨드는 것이다.

삶의 형식을 사색하는 낙엽 밟는 소리

봄이 되면 나무는 새싹을 틔운다. "될성부른 나무는 떡잎부터 알아본다"는 말이 있듯이 나무는 잎사귀를 달고 나온다. 나뭇잎을 통해 햇빛을 통해 광합성을 하여 자신의 키를 키운다. 그러므로 나무에게 나뭇잎은 뿌리와 입의 역할을 맡고 있다고 할 수 있다.

나무는 여름동안 나뭇잎은 무성해져 이파리가 바람에 흔들린다. 마치 수만 개의 바람개비가 돌아가듯 하여 나무 전체가 흔들린다. 이 모진 흔들림이 나무를 키운다. 가을이 되어 나뭇잎에 단풍이 드는 것이 사람으로 치면 흰머리가 나는 것이라고 할 수 있다. 나뭇잎의 일생이 절정에 다다랐다가 황혼을 맞이하는 것과 같다. 이때 나뭇잎은 곱게 늙은 노인이나 가을 내장산처럼 울긋불긋한 풍경을 연출하여 그 모습이 뜨겁다. 그러다가 나뭇잎은 일생을 다하고 자연의 순리대로 다시 흙으로 돌아간다. 그러므로 낙엽이 지는 일은 숭고한 사명을 다하고 정년을 하는 것과 같다.

늦가을, 바람이 한바탕 불어오면 나뭇잎들은 '우수수'소리를 내며 그동안 붙잡고 있던 나무줄기나 가지를 놓아버린다. 생명의 순환고리에 순순히 순응하는 태도이다. 낙엽이 된 나뭇잎들은 지난 계절들의 기억

을 간직한 채 이리저리 바람에 불려다니다가 어느 곳에선가 쌓이게 된다. 낙엽은 썩어 다시 나무나 풀들의 자양분이 되기도 하고 다람쥐나 작은 동물들의 겨울을 따스하게 덮어주는 이불이나 집이 된다.

어떤 다람쥐 한 마리가 겨울에 먹을 상수리 식량을 낙엽 속에 숨겨두었는데, 그만 깜박하는 건망증 때문에 먹이를 찾지 못했다. 그래서 다람쥐의 식량은 봄이 되어 싹을 틔웠는데 훗날 그 곳에 상수리나무 숲이 무성하게 되었다. 그러니까 다람쥐의 건망증은 상수리나무 숲을 만들고 사람의 건망증은 등에 업은 아이를 삼 년 동안 찾는다는 것이다.

늦가을이 되어 감나무나 밤나무, 그리고 상수리나무 등의 활엽수 잎이 떨어지면 그것들을 모아 불태운다. 이때 바짝 마른 낙엽들은 '타다닥' 소리와 함께 하얀 연기를 내며 탄다. 낙엽 타는 소리는 생명의 본성을 일깨운다. 스님들이 다비식을 통해 자연으로 돌아가는 의식처럼 하얀 연기를 하늘로 풀풀풀 날리며 한 줌 재를 남기고 사라지는 모습은 경건하고 엄숙하다. 그래서 낙엽이 불에 탈 때 나는 냄새는 향기롭다. 욕망으로 가득찬 인간에게 무욕의 삶을 소망하며 훈계하는 것 같다.

민가나 사찰에서는 낙엽을 모아 불태울 수밖에 없지만 산에서 자라는 나무의 낙엽은 태울 수도 없거니와 태울 필요가 없어 그냥 그대로 놔둔다. "시몽, 너는 낙엽 밟는 소리가 좋으냐"고 했던 구르몽의 시구처럼 낙엽을 밟으면 원초적인 자연의 소리를 들을 수 있어 좋다. 이때 신발을 벗고 낙엽을 밟으면 다시 자연으로 돌아가는 나무의 영혼을 느낄 수 있을 것만 같다. 애써서 발버둥치며 자신 몸의 일부인 낙엽을 붙잡으려 하지 않고 이별의 고통을 참아내며 자연의 품으로 되돌려 보내는 위대한 정신 앞에 인간은 탐욕의 그늘에서 자신을 성찰할 수 있을 것이다.

그런데 오늘날은 산성비 때문에 낙엽이 잘 썩지 않는다고 한다. 도심 한 가운데 있는 우리집 정원에는 은목서 · 금목서 · 모과나무 · 앵두나무 · 자두나무 · 목련 등의 활엽수가 있는데 그것들이 떨어뜨린 낙엽들이 잘 썩지 않아 나는 어쩔 수 없이 낙엽을 모아 과수원으로 가지고 가 불태운다. 나뭇잎이 잘 썩지 않는 현상은 인간의 탐욕 때문에 파괴된 지구환경이 산성비를 내리게 하는 까닭이다.

낙엽은 태울 때도 커피처럼 그 향이 고소하다. 사람이나 짐승이 밟을 때도 바스락거린다. 이 바스락거림은 자연의 순환에 순응하는 낙엽이 자신의 존재를 드러내는 형식이다. 무엇인가에게 밟혔기 때문에 "지렁이도 밟으면 꿈틀댄다"는 식의 저항적 존재감이 아니라 "너는 무엇이느냐?" 또는 "너는 어떻게 살겠느냐?"라고 인간의 실존에 대한 역설적인 질문을 하고 대답을 하는 것이다.

그래서 구르몽은 "시몽, 너는 좋으냐, 낙엽 밟는 소리가"라고 했던 것이 아닐까. 낙엽을 맨발로 밟으면 부드럽지만 바스락 소리를 내는데 이는 이 세상 모든 살아있는 것들에게 마치 존재의 길을 묻는 질문을 하는 것 같다.

사람의 길을 일깨우는 낙엽이 지는 소리

낙엽이 지는 늦가을이면 왠지 감상적인 사람이 되어갔다. 감수성이 예민한 어린 시절, 누님들의 연애소설을 훔쳐 읽던 그런 시절, 나는 그야말로 감상에 푹 빠진 아이였다. 나이보다 많이 책을 읽은 탓인지 일찌감치 어린 철학자가 되어 있었다. 가을이 되어 풀벌레는 왜 우는지, 하늘의 흰구름은 어디로 떠나가는지, 뭐라고 지저귀는 새소리의 의미는 무엇인지, 그리고 낙엽이 지면 일생을 다 살고 대지로 돌아가는 낙엽에 대해 연민과 슬픔의 감정을 느꼈다.

낙엽이 지면 슬픈 것은, 오 헨리의 『마지막 잎새』가 주는 메시지를 기억하는 까닭이다. 병실에서 바라보이는 창밖의 벽에 붙은 담쟁이넝쿨이 다 떨어지고 남은 마지막 잎새가 지닌 상징적 의미 때문에 자신의 목숨도 떨어져 죽을 것이라는 나약하고 철없고 염세적인 사람의 심사에 공감했던 나는 낙엽이 바람에 굴러가는 소리만 들어도 괜히 눈물을 흘리던 소년이었다.

내가 다녔던 초등학교에는 운동장가에 플라타너스 나무와 단풍나무가 심어져 있었다. 가을이면 어른 손바닥만한 플라타너스 나무와 아기

들 손바닥만한 단풍나무에서 마른 잎사귀가 떨어져 바람에 뒹굴었다. 초등학교 6학년 때 우리는 밤늦게까지 학교에서 공부를 하였다. 그 때는 중학교에 가기 위해서는 입시를 치러야 했기 때문에 열심히 공부를 해야 했다. 바람이 부는 늦가을 저녁 무렵, 공부를 하다말고 운동장을 거닐면 머리 위에서 낙엽이 떨어지곤 했다. 나뭇가지에서 떨어져 나온 낙엽이 지는 소리가 아프게 다가왔다. 한 번 죽으면 다시는 살아올 수 없는 영원한 죽음의 세계일 것이라는 어린 철학자의 고뇌는 낙엽이 지는 소리가 고통의 소리일 수밖에 없었다.

지금 생각하면 참으로 유치한 것이 아닐 수 없다. 그러나 나는 사춘기가 끝난 이후 군대에 갈 때까지도 마음이 여린 감상주의였다. 그렇지만 나는 그 시절을 사랑한다. 별것도 아닌 것에 마음을 쓰고 상심했던 나의 마음이 맑고 순수했기 때문이다. 오늘 나는 참으로 타락한 세상의 죄인 같은 사람의 되어버렸으니, 그 시절을 생각하면 나는 착해진다.

사춘기 시절 『데미안』이나 『수레바퀴 아래에서』를 읽을 무렵, 나는 그야말로 착한 소년이었으므로 길을 가다가 개미 한 마리 밟을 일이 없었다. 달빛 교교한 오솔길을 걸으며 시인이 된 양 잔뜩 감상에 젖어 젖은 눈으로 낙엽 위에 떨어져 죽은 새의 주검을 바라보고, 마른 풀잎에 맺힌 아침 이슬의 맑은 눈동자를 바라보며 탄식을 하곤 하였다. 그런 시절의 낙엽지는 날, 울긋불긋한 단풍잎 보다도 예쁘지도 않고 화려하지도 않은 낙엽지는 소리를 듣곤 하였다.

우리집 감나무 가지에 바람소리 맞는 소리가 들릴 때면 나뭇가지가 흔들리는 소리가 들리고 나뭇가지에 붙어있던 나뭇잎들이 떨어져 팔랑거리는 소리가 들린다. 나뭇잎이 떨어져 내려오다가 가지에 부딪히는 소리도 들린다. 그리고 땅에 떨어져 쌓인 낙엽 위에 사뿐히 내려앉는 소리가 이어진다. 가을 공원이나 숲에 가면 수많은 나뭇잎이 떨어지는 소리, 벚나무 낙엽이 지는 소리, 감나무 낙엽이 지는 소리가 각각 다르다. 이러한 소리는 아주 미세한 것으로 귀를 기울이면 누구나 들을 수 있는 가을의 소리이다.

이렇듯 낙엽지는 소리를 들으면 쓸쓸하고 슬퍼진다. 나뭇잎이 지고 나면 더욱 추워질텐데 추운 겨울 대지에서 온몸으로 바람을 맞으며 한 계절을 보낼 나무들이 외롭다거나 추울 것이라는 생각이 들어 나무들에게 연민과 슬픔을 느끼는 것이다.

꽃이 피면 사람들은 꽃구경을 가고, 단풍이 들면 사람들은 단풍구경을 가는데, 낙엽이 지는 모습을 구경하는 사람들은 별로 없어 보인다. 사람은 그렇지만 가장 아름다울 때만 나무의 모습을 바라보는 인간의 세태가 마음을 편치 않게 한다. 어쩌면 나무의 낙엽지는 모습은 지난 시절 자신이 가졌던 것들을 모두 내놓는 아름다운 나무의 정신일 것이다. 그렇기 때문에 나무에게서 낙엽이 지는 모습은 가장 빛나는 모습이 아닐까?

청춘의 시절도 가고 은발의 머리카락을 바람에 날리는 노부부가 낙엽지는 소리를 들으며 천천히 걸어가고 있는 모습이 아름답다는 생각이 들었다. 다가올 나의 노년의 모습이 의연한 자세로 겨울을 맞는 나무 같았으면 좋겠다.

창밖에서 낙엽이 지는 소리가 들려온다.

갈대 부딪히는 소리

유년의 아득한 풍경 속에는 갈대가 서걱이는 소리가 있다. 마을 앞 바닷가는 물론 제방 안 논이 있는 마을 쪽에도 널따란 갈대밭이 있었다. 그 곳에서는 뜸북새가 울곤 했는데 갈대 숲속을 뒤지면 뜸부기 둥지가 있었다. 집에서도 들리는 '뜸 뜸 뜸' 하며 우는 뜸부기 소리는 갈대밭이나 인근 논에서 들려오기 때문에 아이들은 뜸부기 소리의 향방을 금방 알 수가 있었다.

갈대는 바닷물이 있는 곳에서도 살지만 민물과 바닷물이 섞이는 지점에서도 무성하게 잘 자란다. 한때는 논이었던 마을 앞 들녘에 바닷물이 범람해 논으로 사용하지 못하게 되어 그대로 방치해두면 그곳에서 갈대가 자라났다. 갈대는 번식력이 매우 강해 금세 습지를 점령해 세력을 넓혀버렸다. 그래서 갈대밭을 보면 상전벽해(桑田碧海)라는 말이 실감이 났다.

봄이 되면 갈대는 뾰족하지만 연하고 부드러운 싹을 내민다. 새싹을 베어다가 나물을 해먹기도 하지만 금세 잎사귀가 뻣뻣해지기 때문에 나물로 해먹는 경우가 드물었다. 순식간에 사람의 키를 넘어 2~3m 크기로 자라버리는데 갈대숲은 뭇 생명들이 살기 좋은 환경이다. 털이 까맣고 긴 참게가 많이 서식했다. 갈대 숲에 구멍을 파고 사는 게들은

갈대를 타고 놀기도 한다. 우리 동네에서는 이놈들을 잡아 게장을 만들거나 삶아 먹었다. 게뿐만 아니라 갈대 숲에는 뜸부기를 비롯한 두루미, 황새 등의 새들이 먹이활동을 하거나 둥지를 틀기에 좋은 곳이었다.

갈대는 생명의 노래를 부르던 봄과 여름과 가을과 겨울의 풍경이 각기 다르다. 봄 여름에는 푸르름이 생기발양한 느낌을 주지만, 가을과 겨울이 되면 갈색으로 변해 마치 노년에 든, 그러나 아주 지혜로운 노인의 모습을 보여준다.

갈대에서는 갈꽃을 피우는데 이것들을 베어 우리 동네에서는 빗자루를 만들어 사용했다. 갈대빗자루는 빗자루 중에서 가장 고급스러운 것이었는데, 가을날 갈꽃을 베어 솥에 넣고 푹 삶은 뒤 빗자루를 만들면 꽃이 잘 떨어지지 않아 방을 쓰는 빗자루로 사용하면 아주 좋았다. 그래서 가을이 되면 동네 사람들은 바닷가로 나가 갈대꽃을 베는 것이 하나의 연례행사였다. 어떤 집에서는 아예 갈대빗자루를 만들어 장에 내다 팔기도 하였다.

"인간은 생각하는 갈대"라는 명제에서 짐작할 수 있듯이 갈대는 연약해 흔들린다는 의미를 내포하고 있다. 그렇지만 흔들리데 결코 꺾이지 않는 것이 갈대이기도 하여 갈대를 강인함의 표상으로 내세우기도 하였다.

여름날 비바람 속에서도 갈대는 부딪히며 소리를 내기도 하지만, 특히 늦가을이나 겨울에 흔들리는 갈대의 소리는 자못 엄숙하다. 물론 듣는 사람의 마음이겠지만 갈대는 신경림 시인이 시에서 노래한 것에서 알 수 있듯이 간곡한 인간의 삶을 상징적으로 함축한 존재이다. 즉 "언제부턴가 갈대는 속으로/조용히 울고 있었다./그런 밤이었을 것이다. 갈대는/그의 온 몸이 흔들리고 있는 것을 알았다.//바람도 달빛도 아닌 것./갈대는 저를 흔드는 것이/제 조용한 울음인 것을 까맣게 몰랐다//산다는 것은 속으로 이렇게/조용히 울고 있는 것이란 것을/그는 몰랐다." 「갈대」라는 시를 가슴에 담고 흔들리는 갈대를 바라보면 눈에 보이는 갈대 그 이상의 무엇이 보인다.

바람이 불면 갈대는 고개 숙인 채로 흔들렸다. 혼자서만이 흔들리는 것이 아니라 갈대 마을 모두가 흔들렸다. 서로 어깨동무를 하고 하나같이 흔들렸다. 흔들려야만이 살아가는 존재의 이유가 되는 것이 갈대이기 때문이다. 그래서 갈대는 바람이 불 때마다 '서걱서걱' 또는 '스르륵 스르륵' 소리를 내며 자신의 존재를 드러낸다.

오늘날은 순천만 갈대밭처럼 갈대밭이 친생태적인 공간으로 환영을 받는다. 참으로 다행스러운 일이다. 그러나 우리는 갈대라는 상징이 담고 있는 인간 존재에 대한 근본적인 사유의 의미도 읽어야 할 것이다.

겨울날의 경이, 눈 내리는 소리

아침에 일어나니 마당은 물론 장독대와 초가지붕이 온통 하얀 눈으로 소복히 쌓여 있는 것을 보고 갑자기 변해버린 풍경에 놀란 기억이 있다. 아마 내가 눈에서 경이를 느낀 때는 학교에 들어가기 전의 어린 시절이었을 것 같다. 그 후 눈을 밟으면 뽀드득 소리가 들려 추운 줄도 모르고 자꾸만 강아지처럼 눈밭을 쏘다녔다.

눈에 관한 기억은 순결하고 깨끗한 이미지와 더불어 눈 내리는 소리이다. 보통 때는 눈이 내리는 소리를 듣지 못한다. 그런데 바람이 멎는 고요한 겨울 저녁 무렵, 집집마다 켜져 있던 호롱불도 모두 잠든 그런 시간에 오줌이 마려워 마당에 나갔다가 아주 작게 들리는 눈 내리는 소리를 들었다. 그런데 나는 그 소리에서 형용할 수 없는 미묘한 감정을 느꼈다. "하늘나라 선녀님들이" 하면서 부르는 노래 속의 정서가 아닌, 우주 어디선가에서 맑고 순결한 것을 인간세계로 전해오는 신성한 의식 쯤으로 눈 내리는 소리를 들은 것 같다. 순결한 정신으로 눈 뜬 사람이 아니면 들을 수 없는 소리, 그 소리마저 투명하거나 환해 영혼이 아름답지 않으면 들을 수 없는 것이 눈 내리는 소리이다.

김광균 시인은 눈 내리는 소리를 "여인이 옷 벗는 소리"로 표현했다.

호롱불만 어둠 속에서 밤을 지키는 모두가 잠든 적막한 세상에 흩날리는 희미한 눈발의 소리가 마치 비단치마가 살갗에 스치는 듯한 느낌으로 들렸나 보다. 내가 들었던 눈 내리는 소리는 인간세계의 어떤 모습으로는 비유할 수 없는 영혼의 소리였다.

그 옛날 어린 시절에 들었던 눈 내리는 소리를 들으려 해도 잘 들리지 않는다. 오늘 내가 듣는 눈 내리는 소리는 거칠고 폭력적이다. 비닐하우스 지붕을 무너뜨리고 찻길을 막는 눈 또한 오래 전에 보았던 착한 눈이 아니다. 이는 나의 심성이 고약해졌다는 증거이고 세상의 환경 또한 부드럽고 순한 것이 아니여서 그 옛날에 들었던 눈 내리는 소리의 감동을 주었던 눈을 그리워한다.

눈이 내리면 하늘을 바라보곤 했다. 발도 없는 순백의 천사들은 부나비처럼 인해전술로 지상에 쳐들어와 죄를 덮고 티끌을 씻어내곤 하였다. 어떤 눈들은 강물에 뛰어들어 제 자취를 남기지 않고 강물이 되고 어떤 눈은 내 이마와 눈 속으로 들어와 어지럽고 뜨거운 내 영혼을 식혀주기도 하였다. 지금도 그 버릇이 남아 눈 내리는 날이면 하늘을 바라보며 한정없이 쏟아지는 하얀 날개를 단 요정들을 맞는다.

분패 쳐서 천지가 분간 안 되는 날, 굴뚝쇠도 날지 않는 눈이 몹시 내리는 날, 눈보라가 외양간에 불어 닥치면 소는 큰 눈을 뜨고 밤새 발을 동동거렸다. 눈보라 속에 얼굴에 얼음 송송 단 채로 하얀 입김을 내뿜으며 눈보라를 온 몸으로 맞았다. 이런 날 아침, 밖으로 나가면 눈을 거느린 바람이 들판에 그림을 그리곤 했다. 바람은 눈가루를 몰고 언덕이며 고랑을 누비고 다니며 한 번도 본 적이 없는 부드럽고 새하얀 그림을 그려내곤 하였다.

눈 내리는 소리를 들으면 떠오르는 풍경이 하나가 있다. 코가 까매지도록 밤새 호롱불 아래에서 책을 읽을 때 울타리가에 앉아 있던 부엉이가 울곤 했다. 이따금 눈을 터는지 날개짓 소리가 어린 날 읽던 동화 책 속으로 들어와 들려왔다. 눈 내리는 소리도 이야기 속으로 들어왔다. 그래서 눈 내리는 소리를 떠올리면 그것이 동화 속인지 현실인지 잘 구분이 안 되어 오래 전에 꾼 꿈 같다.

눈을 생각하면 나는 눈의 양면성이 떠오른다. 온 세상 더러운 것을 모두 새하얗게 만들어버리는 눈은 마법을 부리는 마술사 같다. 부드럽고 새하얀 모습이 천사 같다. 그러나 눈은 밟을수록 뺀질뺀질해진다. 기름기가 잘잘 흐르는 모습이 불량배 같다. 누군가 눈을 밟으면 쓰러뜨린다. 상처주기 십상이다. 뼈가 부러지는 경우가 허다하다. 이는 지렁이도 밟으면 꿈틀거린다는 말처럼 아무리 부드럽고 순백한 눈이어도 밟으면 미끄러운 폭력배가 되는 것이다.

눈이 내렸다. 방송에서는 몇 십년 만에 내린 폭설이라고 하지만 밤새 눈 내리던 소리는 번잡한 세상에서 어떻게 살아야 하는지를 말해준다. 어린아이처럼 부드럽고 새하얀 마음으로 살으라고 비단옷 스치는 소리로 눈이 내렸다.

눈 속에서 피어 내는 민춘란 꽃피우는 소리

우리 고향은 전국에서도 가장 유명한 난의 고장이다. 그래서 전국 규모의 난전시회를 해마다 개최해오고 있다. 눈이 많이 내리는 남서해를 끼고 있는 지리적인 영향으로 좋은 난이 많이 자생을 하는 것 같다.

유년에 당산의 우리 산을 오르다보면 아직 쌀쌀한 날씨임에도 낙엽 속에서 향긋한 향기를 풍기며 꽃망울을 터뜨리는 난초를 볼 수 있었다. 그 때는 아직 난초에 대한 관심이 별로 없던 시절이라서 그저 지천에 널린 풀 정도로만 인식했다. 그런데 어느 때부턴가 난초 붐이 일어 너도나도 산을 뒤지며 채란을 하는 사람들이 많아졌다. 그러다보니 난초에 관심이 많은 사람들에 의해 우리 고장의 좋은 난초가 많은 것을 알리게 되고, 단박에 난초의 고장이 되어버렸다.

우리나라의 산에 야생하는 난초를 흔히 민춘란이라고 한다. 소심(素心)이라고 불리는 이 난초는 이름 그대로 서민들을 닮아 소박한 꽃을 피워올린다. 푸른 잎사귀를 늘어뜨린 소심은 혓바닥 같은 흰꽃을 피워 올리는데, 가운데에 약간 진홍빛이 나는 색깔이 박혀있다. 난초에 깊은 지식을 가지고 있지 못한 나는 그저 흰 저고리를 입은 듯한 꽃의 색깔과 폐부를 뚫고 들어와 풍기는 은은한 향기를 좋아한다. 모두가 눈

속에서 움츠리고 봄을 기다리고 있는 세한의 끝자락에서 눈을 밀어내며 꽃을 피워내는 모습이 마치 고고한 선비의 기질을 보는 것 같아 가까이 하는 편이다.

발목이 빠지는 눈 속에서 먹을 것이 없어 눈 위에 드러난 푸른 난초 잎을 산토끼나 노루 등 산짐승들이 뜯어먹은 난초가 반토막이 난 것을 겨울산을 돌아다니며 보았다. 잎이 뜯긴 난초이지만 이 끈질기고 인내심이 강한 연약한 풀은 이따금 지저귀는 산새들 소리 뿐인 적막한 겨울 산 속에서 그 고고한 마음을 드러낸다. 난은 기품이 어진 선비를 닮았다. 그래서 우리 선비들은 사군자 중에서도 으뜸으로 여겨 자주 그림으로 그려냈다. 난초의 생태적 특징을 자신의 마음 속에 담고 살고 싶었기 때문이다.

우리나라에서 가장 난을 잘 쳤다는 흥선대원군 이하응의 난초를 기억한다. 서슬퍼런 안동권씨의 세도정치 속에서 왕의 피를 이어받은 몸이지만, 오직 살아내기 위해 상갓집 개노릇을 하며 미친짓을 하면서도 그가 스승 김정희로부터 배운 선비기질을 통해 위태위태한 세상을 건너가게 한 것이 난초의 정신이 아니었나 생각을 해보곤 한다.

그러나 나는 이하응의 난초보다 춘곡 강동원 선생의 난초를 내가 지금껏 본 가장 훌륭한 명품으로 생각한다. 이하응의 난초는 기생의 치마에 술값을 치루기 위해 쳤기 때문에, 또는 안동권씨의 모멸찬 인격적 폭력에 칼을 갈며 키워낸 난초이기에 어딘가 불량한 기운이 감돈다. 그러나 춘곡 강동원 선생은 나와 동본이어서 뿐만 아니라 내가 존경하는 어른이다. 한약방을 하고 계시는데 문예창작을 공부했을 뿐만 아니라 우리 역사를 깊이 통찰하고 바라보는 속 깊은 철학박사이다. 그는 선비의 덕목인 시·서·화(詩·書·畫)를 겸비하고 있어 요즘 보기

드문 선비이다. 광주 인근에 국조전을 세워 국조 단군을 흠모하고 한 해가 가는 마지막 날에는 전국의 유림과 시인들을 초청해 시를 경연하는, 우리 시대에 마지막 남은 진정한 선비이다.

선생은 손수 난을 쳐서 그 중에서 가장 빼어난 그림을 나에게 선물하였다. 그 그림은 내 서재에 걸려 있는데, 거침없이 벋은 잎과 향기로운 난초향을 풍기는 자태이다. 그림은 아무리 잘 그려도 사람 됨됨이에 흠이 있으면 어딘가에 티가 있게 마련이다. 마음에 티가 없어 맑은 선생이 치는 난엔 그런 선생의 마음이 배어 있다. 뿐만 아니다. 부끄러울 일도, 망설일 일도 없는 선생의 성품은 글씨에도 엿보인다. 기교가 없는 글씨는 반듯하게, 그리고 거침없는데에서 오직 바른 삶을 살아온 선생의 삶과 연륜이 느껴진다.

사군자를 좋아하는 나는 정원에 난초, 매화, 대, 국화를 심었다. 그 중에서 난초는 고향의 우리 산에서 채란한 것으로, 봄이 오는 길목에서 바닷바람을 맞으며 숙성한 은은한 향을 풍겨준다. 한때 난이 비싼 가격으로 거래되자 얼치기 난꾼들이 온 산을 뒤져가며 한 가마니씩 무작정 채란하는 시절이 있었다. 선비 정신의 표상인 난을 돈벌이로 생각한 그런 사람들이 한심스러웠다.

난 전시장에 가면 온갖 진귀한 난들이 자태와 향기를 뽐낸다. 다양한 형태와 여러 가지 색깔의 난들이지만 화장품 냄새가 나지 않고 천박하지도 않은 난들은 모두가 기품이 느껴진다. 꽃도 사람을 닮아 수다스러운 사람, 절제있는 사람, 화류계에서 노는 사람, 풍류를 즐기는 사람, 얼굴만 봐도 기품이 나는 사람이 있다. 그런데 난은 왠지 말수가 적고, 신의가 있고, 소박하지만 열심히 사는 사람의 모습으로 다가온다. 특히 내가 좋아하는 소심은 지체높은 사람의 모습보다 평민의 자태에 가깝고, 남성보다는 화장기 없는 여성의 모습이다. 그래서 나는 일찍이 나의 아내를 소심(素心)이라고 불렀다. 다소곳하고, 정갈하고, 수다스럽지 않은 정숙한 아내의 이미지에 걸맞는 것이 소심이기 때문이다.

가끔 고향 선산에 가서 산을 뒤지며 우리나라의 민춘란인 소심을 찾는다. 눈과 낙엽 아래에서 푸르게 살아서 형언할 수 없는 향기로 온 산을 휘감고 도는 소심을 발견하며 옛생각에 잠긴다. 그리고 소심 같은 사람이 되지 못함을 탓하며 한참동안 하얀 난꽃을 바라본다. 난이 꽃 피는 소리를 들을 수는 없지만 차가운 눈을 밀어 올리며 아주 천천히 꽃을 피우는 소리를 듣는다. 그 소리가 나를 키워냈다.

시디신 고집으로 봄을 알리는 매화꽃 피는 소리

매화꽃이 피어날 때면 우리 산에서 튀밥 튀는 소리가 들렸다. 아직 쌀쌀한 날씨에 검푸른 당산의 숲빛깔이 지겨워질 무렵, 온 산에 하얀 매화꽃이 피어 삭막한 마음에 뜨거운 불을 질렀다.

아버지는 수백 그루의 매화를 우리 산에 손수 심으셨다. 사람 손이 거의 가지 못해 야생에서 제 멋대로 키를 키우고 소나무와 오리나무 숲과 경쟁하며 가지를 벋은 매화나무가 꽃을 피워내면 봄이 시작되었다. 설중매는 눈 속에서 꽃을 피우지만 대개의 경우 봄의 시작을 알리며 지천에서 꽃을 피운다.

매화꽃은 꽃을 피울 때도 장관이지만 봄바람에 꽃잎이 떨어지는 풍경은 더욱 가관이다. 봄날 섬진강을 따라 가다 보면 매화꽃이 피고 지는 모습을 볼 수 있다. 섬진강 강물에 지는 매화꽃이 분분할 때에는 지겨운 겨울을 보내고 기지개를 켠 사람들이 꽃구경하느라고 야단들이다.

무엇이 사람들에게 매화꽃을 구경하라고 섬진강을 찾게 하는가. 흐르는 강물에 비친 매화꽃 그림자와 강물 위에 떨어진 매화꽃은 인간의 삶을 들여다보게 한다. 제 존재를 드러내며 피었다가 바람에 분분하게 날리며 강물을 따라 어디론가로 흘러가는 모습들이 인간의 삶을 닮았기 때문일까. 한때 아름다웠던 꽃도 금방 지고 마는 것에서 덧없는 인간의 삶을 사색하게 한다.

예부터 우리 선조들은 매화꽃을 사군자로 쳤다. 그것은 세한의 추위 속에서도 잠자리 날개보다 더 부드럽고 연약한 꽃잎으로 봄을 밝히기 때문이다. 뿐만 아니라 매화는 꽃이 지고 나면 작은 열매를 맺는데, 모든 과일이 단맛이 날 때쯤 수확하지만, 오직 매실만은 채 익기도 전에 초여름에 수확한다. 그것은 매실의 시디신 맛 때문이다. 이 시디신 기운은 신산한 삼동의 추위를 이긴 매화나무의 정신이 투사되어 있어 입맛을 당기게 하고 각종 성인병에 유용한 까닭이다. 이렇듯 사람들이 매실을 일찍 따서 신맛을 즐김으로써 건강을 챙기며 매실의 시디신 고집을 새겨두고자 하는 마음일 것이다.

광주 진월동성당에 오래된 설중매가 몇 그루 있었다. 커다란 이 매화나무들은 1월 초가 되면 분분하게 내리는 눈을 맞으며 하얀 매화꽃을 피워냈다. 온 몸을 떨게 하는 지독한 추위가 더할수록 꽃빛이 환했다. 매화꽃이 필 때면 나는 이상하게도 파르르 꽃잎을 떨며 피어나는 소리를 들었다. 그것은 바람소리도 아니고 눈 내리는 소리도 아니었다. 어떤 환청을 듣는 것도 아니었지만 이해할 수 없는 노릇은 나에게 매화꽃 피어나는 소리를 느끼게 했다. 그 소리에서 옛 선비들의 헛기침소리를 듣고, 학동들이 책 읽는 소리를 들었다. 뿐만 아니라 자꾸 맑아지고, 순해지고, 순결해지는 마음을 보았다. 그래서 눈 내리는 날 진월동성당에서 매화꽃을 보고 온 날 이후 나는 한동안 착해진 내 모습을 느꼈다.

진월동성당의 매화나무는 키가 큰 나무이지만 비교적 살결이 매끄럽고 가지가 야리야리한 여인네의 손목을 닮아 연약해 보였다. 잎사귀도 다른 매화나무보다 작아 마치 먹을 것이 부족해 제대로 자라지 못했지만 야무진 시골 처녀 같다는 생각이 드는 나무였다.

그런데 어느 해 그 나무들이 모두 베어지고 말았다. 내게는 참으로 안타까운 일이지만, 사람들 눈에는 설중매의 아름다움이 눈에 들어오지 않았던 모양이다. 오늘날 화려하고 눈에 띄는 꽃나무들이 얼마나 많은가. 그러나 진정 때묻은 우리의 마음을 헹궈주는 꽃이 어떤 꽃인지를 잘 알아보지 못한 것 같아 나는 베어 버린 매화나무를 생각할 때 지금도 안타깝고 서운하다.

오늘날엔 매실의 가치를 알아보는 사람들이 많아져 곳곳마다 매화나무가 많이 심어져 있다. 매실을 이용해 부가가치를 올리는 사람들도 늘었다. 전라도 광양에서는 홍쌍리라는 분이 많은 매화나무 밭을 일구며, 거기에서 생산된 매실로 발효액을 만들어 상품화시키고, 매실장아찌를 비롯한 각종 음식을 개발하여 인기를 끌고 있다. 웬만한 사람들도 집이나 밭가에 매화나무를 심어 가용으로 쓰고 있는데, 대부분 발효액을 만들고 장아찌를 만든다.

이제 매화나무는 우리나라 사람들이 가장 선호하는 나무가 되었다. 그러나 아쉬운 것은 봄이면 제일 먼저 봄을 알리는 매화의 마음을 수놓은 매화꽃의 아름다움과 향기, 즉 매화의 정신을 헤아리는 사람보다, 그저 매실의 이로움만 보고 매화를 좋아하고 있다는 점이다. 우리 선조들이 매화를 사군자의 하나로 여겼던 것을 인식하고 진실된 마음으로 매화를 사랑했으면 하는 마음이 간절하다.

날씨가 무척 차거워졌다. 지난 계절 매화나무가지에 무성했던 나뭇잎이 모두 떨어져 정원에서 뒹굴고 있다. 곧 다가올 세한을 맞는 의식일 것이다. 모든 나무들이 침묵으로 봄을 기다리는 동안, 매화나무는 겨울의 끝에서 가장 먼저 환희에 찬 생명의 노래를 부르기 위해 눈구덕에서도 밝고 환한 꿈, 시디신 고집의 꿈을 꿀 것이다.

제3부

초가지붕 너머에서 들려오는 뻐꾸기 소리

조지아 오키프 作, 「오렌지색과 붉은 색의 띠」 (1919년)

봄을 알리던
종달새 지저귀는 소리

오늘은 다 어디로 갔는지 종달새가 보이지 않는다. 머리에 뿔이 난 것처럼 깃털이 예쁜 종달새 지저귀는 소리가 기나긴 내 유년의 봄을 알리곤 했다. 들판의 눈이 녹고 시퍼런 보리밭 위 하늘 높이 떠서 뭐라고 소리를 지르곤 했는데, 그 작은 것은 비행하는 재주가 어찌나 좋은지 하늘에서 붙박힌 듯 멈춰 서서 날갯짓만 하였다. 물론 이러한 행동은 암컷을 홀리는 수컷의 수작이었다.

신명날 것도 없는 농가의 식량이 거진 떨어지는 그 시절, 종달새는 푸른 울음을 울어 겨울이 가고 봄이 왔음을 알렸다.

종달새가 지저귈 쯤엔 온 들녘에 봄기운이 화사하게 돌아 겨울잠에서 깨어난 들녘이 푸르러졌다. 아직 찬 기운이 있어 쌀쌀하기도 하지만, 양지녘에는 쑥이 자라고 온갖 꽃들이 자신이 가진 가장 아름다운 색깔을 피워 올렸다. 봄꽃이 아름답고 향기로운 것은 겨울이 그만큼 추웠기 때문인데 봄동이나 시금치가 맛있고 단맛이 나는 것도 겨울 추위를 잘 견뎌냈기 때문이다.

이런 시절에 지난 겨울 어디에서 지냈는지, 주먹만 한 것이 중천에 떠서 '종달종달' 아름다운 목소리로 봄이 시작되었음을 알렸다. 그러면 사람들이나 동물 할 것 없이 모두가 기지개를 켜고 활력을 되찾았다.

종달새가 봄의 희망을 연주할 때면 사람들은 한 해의 농사일을 시작하였다. 겨우내 외양간에서 마른 짚여물만 먹었던 소도 큰 눈망울을 치켜뜨며 모처럼 들판으로 나간다. 아직 철이 일러 싱싱한 풀을 먹을 수는 없지만 생명의 기운이 도는 들에 나가 쟁기질을 하는 것만으로도 뻐근했던 삭신이 풀려졌을 것이다. 이때 허연 입김을 내며 전답을 쟁기질하는 소와 농부의 머리 위에서 날갯짓하며 뭐라고 노래하는 종달새 소리는 온 세상을 생기 발양한 생명의 대지로 바꾸어 놓기에 부족함이 없다.

종달새는 참새과에 속하는 조류로 참새보다는 조금 큰 새이다. 인기척이 있으면 '삐르르 삐르르', 또는 '캬아 캬아', '쭈르르 쭈르르'하고 소리를 내며 날아간다. 많은 새들이 산에서 살지만 종달새는 개활지나 논, 밭 등지에 살며 강가의 풀밭, 보리밭, 밀밭 등 마른 풀이나 가는 뿌리로 둥지를 틀며 알은 낳는다. 이놈들은 곤충이 주식이지만 먹을 것이 없는 겨울에는 잡초 씨앗을 먹고 사는데, 우리나라의 종달새 중에는 텃새도 있어 수천 년 동안 우리민족과 애환을 같이 해왔다.

그런데 이상하게도 종달새를 떠올리면 내 마음이 순해지고 맑아진다. 그것은 내 기억 속에서 보았던 종달새들은 대부분이 하늘 높이, 그것도 보리밭이나 밀밭 위의 하늘에 멈춰 서서 노래하던 것만 떠오르기 때문이다. 배가 고픈 시절에 겨울을 지내느라고 고생이 많았음에도 다시 봄과 희망을 노래하는 새이기 때문에 각별히 마음이 간다.

종달새 소리를 들으면 허기지고 길었던 고통이 사라지며 우리네 삶에 힘을 북돋아 주는 것 같았다. 뿐만 아니라 슬픈 듯하면서도 활기찬 울음소리가 세상에서 더러워진 마음을 헹궈주는 듯했다. 그런데 한나절 보리밭 위에서 날갯짓하며 떠있는 종달새의 목이 찢어질 듯 아플 것이라는 연민도 들었다. 전생에 무슨 처연한 사연이 있는지는 모르겠지만, 종달새가 되어 소리를 내지르는 것이 가엾다는 생각을 해보았다.

할머니의 손에 이끌려 간 밭가에서 듣던 종달새 소리, 봄날 밭가에서 눈물을 훔치시던 할머니의 어떤 간곡한 사연처럼 내 유년의 종달새는 그렇게 마음 속으로 날아들었다. 이제 할머니도 세상을 떠나시고 종달새도 보기 어려워졌지만, 내 마음 속에서 종달새가 수십 년 동안 슬피 울고 있는 것 같다.

가는 봄을 목놓아 우는 뻐꾸기

유년에 고향에서의 새소리들은 왜 슬프게만 들렸는지 모른다. 산 너머에 어떤 세상이 있는지 궁금하고 고향 앞바다에 통통거리며 먼 바다로 떠나가는 배는 어디로 가는지 알고 싶어 했던 나는 시시때때로 의문이 일고 알 수 없는 세계에 대한 동경이 안개처럼 모락모락 일었다. 그러면서 꽃은 왜 피는지, 새는 무엇 때문에 우는지, 별똥별은 광활한 우주에서 스러져 무엇이 되는지, 도대체 풀 수 없는 수수께끼들이었다.

나는 마을 앞에서 노제를 지내다가 상두꾼의 구슬픈 노래를 들으며 산으로 가는 상여를 바라보며 한동안 삶과 죽음의 의미를 생각하는 철학의 알맹이였던 것 같다.

봄이 되어 모든 것들이 살아와 무성해질 때 마을 뒷산에서 실실하게 울어대는 뻐꾸기 소리는 어린 나를 아득한 세상으로 인도했다. '뻐꾹 뻐뻐꾹' 한나절 동안 울어대는 뻐꾸기의 울음소리는 소쩍새 소리처럼 북망산에 간 할아버지나 할머니의 원혼이 이승에 남은 새끼들을 그리워하며 애달파하는 소리쯤으로 들렸다.

여섯 살쯤이었을까. 누님들이 모두 학교에 가고 혼자 낮잠이 들었다가 깨어나 뻐꾸기 우는 소리에 홀린 듯 다음날 아침인 줄로 착각했는데, 뻐꾸기 소리가 너무나 슬퍼 하얀 햇살이 가득한 마당에 앉아 울었다.

할머니가 돌아가시기 이태 전이었던가, 내 나이 열세 살 때이니 중학교 일학년 때일 것이다. 손주 놈을 위해 읍내에 나와 밥해주다가 중풍으로 쓰러져 집안에 누워 계셨는데, 그때 할머니는 뻐꾸기 소리가 들릴 때마다 마을 옆 큰재를 넘고 싶다고 하셨다. 내가 학교에 들어가기 전에 어린 나를 데리고 큰재를 넘어 숲 속 누군가의 무덤 앞에서 할머니는 서럽게 눈물을 흘리셨다. 그때 할머니의 머리 위에서 뻐꾸기 한 마리 날아와 구슬프게 울었다. 남의 둥지에 새끼를 떼놓고 안 잊혀 우는 뻐꾸기 어미처럼 간곡한 사연을 간직한 할머니는 어린 손자 몰래 눈물을 훔쳤는데 그날 이후 할머니는 뻐꾸기 우는 소리를 들을 때마다 눈물을 흘리시곤 하였다.

남의 둥지에 알을 몰래 놓는 얄미운 뻐꾸기의 생태적 특성으로 봐서는 뻐꾸기를 미워해야 하지만, 구슬프게 우는 산적 같은 그 새가 왠지 가여웠다. 새끼들을 품에 안고 기르는 것이 어미의 모정이거늘 그러지 못하고 멀리 떨어져 새끼들을 그리워하며 우는 가는 봄날, 어미 뻐꾸기의 심사가 심란할 것이라는 연민이 뻐꾸기를 안쓰럽게 바라보게 했던 것 같다.

인생에 있어서 가장 찬란하고 빛나는 시절은 새끼를 낳고 그 새끼들 입에 먹이를 넣어주는 봄날이거늘, 새끼들 생각에 안절부절 못하며 숨어 우는 뻐꾸기 어미의 운명은 참으로 기구한 것이 아닐 수 없다. 인간의 삶도 마찬가지이며 새끼를 낳아 빼앗긴 작은 새의 심정도 뻐꾸기와 같을 것이다. 어린 핏덩이를 낳자마자 빼앗겼으니 두고두고 눈에 밟혀

사는 인생이 결코 행복하지는 않을 것이기 때문이다.

'뻐꾹 뻐꾹 뻐뻐꾹' 목에 칼을 문 듯 한참을 울다가 산을 넘어 어디론가로 날아가 버리는 뻐꾹새. 생전에 못쓸 죄를 지은 사람이 죽어서 뻐꾸기가 된다는 말처럼, 뻐꾸기는 전생에 무슨 죄를 지은 것일까? 그렇다면 이승에서 죄를 지은 우리 모두는 죽어서 뻐꾸기가 되는 걸까? 여러 가지 의문으로 바라보던 뻐꾹새. 나의 허투른 어린 상상력은 착하게 살아야겠다는 생각뿐이었다.

연민으로 바라보았지만 닮고 싶지 않았던 새. 그런데 나는 이미 죽어서 뻐꾸기가 되고도 남을 죄를 지었다. 어린 날의 생각이 만약에 실현된다면 나는 틀림없이 사람들 애간장을 다 녹이고 말 뻐꾸기가 될 것이다. 그러나 나는 무엇이 될 것인가에 대해 상관할 바가 아니다. 내가 서울에서 한참 어렵게 살 때 나의 머리맡이 있는 서울 사당동 하늘에서 울어주던 새는 죽어서 뻐꾸기가 된 할머니였을 것이다. 손주놈이 안 잊혀 찾아와 한나절 울다가 간 뻐꾸기가 된 할머니처럼 나도 죽어서 뻐꾸기가 되어 누군가를 그리워하며 울게 될 것이다.

새벽을 깨우던
닭 우는 소리

요즘에는 닭 우는 소리를 들을 기회가 별로 없다. 농촌이 도농화 되면서 집에서 놓아 기르는 닭이 거의 없기 때문이다. 대부분 양계장에서 아파트 같은 닭 게이지에 갇혀 살고 있다.

옛날에는 시골에서 집집마다 닭을 키웠다. 길러서 읍내 장에 내다가 팔기도 하고 가끔 집에서 보신용으로 먹었다. 그래서 백년손님이라는 사위가 오는 날이면 집안의 안주인인 장모는 씨암탉을 잡았다. 씨암탉은 날마다 알을 낳아 집안의 영양공급원이 되거나 용돈줄이 되어 주었다. 이 암탉들을 거느린 것은 수탉이었는데, 수탉 한 마리가 여나믄 마리의 암탉을 거느렸다. 요즘 양계장의 알들은 거의가 수탉없이 생산되는 무정란이지만 옛날에는 모두 수탉을 아비로 한 유정란이어서 부화하면 병아리로 깨어나는 생명의 씨앗이었다.

위풍당당하고 벼슬이 붉은 잘 생긴 수탉은 암탉 세계에서는 절대지존이 되어 제왕처럼 군림하였다. 수탉에게 은애를 입어야 알을 낳고 병아리를 칠 수 있었기 때문이다. 그런데 수탉은 새벽이 되면 "꼬끼요" 하고 날이 밝아옴을 삼라만상에게 알렸다. 밝음 속에서 활동하는 것들에게 하루의 시작을 알렸던 것이다. 시계가 없던 시절의 알람 노릇을 했다. 사람들은 수탉의 울음소리를 듣고 몇 시 인지도 알고 하루 일과를 시작하기도 하였다.

수탉이 새벽에 울면 하루가 깨어나고 모든 살아있는 것들의 생체리듬이 살아났다. 옛사람들은 수탉이 울면 밤의 세계를 지배했던 도깨비와 귀신들은 모두 사라진다고 믿었다. 낮의 세계에 활동하던 것들이 잃어버린 세계와 시간을 새벽 닭 우는 소리를 통해 되찾았으니 수탉의 새벽 홰치는 소리를 그저 닭이라는 미물의 생태적 특성으로만 이해해서는 안 될 것 같다. 운주사에는 석공이 부처를 바위에 새겨놓고 일으키다가 닭이 울어 더 이상 부처를 세우지 못하게 되어 누워있게 되었다는 설화가 있다. 밤의 기운으로 부처님상을 만들어 세우려다가 시간의 경계를 넘어 뜻을 못 이루었다는 설화처럼 수탉의 홰치는 소리는 낮과 밤의 경계를 구획하는 역할을 한 셈이다. 그러므로 옛날 사람들에게 수탉은 미물이 아니라 영물이었던 것이다.

새벽 수탉 우는 소리는 늠름하고 당당하다. 그리고 활기가 넘친다. 덩치 큰 수탉이 걸어가면 땅이 텅텅 울릴 것 같다. 그만큼 수탉은 암탉에 비해 위엄이 있다. 그런데 "암탉이 울면 집안이 망한다"는 옛말이 있다. 실제로 암탉은 잘 울지 않는다. 어쩌다 암탉이 우는 모습은 좀 어색해 익숙한 모습이 아니다. "암탉이 울면 집안이 망한다"는 말은 조선사회에서 여성들을 비하하기 위해 만들어진 말로 짐작된다. 유교적 이념으로 통치했던 조선사회에서의 여성의 역할은 암탉처럼 자식이나 생산하고 다소곳함을 요구했다.

암탉은 어머니처럼 알을 낳고 부화시켜 병아리를 기르는 것이 그 역할이다. 암탉이 소리를 낼 때는 병아리들을 데리고 다니면서 소리를 지르곤 하는데, 병아리들을 데리고 갈 때, 먹이가 있다고 병아리를 부를 때 소리를 낸다. '꼬꼬꼭 꼬꼬꼭' 하고 부르는 소리처럼 들린다. 암탉이 알을 낳기 위해 둥지로 들어가면서 내는 소리도 있다. '꼬꾸꾸우 꼬꾸우꾸우 꾹' 하고 소리를 지르는데 이때 내는 소리에는 약간 소리를 문지르는 느낌이 들어있다. 수탉을 만나 구애를 할 때도 이와 비슷한 소리를 낸다. 말 못 하는 짐승이지만 세상 만물처럼 닭들의 세계에도 사랑이 있는 것은 마찬가지인 것이 세상이치인 것 같다.

오늘날 닭은 그저 맛있는 닭튀김이나 삼계탕의 재료쯤으로 인식되고 있다. 조류독감이 유행하면 산 채로 마대에 담겨 포크레인에 의해 구덩이에 묻혀버리는 값싼 상품으로 취급받는 닭은 이제 울지 않는다. 기억 속에서 청아하고 맑은 소리로, 당당하고 활기찬 소리로 남아있을 뿐이다. 그러나 호연지기를 깨워주고, 알람이 되어주고, 생명의 모음을 일깨워주던 새벽 수탉의 기상은 날마다 사람과 살아있는 모든 것들의 새벽을 깨워주고 있다.

산을 무너져 내리게 하던 장끼 우는 소리

꿩은 우리나라 텃새여서 일년 내내 가까운 산이나 밀밭에서 볼 수 있는 날짐승이다. 옛 화가들의 화첩에서도 흔히 볼 수 있는 이 날짐승은 민담에서도 쉽게 만날 수 있는 우리 민족과는 가까운 이웃이다.

봄이 오면 야산이나 밀밭에 검푸른 빛에 까만 점이 박힌 알을 무더기로 쏟아 내었다. 그래서 시골에서 살았던 사람이면 누구나 꿩알을 걷어와 삶아먹었던 기억이 있을 것이다. 꿩은 알에서 부화하자마자 금세 기어다닐 줄 안다. 아직 어리기 때문에 날 수가 없어 어미를 따라다니기 위해서는 동작이 빨라야 한다. 그래서 산이나 밭에서 꿩새끼들을 만나면 곧 잡을 수 있을 것 같지만 결코 잡을 수 없다. 이놈들은 매우 민첩하게 도망을 가기도 하지만 풀 속이나 나뭇잎 속에 숨는 타고난 재주 또한 대단하기 때문이다.

그런데 온 세상이 푸르름으로 물든 햇빛 좋은 봄날, 뻐꾸기 울어대고, 산비둘기 구구대는 그런 날, 갑자기 산이 쏟아져 내릴 것 같은 꿩이 우는 소리가 정적을 깨우곤 하였다. '꿩, 꿩' 두 번쯤 벼락치는 소리로 울어대고 이어서 반드시 들리는 소리는 '퍼더더덕' 하는 소리인데 꿩이 비상하기위해 날개짓 하는 소리이다. 그래서 꿩이 한바탕 울고 나면 날아오르는 소리가 들릴 것이라는 것 쯤은 시골 사람들의 감각 체계에 입력되어 있었다. 인기척에 놀라 큰 소리로 울어제치고 날아오르는지, 아니면 꿩의 생태적 습성이 그러는 것인지는 알 수 없지만 꿩의 울음소리가 들리고 날개짓 소리가 들리곤 하였다.

꿩은 성미가 보통내기가 아니다. 워낙 성미가 급해 간혹 꿩의 새끼를 집에서 가두고 키워보려 해보았지만, 그 급한 성미 때문에 금방 죽어버리고 만다. 그런데 고등학교 때 학교에서 꿩을 사육하는 것을 보았다. 학교의 꿩들은 축사에서 부화해 어려서부터 키웠기 때문에 어느 정도 사육이 가능했을 것이다. 그래도 이놈들은 타고난 성미를 버리지 못하고 사람을 보면 구석으로 들어가 머리를 처박고 숨는 시늉을 한다. 때로는 저이들끼리 싸워서 머리에서 피가 터지기도 하고 깃털을 뽑아놓기도 한다.

꿩 중에서도 수컷인 까투리는 그 생김새와 빛깔이 아름답다. 특히 비취색과 붉은 빛이 섞인 꿩의 꽁지는 어느 새보다 영롱한 색깔을 지녀 예부터 장식하는데 많이 사용되었다. 고기맛도 일품이어서 많은 사람의 사랑을 받아왔다.

어린 날 겨울이 되면 우리들은 꿩을 잡기 위해 산이나 밭에다 약을 놓았다. 붉은 찔레 열매를 조심스럽게 열고 그 속에 비상을 넣어 초로 감쪽같이 찢긴 찔레 열매의 흔적을 밀봉했다. 찔레 열매를 구하기 힘이 들면 누런 콩에 구멍을 파고 그 속에 찔레 열매처럼 비상을 넣었다. 그리고 찔레 열매나 누런 콩을 꿩이 잘 가는 곳에 놔두면 겨울철 눈이 내려 먹을 것이 없을 때 허기진 꿩들이 날아와 먹고 쓰러지곤 했다.

꿩은 배가 고프면 산 가까운 곳의 밭에 들어가 고구마를 쪼아었다. 그러다보니 산 아래에 있는 밭들은 그 피해가 적지 않았다.

요즘 꿩들이 밭작물을 망치곤 하자 유해조수로 지정해 사냥꾼들의 표적이 되고 있다. 산업화 과정에 많은 동식물이 우리 곁에서 떠나갔지만 꿩은 유해조수가 됐을지언정 여전히 우리 곁에 남아 있으니 다행스럽다.

생각해보면 그 생김새가 귀공자 같아서 품위 있고 격조있는 우리의 텃새인데도 제대로 대접받고 있지 못하는 느낌이 들어 안타깝다. 때로는 우리들의 밥상에 올라 미각을 돋구어주기도 하고 우리의 정서 속에서 친근하게 함께 했던 꿩을 다시 인식해야 할 것 같다.

겨울철이면 엽총을 든 포수들의 산탄에 쓰러진 꿩들이 포수의 허리춤에 주렁줄어 매달려 있던 모습이 떠오른다. 가느다랗고 기다란 목을 늘어뜨리고 누군가의 한 끼 식사가 되거나 안주감이 되기 위해 흔들리던 그 모습에서 포악하고 잔인한 인간의 탐욕과 본성이 느껴지고 죽은 꿩이 불쌍하다는 생각이 들곤 했다.

내 유년의 봄날, 온 산을 무너뜨리며 울어대고는 어디론가로 날아오르던 꿩의 날갯짓이 새삼 그리워진다.

부지런한 꿀벌 잉잉대는 소리

겨울이 지나가고 훈훈한 온기가 대지에 감돌면 온갖 꽃들이 피어났다. 이 시절, 자연의 순환법칙은 어디선가 벌들이 날아와 이 꽃 저 꽃을 날아다니며 목에 꽃가루를 뒤집어 쓴 채로 잉잉댔다.

양봉업자들은 제주에서부터 시작된 유채꽃 전선을 따라 남해안에 상륙한 채 밀원을 찾아 해남이나 함평 쯤 어디께에 벌통을 풀어놓았다. 노랗고 향긋한 향기를 풍기는 유채 꽃밭이 수채화 속의 풍경처럼 봄 햇살에 빛나는 날이었을 것이다. 사람들 마음도 봄기운에 근질근질한 그런 날, 해마다 이맘때면 누군가가 유채밭가에 벌통을 풀어놓았다. 헤아릴 수 없이 벌떼들이 유채 밭에서 잉잉대는데 오랜만에 생명의 핏돌이 돌아가는 양 생기가 넘쳤다.

양봉업자는 한 달 가까이 벌통을 지키며 꿀을 땄다. 아이들이 벌통 가까이 다가가면 양봉업자는 머리에 두건 같은 그물을 뒤집어쓰고 벌통에서 사초를 꺼내곤 했다. 사초에는 벌들이 유채 밭에서 따온 꿀들이 저장되어 있는데 이것을 채밀기에 넣고 돌리면 원심력 때문에 세탁기 탈수기처럼 빙빙 돌아 사초에서 튕겨 나온 꿀을 채취할 수 있었다.

양봉업자에게 얻어먹은 꿀은 말 그대로 꿀맛이었다.

유채밭에서 꿀을 따다가 한참을 머물다 보면 아카시아 꽃이 피었다. 양봉업자는 가장 좋은 꿀을 따기 위해 며칠을 더 우리 마을에서 지냈다. 그럴 즈음 우리 집에서는 호박넝쿨이 담장을 오르고 호박꽃이 누렇게 피었다. 호박꽃은 내가 본 이 세상에서 가장 큰 꽃이었다. 아침에 해가 떠오르면 그 큰 꽃의 입을 벌렸다. 호박꽃에서 털이 많고 꿀벌보다 더 큰 살찐 호박벌이 온 몸에 누런 꽃가루를 묻힌 채 잉잉대며 날아다니곤 했다.

할머니가 아침마다 요강을 갖다가 비워 키우는 호박넝쿨은 탐스럽게 담장을 기어가는데, 나는 누런 호박꽃 속에서 무아지경으로 꿀 따는 수고에 빠진 호박벌을 잡곤 했다. 꽃 속에 벌이 들어가면 넓은 호박꽃잎을 손으로 오므리고 꽃을 땄다. 그러면 놀란 호박벌이 잉잉대며 소리를 냈다. 어떤 때는 두 마리, 또는 세 마리의 꿀벌이 호박꽃 속에서 소리를 냈다.

벌을 생각하면 벌에 얽힌 몇 가지 사연이 떠오른다. 아버지가 벌초하다가 벌에 쏘여 고생한 것쯤이야 그 당시 시골에서는 다반사였다. 초등학교 시절이었다. 큰재 아래 밭에서 어머니가 따주신 큰 호박 한 덩어리를 안고 집으로 돌아오는데 갑자기 벌들이 나타났다. 벌떼 소리가 잉잉대는가 싶었는데 순식간에 수많은 벌들이 내게로 달려들자 나는 호박을 손에서 놓쳐버렸다. 수십 마리의 땅벌이 나를 습격해 한동안 온 몸이 붓고 눈을 뜨지 못해 죽는 줄 알았다.

이러한 기억을 가진 나는 고등학교 때 축산과를 다녔다. 축산과에서는 '양봉'이라는 과목이 있었다. 양봉을 가르치는 선생님도 벌 때문에 죽을 뻔 했다는 이야기를 들었다. 어린 날 벌통 앞에서 놀다가 축구공으로 벌통을 차버려 꿀벌 수백 마리에게 공격을 당해 사흘 만에 깨어났다는데 그 덕분에 병원신세 한 번 안 지고 건강하다는 것이다.

꽃이 만발한 유년을 생각하면 한가하고 평안한 풍경 한 켠에 이리저리 날아다니는 나비와 벌이 떠오른다. 말벌이나 땅벌은 말고 꿀벌들이다. 어린 나는 담장 아래에서 분꽃이나 채송화 꽃을 바라보고 있었다. 그 때 '잉잉' 소리를 내며 이 꽃 저 꽃을 날아다니는 꿀벌들의 날개짓 소리가 들려왔다. 시간가는 줄 모르고 벌들의 움직임을 따라 담장 아래에서 한나절을 보내곤 했다.

세상이 아무리 시끄럽고 사나워도 잉잉대는 꿀벌소리를 들으며 그것들이 하는 짓을 바라보고 있으면 시름이 사라지고 고요했다.

기후온난화로 인해 벌들이 줄어들고 있다고 한다. 벌은 나비 등의 곤충들과 함께 꽃의 수술과 암술이 만나게 하여 수정을 돕는 이로운 곤충들이다. 그런데 이들이 사라지게 되면 꽃이 피어도 열매를 맺지 못하는 불임의 세상이 되고 만다. 벌써 과수원 사람들은 봄날 꽃이 피면 일일이 손으로 암술에 수술의 꽃가루를 묻히는 작업을 한다고 한다. 참으로 심각한 생태계의 문제가 아닐 수 없다. 이대로 가다가는 지구는 벌, 나비 등 곤충들의 멸종으로 인해 꽃이 피어도 아무것도 얻지 못할 것이다.

유년에 유채 밭에서 벌떼들이 꿀을 따기 위해 잉잉대며 날아다니던 풍경을 되살려야 한다. 벌이 날아다니는 단순한 풍경이지만 이는 지구를 살리고 인간을 살리는 일이기 때문이다.

새벽 잠을 깨우던 참새 지저귀는 소리

참새는 사람과 가까운 민가에서 만나는 날짐승이다. 참새는 어떤 조류보다도 번식력이 강해 떼거리로 몰려다닌다. 그것들이 곡식을 먹고 사는 터라 늘 사람들의 식량을 축내기 때문에 적당한 미움을 받고 있기는 하지만 어쩐지 사람과 친근하다는 생각이 든다. 참새들은 사람들에게 갖은 구박을 당하면서도 지금껏 떠나지 않고 가까이 있으니 오히려 고마운 마음이 든다.

참새는 우리나라 텃새로 우리 민족과 참으로 오랫동안 동거동락을 해왔다. 생각해보면 참새처럼 정이 든 새도 있을까 싶다. 어쩐지 제비는 착하지만 정장을 한 신부님 같아 조금 거리가 느껴지지만 참새는 가깝게 느껴진다. 이 우둔한 날짐승들은 처마에 집을 짓고 새끼를 치고 살면서 벼, 보리, 조, 수수 할 것 없이 사람이 먹는 것이면 모조리 축내는 터라 언제나 사람들의 견제를 받아왔다. 그래서 벼논 못자리에서 내쫓고, 나락밭에서 내쫓고, 수수밭, 조밭에서 내쫓았지만, 끈질기게 그 버릇을 버리지 못하고 사람들의 식량을 걷어간다. 이것들은 술안주거리 밖에 안되지만, 그러나 겨울밤 출출할 때 동네 청년들은 후레쉬를 켜고 참새 집을 급습해 잡아가곤 했다. 때로는 겨울 마당에 볍씨를 뿌리고 그 옆에 소쿠리를 막대기로 세워 유인하여 잡기도 하였다.

어쩌면 참새와 사람은 생존경쟁을 하는지 모른다. 참으로 가당찮은 일이지만 보잘 것 없는, 주먹보다 더 작은 미물이 사람을 상대로 투쟁하는지도 모른다. 그렇다면 배짱이 두둑한 이 참새는 보통내기가 아니다. 그렇기 때문에 오늘날에도 기죽지 않고 살아가고 있는 것이다.

참새를 생각하면 왠지 정겨운 생각이 든다. 햇볕이 따스한 겨울날, 눈이 녹은 마당 귀퉁이에서 참새 가족이 모여 뭐라고 종알댈 때는 평화스럽고 한가하다. 복잡한 세상사의 시름에서 해방시켜준다. '짹짹 짹짹' 알 수 없는 말로 떠드는지 쉴새없이 떠드는 모습에서는 철딱서니 없는 아이의 모습 같아 귀엽고 사랑스럽다.

때로는 길을 가거나 우두커니 서 있을 때 머리 위로 한 무더기의 참새가 '휘익' 바람소리를 내며 날아간다. 그것들은 하늘 높이 날아오르거나 멀리 날아가지 않고 담장이건 지붕이건 아니면 감나무가지 위에 사뿐하게 내려앉는다. 그때 날아오르거나 내려앉을 때는 마치 공기총 산탄 흩어지듯 뿌려졌다가 다시금 모아져 어딘가에 날개를 접는다.

이렇듯 작은 날짐승들은 새벽이면 일찍 일어나 시끄럽게 지저귄다. 우리 집에 석류나무가 몇 그루 있었는데 그 나뭇가지에 벌 떼처럼 날아와 훤하게 밝지도 않은 미명에 잠에서 깨어나 해가 떠오를 때까지 한참을 지저귄다. 그러면 그 소리에 깨어 일어나 심호흡을 하면 상쾌한 새벽 찬 공기가 폐부를 찌른다. 그럴 때는 싱그러운 새벽으로 인도하는 놈들이 고맙다. 특히 일요일 새벽에 지저귀는 참새들의 지저귐은 생명의 아름다움과 환희, 그리고 평화스러운 분위기에 젖어들게 한다. 참새소리가 늘 시끄러운 줄만 알았다가 새벽잠을 깨우는 참새들의 합창이 이토록 맑고 청명한 기운이 돌게 하는지 몰랐다.

참새소리가 아니더라도 새소리가 아름다운 것은 새들이 지저귀는 소리가 인간의 언어를 닮지 않았기 때문이다. 물소리, 바람부는 소리, 파도치는 소리, 폭포 떨어지는 소리 등 이른바 자연의 소리는 가공되지 않은 소리여서 욕망으로 찌든 인간의 언어보다 맑고, 순수해서 아름답다. 참새소리가 시끄럽기도 하지만 참으로 듣기 좋은 소리인 것이다.

어쩌다 참새를 손에 쥐어본 적이 있다. 흔히 발에 실을 묶어 아이들이 친구로 삼아 놀기도 한다. 그 작은 것이, 손으로 쥐면 금방 으스러질 것 같은 미물이 숨을 할딱이는, 참으로 작은 날짐승의 숨결이 느껴지고 사람보다 더 따스한 체온이 손에 전해진다. 그 따스함으로 지저귀고, 그 따스함으로 새끼를 낳고, 그 따스함과 고동치는 맥박으로 하늘을 날았을 것이라는 생각을 하니 생명의 소중함이 느껴지기도 하였다.

이제 갈수록 오염된 환경 속에서 참새들이 설 자리가 좁아지고 있다. 사람들과 오랫동안 다투며 살아왔지만 언제까지 끈질긴 생명력으로 버틸지는 모를 일이다. 그러나 지금껏 잘 견디며 살아왔듯이 오랫동안 민가 가까이서 새벽의 노래를 부르면서 평화와 안식을 선물하며 오랫동안 사람과 함께 했으면 좋겠다는 소망을 가져본다.

사각사각
누에 뽕잎 먹던 소리

옛날에는 집집마다 누에를 쳤다. 그래서 마을에 뽕나무밭이 많았다. 밭은 물론 산을 개간해 뽕나무 밭으로 만들었다. 지금은 누에를 기르는 농가가 많이 줄었지만 아직도 옛 흔적인 양 곳곳에 뽕나무 밭이 있다.

누에는 봄 · 가을 두 차례 양잠이 이루어진다. 1960년대엔 정부에서 양잠을 권장해서 누에씨를 농가에 보급했다. 손바닥보다 작은 상자에 누에씨가 담겨 있었는데, 마치 담배씨만한 것이 까맣게 꿈틀거렸다. 그런데 그렇게 작은 것이 나중에는 자신의 몸 크기의 수백 배로 성장하니 실로 놀랍다.

누에는 잠을 네 번 자야 누에고치로 변한다. 까맣던 것이 점점 흰색으로 변하는데 자세히 보면 약간 푸른색을 띈다. 물론 검은 점이 군데군데 박혀 있다. 네 번째 잠을 자고나면 어른 손가락 크기 정도인 8㎝쯤 자란다. 누에가 자라는 시간은 대략 20일쯤 걸린다. 누에는 커갈수록 그 식성이 놀라운 대식가인데 뽕잎을 주면 하얗던 누에의 배가 불러지면서 파랗게 변해버린다.

이때 누에가 뽕잎 갉아먹는 소리가 난다. 잠사의 문을 열고 들어가면 마치 '사각사각' 하는 소리가 하루 종일 추적추적 보슬비 내리는 소리처럼 들린다. 한 마리만 있을 때는 잘 듣지 못하던 소리도 수만 마리의 누에가 한꺼번에 식사하는 소리는 가관이다. 간혹 잎줄기를 갉아먹는 '뚝 뚝' 소리가 날 때도 있다. 누에가 뽕잎 갉는 소리는 눈에 보이는 것이 아니지만, 그 소리에 쌀가루가 쌓일 것 같다는 생각이 든다. 그 소리는 마치 구멍이 작은 체로 걸러낸 것처럼 고운 것이어서 만지면 아주 부드러울 것 같다. 먹는 것에 저렇듯 온 정성을 다하는 누에의 뽕잎 갉아먹는 소리에서 깊은 사색에 든 고승의 경지를 읽는다.

누에는 다섯 번 옷을 갈아입는다. 옷이 작아 새로 갈아입기를 다섯 번이나 하는 것이다. 그 사이에 네 번의 잠을 자는데 그 때마다 몸집이 커진다. 네 번의 잠을 자고 나면 누에는 뽕잎 먹기를 멈춘다. 지금까지 먹어댔던 식사들로 축적한 힘으로 고치 만드는 데 쏟아내기 시작한다. 누에는 미물이지만 자신의 생명을 제 새끼에게 전해주기 위해 생명의 바톤을 준비한다. 머리를 사방으로 움직이며 실을 뽑아내어 집을 짓는다. 대략 사흘쯤이면 집 한 채를 완성하는데 그 집을 짓기 위해 1,200~1500m의 실을 자신의 몸에서 뽑아낸다고 하니 누에가 밥을 먹고 잠을 자는 일은 인간의 노동에 비해 결코 작은 것이 아니라는 생각이 든다.

옛날부터 누에를 키우는 일은 노동력이 많이 드는 일이어서 궁중에서부터 솔선수범을 보였다. 서울의 '잠실'이라는 이름에서 짐작할 수 있듯이 잠실에 뽕나무를 심고 왕비가 누에를 키우기도 했다는 것이다. 최상의 옷감인 비단을 생산하기위해 백성들에게 잠업을 권장한 조선의 실상을 짐작해 볼 수 있는 대목이다.

뽕잎 밖에 먹지 않는 누에를 위해 날마다 뽕잎을 따는 일은 쉬운 일이 아니었다. 비가 올 것 같으면 미리 뽕잎을 땄다. 비에 젖은 뽕잎을 누에가 먹게 되면 탈날 수도 있기 때문이다. 그래서인지 누에를 장마철이 아닌 봄 · 가을에 누에를 치곤 했다.

누에의 고치는 명주의 원료가 된다. 비단을 만드는 원재료인 누에고치는 모든 실 중에서 가장 질이 좋은 것이다. 그래서 중국의 비단이 유럽으로 가던 교역의 길을 비단길이라고 하였으니 예부터 누에를 키우는 일은 아주 중요한 농사였던 것이다.

누에는 비단 뿐만 아니라 누에를 아예 먹는 사람도 있었다. 꾸물거리는 누에를 입에 넣고 꿀꺽 목 안으로 삼키면 머리가 영리해진다는 속설 때문이다. 그리고 무슨 병을 고치는 데도 특효약이라는 말도 있었다. 오늘날은 당뇨치료제로 각광을 받고 있으니 누에는 버릴 것이 없는 벌레이다.

고치를 지은 누에는 번데기의 과정을 거쳐 나방으로 완전변태를 한다. 나방이 되어 다시 고치를 뚫고 밖으로 나온다. 마치 연어가 알을 낳고 힘이 소진해 죽듯, 누에나방도 고치에서 나와 알을 낳고 죽어버린다. 누에 나방의 주검을 보면 지금껏 수없이 잠을 자고 몸을 불려 고치를 짓고 번데기가 되었다가 마지막에 나방이 되어 자신의 또다른 생명을 잉태하고 죽는 누에의 일생이 참으로 숭고하게 느껴진다.

누에를 키우기 위해선 뽕나무를 재배해야 한다. 뽕나무에 까만 오디가 열리는 봄날이나 여름날, 아이들은 뽕나무 밭에서 달고 시큼한 오디를 따먹었다. 그러다보면 입과 혀, 그리고 손바닥은 까맣게 오디색깔로 물들이기 일쑤였다. 쉽게 검은 물이 빠지지 않은 오디물을 몸에 칠한 채 있어야 했다. 오늘날은 오디의 영험함을 아는 사람들이 아예 오디 농사를 지어 파는 세상이니 격세지감을 느끼게 한다.

봉숭아 씨방 터지던 소리

위로 누님이 두 분이 있었다. 큰 누님은 이미 이 세상 사람이 아니지만, 그 옛날엔 해마다 여름이 되면 봉숭아 붉은 꽃을 따 백반을 섞어 돌로 찧어 열 손가락은 물론 발톱에도 물들이곤 하였다.

누님들은 토담아래와 장독대 주변에 꽃을 심었다. 분꽃, 백일홍, 맨드라미와 함께 여름이면 봉숭아꽃이 피곤하였다. 손톱에 물들인 봉숭아 꽃물이 가을이 되도록 빠지지 않으면 사랑이 이루어진다는 말을 믿었던 것일까. 누님들은 자신들의 손톱은 물론 집안의 종손인 남동생 손톱에까지 봉숭아 꽃물을 들이곤 하였다. 아버지는 사내자식이 할 짓이 없어 별짓을 다한다고 말씀하셨지만 누님들은 내 손에 봉숭아 꽃물을 들이기 위해 짓이긴 봉숭아꽃을 내 손가락 위에 얹고 비닐로 덮고 실로 칭칭 감았다.

장맛비가 며칠째 억세게 내리면 나는 담장가에서 비에 젖어 떨어진 봉숭아꽃들을 안타깝게 바라보았다. 살이 통통 오른 봉숭아 줄기지만 비에 뿌리가 드러나고 꽃잎이 떨어질 때면 비가 그치기를 바랐다. 나라가 외세에 의해 짓밟힌 시대에는 "울밑에 선 봉숭아야, 네 모습이 처량하다"고 슬픔을 노래한 「봉선화」라는 노래가 비에 꽃잎이 떨어지는 봉숭아꽃의 처지임을 알고 슬퍼하기도 했으니, 봉숭아를 생각하면 애틋한 사랑의 소망보다도 왠지 슬픔의 정서가 더 크게 다가온다.

봉숭아꽃은 붉은 꽃, 분홍 꽃, 그리고 하얀 꽃의 색깔이 있다. 그 생김새는 우리나라 산야에 지천에 피는 민춘란 꽃을 연상시킨다. 누님들은 붉은 꽃과 연분홍 꽃은 물론 흰 꽃도 섞어 잘 찧어 백반을 섞어 손톱에 발랐다. 손톱은 물론 손가락까지 붉은 꽃물로 범벅이 되었지만, 시간이 지나면 자연스럽게 손가락에 묻은 색깔은 어느새 빠지고 손톱은 아름다운 색으로 물들여졌다. 오늘날에는 매니큐어가 있고 네일아트라는 것이 있어 손톱을 다양하고 깔끔하게 치장을 할 수 있지만, 옛날의 봉숭아꽃 물든 손톱에 마음이 더 간다. 디지털 시대의 문명에 대한 거부감과 함께 순정한 마음으로 봉숭아를 따던 그 옛날 이 땅의 누님들의 정서가 간직되어 있기 때문이다.

봉숭아꽃을 생각하면 봉숭아 씨방을 터뜨리던 모습이 떠오른다. 꽃이 지고 나면 그 자리에 성냥개비만한 타원형의 씨방이 생기는데 점점 자라면서 짙은 녹색을 띄던 봉숭아 씨방은 노란빛으로 변해간다. 씨방에는 줄이 세로로 그어져 있는데 조각으로 이루어진 씨방이 붙어 있는 경계선이다. 호기심과 장난기가 발동하여 씨방을 손가락으로 건드리면 씨방이 분해되면서 그 속에 있던 씨앗이 사방으로 튀어나간다. 자신이 잉태한 생명을 다른 땅에 번식시키도록 진화한 것이다. 손가락으로 스치거나 누르면 씨앗이 톡 튕겨 나가는 것에 재미를 붙여 집안의 봉숭아 씨방을 모조리 터트리기도 하였다.

봉숭아는 사람이나 짐승의 손에 의해 씨앗을 번식시키기도 하지만 씨앗이 잘 여물면 스스로 씨방을 터뜨려 씨앗을 조금 먼 곳까지 옮긴다.

여름 한낮 마루에 누워 있으면 담장 아래에서 봉숭아 씨방이 터지는 소리가 들려왔다. 아주 미세하고 가늘지만 터억하고 씨방이 터지면서 작고 검게 여문 씨앗이 다른 꽃의 이파리를 부딪치는 소리를 느낄 수 있다. 붉거나 분홍이거나 하얀 색깔의 DNA를 그 작고 까만 씨앗에 담아 세상을 아름답게 수놓으려고 꽃씨를 지상으로 되돌려 보내는 것이다. 그 씨앗에 아름다운 마음을 담은 봉숭아꽃의 마음을 큰 누님은 수틀에 수를 놓곤 하였다.

꽃다운 처녀시절 큰 누님은 베갯머리 수를 잘 놓았는데, 가을날에는 오동꽃을 수놓고 여름엔 손톱에 물든 봉숭아물을 바라보며 누군가 그리운 사람을 생각하며 수틀에 봉숭아꽃을 수놓았을 것이다.

이제 누님도 가고 옛 추억만 남아 서글픈 세상에 나는 옛날을 생각하며 올봄엔 커다란 화분들에다 황토흙을 붓고 작은 누님이 뿌린 씨앗에서 움튼 봉숭아들을 심었다. 깊어가는 여름, 봉숭아꽃이 우리 집 마당에 지천인데 그것들을 바라보면 아름다운 소망을 세상에 퍼트리던 씨방 터지는 소리가 들린다.

복을 전해주던 흥부네 제비소리

옛날에는 제비들이 무척 많았다. 빨랫줄은 물론 전깃줄에 앉아 수백 마리의 제비들이 뭐라고 수다를 떨었다. 제비가 많이 사라진 것은 기후온난화에 더불어 환경 오염이 그 원인이다. 농약을 많이 뿌려 제비의 먹이가 되는 벌레들이 농약에 노출되면서 제비들의 수가 급격히 줄 수밖에 없었다.

제비는 유일하게 인간과 가장 가까운 날짐승이다. 사람들은 비둘기를 잡아 술안주로 먹기도 하지만 제비를 잡아먹었다는 소리를 들은 적이 없다. 사람들 인식 속에서 제비는 우선 친환경적인 짐승으로 각인되어 있다. 농작물에 피해를 주지도 않고 오히려 벌레를 잡아먹는 유익한 날짐승이다. 뿐만 아니라 참새처럼 처마의 구멍에서 사는 것도 아니어서 제비는 봄이 오면 어김없이 옛날 자신이 살던 집을 찾아와 처마에 흙집을 짓고 알을 낳아 새끼를 쳤다. 마치 검은 비로도를 입은 성직자 같은 기품으로 몸가짐이 단정했다.

성직자의 신성함과 품격이 흐르는 제비는 새끼들을 유별나게 깊은 애정으로 키우는 모성성을 지니고 있어 인간에게 사랑을 받는 것 같다. 새끼가 알에서 태어나면 하루에도 수십 번씩 뻔질나게 밖에 나가

벌레를 잡아 새끼들 입에 넣어준다. 어미가 먹이를 잡아 입에 물고 가면 노란 주둥이의 새끼들이 입을 쩌억 벌리고는 서로 먹이를 달라고 야단이다. 밤이 되면 어미는 집으로 돌아와 새끼들을 따스한 품으로 안는 모성애를 발휘한다.

제비새끼들이 비행연습을 하다가 처마 아래로 종종 떨어질 때가 있다. 이럴 때는 우리의 고전인 「흥부전」이 떠오른다. 땅에 떨어져 날개와 다리를 다친 제비를 치료해준 흥부가 강남에 갔다가 돌아온 제비로부터 박씨를 받아 그 박씨를 심어 박 속에서 금은보화가 나왔다는 행복한 흥부네 제비 이야기는 우리민족이 얼마나 제비를 애틋하게 아끼고 사랑하는지를 나타내주기에 충분하다. 제비에게 해가 되는 사람은 놀부처럼 화를 당한다는 믿음도 제비를 민가에서 함께 살아가게 하는 힘이 되기도 한다.

늦가을이 되어 강남으로 제비들이 떠나고 나면 찬바람 부는 빈 제비집이 왠지 허전하게 느껴진다. 철새이기 때문에 고단한 몸을 이끌고 아득한 남방의 강남까지 가려면 바다를 건너 몇날 며칠을 고단한 날개를 퍼덕여야 하는 수고가 있겠지만, 제비들은 따스한 그곳에서 겨울을 나고 그리운 집을 찾아 다시 찾아오니 못난 인간들보다 백 번 의리 있는 영물이라는 생각이 든다.

그래서 삼월 삼짇날이 되면 틀림없이 지난해에 살았던, 아니 지지난해에도 살았던 그 집에 제비가 다시 찾아오는데 그 정확성에 놀라지 않을 수 없다. 자신이 집을 지은 집의 주인이 잘 살든지 못살든지 상관없이 찾아오는 제비들은, 세상의 눈치를 보며 이재에 밝은 인간들보다 훨씬 인간적이다.

그런데 어찌된 일인지 사람들은 춤으로 여자들을 호리는 사람을 일러 '제비족'이라고 부르는데 참으로 고약한 호칭이 아닐 수 없다. 인간과 자연이 불화를 겪고 있는 오늘날 제비는 예부터 인간과 가장 친화력을 가지고 조화롭게 상생하거늘 마음씨 착하고 의리 있는 사람들을 일러 '제비족'이라고 불러야 할 것 같다.

봄이 되어도 제비들이 잘 보이지 않는다. 각종 문명의 개발로 상처입은 제비들이 옛 고향을 찾아가는 일이 더욱 멀어지고 있으니 안타깝다.

'지지배배' 소리를 내면서 강남가기 위해 전깃줄에 앉아있던 제비가족이 떠오른다. 그리고 가난하지만 착한 흥부처럼 새끼들 잘 키우고 그 새끼들과 함께 단란하게 수다를 떨던 얼굴들이 그리워지는 오늘이다.

꾀꼬리 우는 소리

꾀꼬리는 그 생김새가 매우 화려하다. 특히 수컷은 꼬리가 휘날릴 정도로 길고 오색 옷을 입어 사치스럽기조차 하다. 그러면서도 단정하게 옷을 잘 입은 귀공자의 자태를 띤다. 숲속에 꾀꼬리가 나타나면 숲이 훤해진다.

예부터 꾀꼬리는 슬픔을 상징하는 새였다. 「황조가」에서 고구려의 유리왕은 아내를 잃은 자신의 슬픔을 꾀꼬리에 비유했다. 실제로 꾀꼬리는 생김새와는 달리 그 울음소리가 처량하게 들린다. 사람들이 꾀꼬리의 울음을 흔히 '꾀꼴 꾀꼴'이라고 흉내 내지만, 꾀꼬리 소리는 마치 간난아이가 서럽게 우는 듯한 울음소리로 '응애 응애' 하고 운다. 물론 늘 그런 소리로 우는 것은 아니지만 아이 울음소리로 울 때가 많다. 어떤 때는 맑고 청아한 소리로 '씨우 씨 씨우' 또는 '씨이 씨우 씨씨우' 인간의 언어로는 표기할 수 없는 소리로 운다. 이때 우는 소리는 갓난아기 우는 소리로 울 때와는 전혀 그 느낌이 다르다. 아마 암 · 수컷의 울음소리가 다르던지, 아니면 다른 의미를 전달할 때의 울음이 다를지는 모르겠지만 그래도 내게는 간난아이 울음소리로 인상이 각인되어있다.

금슬이 매우 좋은 것으로 알려진 꾀꼬리는 유년에 나에게 무섬증을 유발시킨 새이다. 우리 마을 바닷가 부근에 공동묘지가 있었다. 지금은 모두 밭으로 개간하여 그 자취를 찾을 길이 없는 그곳은 젊디젊은 시절 산으로 간 내 아우가 잠든 곳이기도 하다.

아우와 나는 산에 갔다가 비를 만났다. 비는 보슬보슬 내리는데 침침하고 우울한 늦은 오후 무렵에 공동묘지에서 갓난아이의 울음소리가 들려왔다. 그곳이 공동묘지라 괜히 무섬증이 났는데 산중에서 듣는 갓난아이의 울음소리는 섬뜩했다. 공동묘지에는 겨울에 죽은 아이를 담았던 항아리가 뒹굴었다. 낮에 보았던 빈 항아리 속에 뼈는 녹아 없어져 보이지 않고 아이가 한 번도 신지 못했을 예쁜 꼬까신이 들어있었다. 갓난아이의 울음소리에 항아리 속에 든 아이의 신발이 겹쳐지면서 가슴이 철렁했다.

오랜 세월이 흐른 후 그 때 산중 공동묘지에서 들었던 소리가 꾀꼬리 새였을 것이라는 생각이 들었다. 그 일이 있은 후부터 나는 꾀꼬리 새소리를 들으면 오래된 무섬증이 도지곤 했다. 이제 내 아우는 갓난아이 울음소리가 슬프고 무서웠던 그 공동묘지에 묻혀있다. 생떼 같은 피 끓는 육신을 눕힌 무덤 위에서 꾀꼬리가 날아와 슬프게 울어주기도 할 것이라고 생각한다.

금슬 좋은 꾀꼬리가 슬프게 울어대는 사연을 잘 모르지만, 서로 머리를 쪼아주고 부리를 맞추는 꾀꼬리가 왜 슬픔의 주인공이 되었는지 잘 모르겠다. 슬픈 꾀꼬리 울음 속에는 너무나 금슬이 좋아 누군가 그 금슬에 염원이 깃들어 있는 것 같다는 생각을 해본다.

이제 꾀꼬리 울음에 대한 무섬증과 슬픔의 은유가 된 꾀꼬리에 대한 나의 인식은 달라졌다. 아름다운 자태와 고운 목소리를 가졌으니 행복하고 순결한 새가 꾀꼬리라는 것을 충분히 이해했기 때문이다.

겉모습을 통해 내면을 짐작할 수 있듯이 참 고운 자태의 꾀꼬리는 아마 이전 생에서 어느 왕국의 공주였을 것 같다. 무척 착하고 아름다워 의붓어미에게 시샘 받아 죽어 꾀꼬리가 되었기 때문에 울음에서 슬픔이 묻어나는 것일지도 모른다는 유치한 생각을 해본다.

꾀꼬리는 그 자태만 아름다운 것이 아니라 목소리도 아름답다. 그래서 여성의 아름다운 목소리를 꾀꼬리 소리 같다고 하는 것일 것이다. 꾀꼬리의 울음이 무슨 의미를 나타내는 소리인지는 모르겠지만, 오히려 꾀꼬리의 언어를 알아듣지 못함이 다행스럽다. 그들이 주고받는 말을 사람이 알아듣는다면 실망할지 모르기 때문이다. 그러나 틀림없이 그들의 언어는 아름다울 것이다. 그것은 그들이 자연의 순리대로 살며 탐욕스럽지 않고, 시샘하지 않고, 바라는 것이 없으며, 오직 뜨겁게 살아있는 목숨이 자유롭기 때문이다. 꾀꼬리에게도 영혼이 있다면 때 묻지 않은 순백의 색깔을 하고 있을 것 같다.

이제는 내 유년의 동산에서도 쉽게 만나기 어려운 손님이 되어버린 새, 하루 종일 분탕질하다 돌아와 시끄럽게 잠든 내 머릿속에 들어와 영혼을 헹궈주고 아침이면 그 행방을 찾은 길 없는 새를 다시 만나고 싶다.

곡절한 사연으로 울던 산비둘기 소리

여름이면 산비둘기 우는 소리가 동네 뒷산에서 들려오곤 했다. 그런데 그 울음소리가 너무나도 슬펐다. '음음 음음, 음음' 하고 우는 산비둘기 울음은 어떤 곡진한 사연이 있는 것 같았다. 산비둘기가 우는 소리는 내뱉는 소리가 아니라 입을 다문 채 안으로 삼키는 소리여서 마치 슬픔을 안으로 삼키는 속울음 같았다. 그 소리를 듣고 있으면 슬픔이 전이되어 나도 슬퍼지고 마는 것이다. 나는 지금도 산비둘기 울음소리를 흉내를 내곤 하는데 유년에 뒷산에서 들려오던 산비둘기의 기억이 깃든 소리이다.

아우는 새를 잘 잡는 명수였다. 그 중에서도 산비둘기를 잘 잡았다. 온갖 새소리를 잘 내는 아우가 새소리를 흉내내며 새들 가까이 가면 새들은 진짜 새가 우는 줄 알고 속곤 하였다. 아우는 특히 비둘기 알을 둥지에서 잘 내려왔다. 나는 아우에게서 새집 찾는 방법을 배웠다.

산비둘기는 소나무나 오리나무 위에 집을 지었다. 비스듬한 산등선을 아래에서 위로 쳐다보면 밝은 하늘이 나타나는데 유독 나뭇가지 사이에 하늘이 비치지 않고 검게 나타나는 그곳에 산비둘기의 둥지가 있었다. 비둘기 둥지는 가늘한 나뭇가지와 뿌리를 엮어 만들었다. 그 위에 봄이 되면 알을 낳는데 꼭 두 개씩만 낳았다. 한때 우리나라에서 가족계획 표어에 "둘만 낳아 잘 기르자"는 말이 있었다. 그때 나는 비둘기를 떠올렸다.

산비둘기는 금슬이 좋은 짐승이다. 언제나 암수컷이 함께 하는 것이 다정해 보였다. 암수컷이 먹이를 잔뜩 입에 물고와 새끼들에게 먹여준다. 비둘기는 생태적 습성상 짝이 되면 평생을 같이 한다. 그러므로 예부터 비둘기는 원앙새와 함께 금슬이 좋은 날짐승으로 소문이 나 있다.

산비둘기는 민가에서 사는 비둘기와는 색깔이 다르다. 집비둘기가 일반적으로 흰색과 회색빛을 띠는 반면 산비둘기는 짙은 밤색이나 약간 붉은색을 띤다. 서식지는 새의 이름에서 알 수 있듯이 산비둘기는 주로 산에서 살고 집비둘기는 민가에서 산다. 집비둘기는 일반 민가에서도 살지만 학교나 큰 건물에서 살기도 하는데, 공원 비둘기 집에서 무리지어 사는 특징이 있다. 그래서 그 옛날 청계천 고가가 있을 땐 교각에 수많은 비둘기들이 모여 살았다.

비둘기는 평화의 상징으로 불렸다. 생김새가 온순하게 생겼기 때문이다. 그래서 옛사람들은 비둘기를 이용해 먼 곳에 있는 사람에게 편지를 보내는 우편배달부로도 이용하였다. '전서구'는 우편배달부 비둘기를 지칭하는 이름으로, 전쟁터에서 적진에 포위된 군대에 편지를 보낼 때 비둘기를 이용하기도 하고 먼 곳의 아군에게 문서를 보낼 때도 비둘기를 이용하였다. 그래서 '평화의 새'라고 불렀던 것이다.

그런데 1960년대 우리나라에 개발붐이 일어 도시를 개발할 때, 문명에 자꾸 자연이 훼손되는 것을 안타까워하며 김광섭 시인은 「성북동 비둘기」에서 비둘기를 "알을 낳지 못하는 새"라고 노래했다. 인간의 탐욕에 의해 생태계가 파괴되는 오늘날 김광섭 시인의 시가 더욱 절실하게 다가온다.

나는 언젠가 「비둘기」라는 시를 쓴 적이 있다. 사무실에 출근하면 이따금 술 취한 취객이 토해낸 이물질을 주워먹는 비둘기들이 있었다. 사람들이 더럽게 여기는 이물질을 모두 주워먹고 햇빛속으로 날아가는 비둘기들이 하느님처럼 보였다. 그래서 나는 "어둠 속으로 날아와/낯선 누군가의 슬픔을 먹어치운/한 떼의 은빛 하느님이/실루엣 눈부신 아침 하늘로 사라지는 것이다"라고 노래했다.

그러나 현대문명에 의해 밀려나는 생명체들의 처지는 참담하다. 누군가 밤새 퍼마시고 토해낸 이물질을 주워먹는 도시의 비둘기를 보면 비감이 서린다. 뿐만 아니라 누군가 내다버린 음식물 앞에서 추운줄 모르고 얼음 위에서 식사를 하는 비둘기를 보면 안쓰러운 생각이 든다. 또한 쓰레기 더미속에서 작고 귀여운 분홍발을 내보이며 먹을 것을 찾는 비둘기들의 현실은 인간의 죄를 무겁게 한다.

새를 좋아했던 아우는 끝내 새 때문에 죽은 것 같다. 나이가 어려서 그랬겠지만 아우는 나무에 올라가 수많은 새알을 내려오고, 수많은 새를 키우다가 못 키우고 결국 죽어나가게 하였다.

언젠가는 산비둘기 새끼를 둥지에서 내려와 집에서 키웠다. 곡식을 주식으로 하는 비둘기는 보리나 콩을 잘 먹었다. 그래서 새끼털을 벗고 어미가 되곤 하였다. 산비둘기들은 우리집 담장까지 날아갔다가 다시 돌아오곤 하였다. 차차 멀리까지 날아갔다가 되돌아왔다. 그런데 언젠가는 집밖으로 날아간 산비둘기들이 다시는 돌아오지 않았다. 야성의 본능을 터득한 산비둘기들이 산으로 돌아갔기 때문이다.

새를 좋아하다가 죽은 아우는 생전에 좋아했던 산비둘기가 되었는지 모른다. 언제나 새처럼 훨훨 날고 싶었던 아우, 산비둘기가 아우의 무덤에 앉았다가 날아갔다. 산비둘기가 그 옛날 고향에서 들었던 소리로 한참을 구슬프게 '음, 음, 음' 하면서 울었다. 이승의 형을 부르는 것 같았다.

그런데 오늘날 비둘기를 아무도 '평화의 새'라고 생각하지 않는다. 도시의 쓰레기통을 뒤지고, 식당 앞에서 먹이를 얻기 위해 얼쩡거리는 새로 전락해 버렸다. 자동차가 지나가도 잘 비껴서지 않는 애물단지 천덕꾸러기가 되어 버렸다. 햇빛 부신 날 어둠 속에서 비상하던 은빛 성령의 신성성을 잃어버린 것 같아 마음 한켠이 불편하다. '평화의 새'라는 아주 낡은 상징을 가지고 있던 그 때의 비둘기 모습이 그립다.

저녁이면 찾아와
서럽게 울던 소쩍새 소리

예부터 우리나라 사람들에게 소쩍새는 슬픔의 주인공으로 인식되어 왔다. '접동새'라고도 불리는 이 새는 김소월의 시에서 의붓어미의 시샘으로 죽은 누나가 접동새가 되어 아홉이나 되던 오랩 동생들을 잊지 못해 모두가 잠든 삼경에 이산 저산 옮아가며 우는 애환을 노래했다. 김소월의 「접동새」라는 시는 북녘에서 전해오는 전설을 시로 형상화한 것으로 예부터 우리 민족이 소쩍새의 울음소리를 어떻게 생각했는지를 알 수 있게 해준다.

이뿐만 아니라 서정주 시인은 「국화 옆에서」라는 시에서 "한 송이 국화꽃을 피우기 위해/봄부터 소쩍새는/그렇게 울었나보다."라고 노래하였다. 국화꽃이 쉽게 피지 않듯이, 세상 이치가 무엇인가가 완성되기 위해서는 온갖 과정이 있음을 말하고 있는 이 작품에서의 소쩍새는 피를 토하며 무엇인가를 간절하게 염원하는 새의 모습을 띤다.

이렇듯 슬픔의 주인공으로 인식되고 있는 소쩍새는 나에게도 현재 진행형의 슬픈 새이다. 일흔세 살의 일기로 세상을 떠난 큰 처남의 모습과 겹쳐지는 소쩍새를 나는 지난밤에도 만났다. 늙고 병든 큰 처남은 무남독녀 딸을 출가시키고 두 내외가 쓸쓸한 노년을 보내고 있었

다. 나는 틈만 나면 큰 처남을 모시고 병원으로 쫓아다녔다. 주로 우울증으로 새벽이 되도록 잠에 들지 못해 괴로워하곤 하였다. 인생이 너무 허전하고 쓸쓸해 존재감을 잃어버렸으니 세상사가 재미있을 리 없었다. 그러다가 이태 전에 큰 처남은 세상을 등지고 말았다.

처남과 함께 다녔던 길과 병원과 식당, 그리고 약국을 지날 때면 큰 처남이 생각났다. 사람은 떠나도 풍경은 그대로 남아있어서 나 역시 큰 처남을 생각하며 가슴이 저려왔다. 아들이 없는 큰 처남의 아들 노릇을 해주던 나는 큰 처남이 떠난 집을 찾아가곤 하는데, 늙고 몸이 성치 않은 처남댁이 빈 집을 지키고 있는 것을 가슴 아프게 바라만 보아야 했다. 어젯밤은 큰 처남의 두 번째 제삿날이었다. 처남이 떠난 그 자리에서는 국화꽃이 무성하게 자라고 있었다. 그런데 왜 나는 서정주 시인의 「국화 옆에서」라는 시가 생각이 났는지 모르겠다.

처남이 세상을 떠난 뒤, 처남댁이 잠 못 이루었던 새벽 무렵까지 소쩍새 한 마리 날아와 꼬박 1년을 울었다고 한다. 하루도 빠짐없이 처남댁이 잠든 머리맡에 와서 울다가 날아간 소쩍새의 울음소리는 이승에 남긴 아내에게 처남의 혼령이 소쩍새가 되어 미안함과 그리움을 표현한 소리인지 모른다. 1년 동안 밤마다 울어주는 소쩍새 소리를 들으며 처남댁은 머리맡에 식칼을 갖다놓고 밤을 지샜다고 한다. 무섬증보다도 입에 칼을 물고 피를 토하듯 우는 소쩍새 소리에 비수를 지니고 있지 않으면 견딜 수가 없었기 때문이라고 했다. 죽어서 소쩍새가 되어 이승에 홀로 남은 늙은 빈처에 대한 안타까움과 그리움에 우는 소쩍새 때문에 머리맡에 칼을 놓음으로써 비감어린 마음을 추스릴 수 있고 화답할 수 있을 것이라는 판단 때문이었다. 그 이야기를 전해듣고 지아비를 잃은 처남댁의 심사가 어떠했을까를 생각하며 나는 몸서리를 쳤다.

서정주 시인의 시처럼 "그립고 아쉬움에 가슴 조이던/머언 먼 젊음의 뒤안길에서" 온갖 풍상을 같이해 온 늙은 아내에 대한 처연한 생각 때문에 차마 이승을 떠나지 못하고 1년 동안이나 통곡하다가 이제 겨우 먼 길을 떠났는가 싶은 생각이 들었다. 또한 큰 처남이 이 세상에 유일하게 남긴 혈육인 무남독녀 딸에 대한 안쓰러움 때문에 밤마다 울다 갔는가 싶은 생각이 들기도 하였다.

유년에 밤길을 가다가 큰 고목에서 눈망울을 굴리던 소쩍새와 눈을 마주친 적이 있었다. 처음엔 섬뜩했지만, 왠지 그 새가 가엾다는 생각이 들었다. 이후로 내가 밤늦게까지 잠들지 못할 때면 '소쩍 소쩍'하고 울어주었다. 그때마다 내 마음은 무너지곤 했는데, 소쩍새는 무슨 죄가 많아 모두가 잠든 밤에 잠들지 못하고 '소쩍 소쩍' 청승을 떠는지 모르겠다.

배고픈 시절, 우리 선조들의 귀에는 '소쩍 소쩍' 울어대는 소리가 마치 '솥이 작다'고 하는 듯 "솥작 솥작" 소리로 들려 '솟작재'라고 불렀다는 말이 있다. 민며느리를 미워하는 시어머니가 민며느리에게 밥을 주지 않기 위해 작은 솥에 밥을 하도록 시켜 굶겨 죽였다는 옛 이야기를 간직하고 있는 소쩍새 울음소리는 우리 민족의 애환과 함께 했음을 알게 해준다.

소쩍새는 올빼미과에 가장 작고 귀여운 모습을 한 육식성 맹금류이다. 그런데 어쩌다가 구슬픈 울음소리 때문에 슬픈 이야기의 주인공이 되어버렸는가 싶은 생각이 든다.

한밤 중 소리 없이 비행하여 사람들을 깜짝깜짝 놀라게 했던 소쩍새는 이제 천연기념물이 되고 말았다. 소쩍새가 살 수 없는 환경으로 변해버렸기 때문이다. 그러나 동화 같고 전설 같은 내 유년의 머리맡에 날아와서 울어주던 소쩍새는 세상을 떠난 큰 처남의 아픈 사연을 만나 나를 더욱 그리움과 아픔에 휩싸이게 한다.

제삿날 밤에 다시 날아와 고향집을 바라보다가 쓸쓸하게 저 세상으로 떠난 큰 처남의 넋이 소쩍새가 되어 고향집 식구들에게 마지막 안부를 묻고 이승을 하직하며 어디론가로 날아가 버린 것이 아니었을까.

그날 이후 나는 소쩍새 소리를 한 번도 듣지 못했다. 다시 들으면 몸서리쳐질 것 같으면서도 커다란 눈을 한 소쩍새의 울음소리가 듣고 싶은 것은 큰처남과 함께 다녔던 붉은 배롱나무꽃 핀 화순에서 능주 가던 길에서 "내가 죽으면 우리 조카들이 보고 싶어 미칠 것인데 어찌 죽나?" 하시며 당신의 조카인 우리 아이들에 대한 사랑을 내비친 것을 생각하면 나는 눈물이 얼비치는 것이다.

어둠 속의 파수꾼,
개 짖는 소리

이웃마을에 사냥꾼이 있었다. 마치 미국 서부영화에 나오는 건맨처럼 어깨에서 가슴께에 엽총 실탄을 두른 그 사람은 허리에 죽은 꿩을 줄레줄레 달고 다녔다. 그런데 그 사냥꾼 곁에는 언제나 커다란 사냥개 한 마리가 그림자처럼 따라다녔다. 사냥개의 눈은 부리부리하게 빛나고 팽팽한 가죽은 번들번들 윤기가 났다. 아마 도사견으로 짐작되는 이 개는 송아지만 해 걸어다닐 때 땅이 텅텅 울리는 소리가 나는 듯했다. 나의 유년의 기억 속에서 그 개는 오랫동안 '무서운 개'의 화신으로 남아있다.

더불어 내 마음의 다른 한 켠에는 정다움이 묻어나는 개가 있다. 그 개는 사냥개처럼 커다란 개이거나 서양 종자의 개가 아닌 흔히 쓰는 말로 똥개이다. 이 똥개들이 우리나라 토종개인지, 아니면 잡종개인지는 잘 모르겠지만, 왠지 우리와 가까운 듯한 친숙한 얼굴을 가졌다. 무더운 복날 식도락가들의 보양식이 되기도 했던 이 개들은 흰둥이, 누렁이, 검둥이 등으로 불리며 내 유년의 저 아득한 기억 속에서 내게 달려온다.

나는 길거리를 돌아다니는 개들을 유심히 살펴보는 버릇이 있다. 나무가 나뭇가지를 동쪽이나 서쪽으로 자라게 하는 것도 생각이 있기 때문이듯 개가 골목길이나 길거리를 어슬렁거리며 배회하는 것도 모두가 무슨 생각이 있어서 걸어 다니는 것이리라. 초등학교에 들어가기 전에 마을 앞에서 흙놀이를 하거나 시궁창에서 끊임없이 움직이는 붉은 모기 유충들을 바라볼 때, 개들은 한참동안 무엇인가를 바라보기도 하고 천천히 걷거나 갑자기 들판으로 달려가곤 했다. 그러다가 다시 걸음을 멈추고 울타리에 헝겊조각이 바람에 나부끼는 것을 보고 짖기도 하다가 한참동안 산을 바라보기도 했다.

이렇듯 개들은 대낮에 마을이나 들판을 돌아다니며 활동하다가도 밤이면 요란하게 짖는다. 가을날 밤하늘의 커다란 보름달을 바라보며 짖는 개를 바라보면 웃음이 나지만, 그러나 하늘의 달을 지상의 살아있는 목숨을 대하듯 하는 개의 의인법에 대해 그냥 웃을 일이 아니다. 개가 달에게 짖음으로서 달은 새로운 생명을 얻게 된 셈이다. 개가 달을 생명체로 보았기 때문이다. 그냥 떠올랐다가 지는 우주 운행의 한 과정으로만 이해하는 것이 아니라 개가 달을 향해 짖는 행위를 달이 개와 소통하는 생명을 지닌, 그래서 인격을 지닌 존재로 인식하고 있다고 생각하는 인간의 마음이 훨씬 인간적이고 사색적이라고 할 수 있다.

낮에는 빈둥빈둥 할 일 없이 노는 개들도 밤이면 인간에게 순치되기 이전의 들짐승으로 변한다. 어둠이 개의 야성을 깨운 까닭이다. 개는 어디선가 발소리만 들려도 짖는다. 낯선 사람이 누군가의 집 앞이나 마을 골목을 지나면 두 눈에 파란 광채를 띤 개는 짖기 시작한다. 길을 가던 나그네는 괜히 지은 죄도 없이 마음이 불안해진다. 발소리를 내며 급히 달려가면 개들이 더욱 소리를 높여 짖기 시작한다. 개 짖는 소리는 전염성이 강해 한 마리가 짖으면 마침내 온 마을의 개들이 마치 벌집 쑤셔놓은 것처럼 짖기 시작한다. 어둠 속에서 컹컹대는 개 짖는 소리는 마을을 들었다 놓았다를 반복한다. 마을은 개짖는 뜨거운 소리에 활활 불타오른다. 그 붉은 소리는 하도 요란해 들판을 건너 바다건너까지 들린다.

개 짖는 소리에 놀란 나그네가 마을을 지나가버리면 마을은 순식간에 어둠속에 묻혀 적막감에 쌓인다. 휘영청 밝은 달만 교교하게 마을을 비춘다. 이때쯤 다시 개 짖는 소리가 들려온다. 먼데서 들리는 이 소리는 아마 이웃마을에서 짖는 소리인가 싶다.

어둠 속에서 마을 뒷산 아래를 바라보면 불빛이 보인다. 마을 뒷산 아래에는 문둥병에 걸린 사람이 살고 있는 움막 같은 집이 한 채 있었다. 나는 그 집 주인을 어쩌다가 딱 한번 본 적이 있다. 초등학교 여자 동창의 어머니였는데, 문둥병에 걸려서 가족들과 함께 살지 못하고 따로 살고 있었다. 일그러진 얼굴 속에 눈동자만 겨우 보이는 모습이 무섭게 느껴졌다. 그 집에는 개가 한 마리 있었는데 밤이면 가끔 짖곤 했다. 한밤중에 누군가가 그 집을 방문할 일이 없으련만 이따금 마을 뒷산에서 개 짖는 소리가 들려오곤 하였다.

유년에 나는 밤늦게까지 들에서 일하느라 늦는 아버지를 마중 나가곤 했다. 당산뫼 산에서 나무를 하거나 그곳 전답에서 일을 하던 아버지는 내가 당산뫼 아래 저수지 둑에까지 마중을 가면 지게에 나무를 한바작 짊어지고 오시곤 하였다. 아버지의 발자국 소리에 놀란 인근 마을 개들이 일제히 짖곤 했는데, 나에게는 그 소리가 참으로 반가웠다. 불빛 하나 없는 들판과 어둠 속에 엎드린 시커먼 산들이 무서웠는데, 당산뫼 부근의 작은 마을에서 짖어대는 개들의 소리는 인적을 만난 것처럼 반가운 손님이었다.

개 짖는 소리를 흔히 '개소리'라고 하면서 사람들은 비아냥거리는데 쓰는 말로 비유한다. 개 짖는 소리가 사람들에게 불편하게 들려 나쁜 의미로 사용하는지는 모르겠지만 주인을 위해 충성스러운 개가 밤잠을 자지 않고 짖는 소리는 믿음의 징표라고 할 수 있다.

새벽 네 시면 일어나 여섯 시면 집으로 돌아오는 어머니의 일평생의 기도길을 지켜 주었던 개 짖는 소리는 새벽에도 잠들지 않은 영혼을 지켜주던 복음이었다. 모두가 잠든 밤, 피곤하거나 귀찮아, 일어나기 싫은 한밤중이나 새벽에 깨어나 주인을 위해 집을 지키며 짖는 소리는 영혼을 깨우는, 영혼을 지키는 파수꾼의 모음(母音)인 것이다.

항해의 길잡이 갈매기 우는 소리

동네 앞 바닷가에서 낚시를 드리우고 있으면 먼 바다로부터 발동선이 '통통통' 소리를 내며 들어왔다. 고기잡이 나간 배거나 섬에서 짐을 실어나르는 배였다. 그럴 때면 배 위로 갈매기 떼가 날았다. 혹시라도 먹을 것이 있는가 싶어 갈매기들이 배를 따라오는 것이었다.

나와 같은 반이었던 한 아이는 배를 타는 아버지를 따라 흑산도에 자주 가곤 했는데 그곳에는 갈매기가 더 많다는 얘기를 들려주었다. 언젠가는 흑산도에 한 번 가봐야겠다는 생각을 갖게 해 준 그 아이의 말대로 그곳에 가서 갈매기 떼를 보고 싶었다. 이 꿈은 신혼여행 때 이루어졌다. 유년의 바다는 내게 바다 건너 먼 나라에 대한 동경을 갖게 해 줘서일까. 나는 아득한 먼 바다 너머에 어떤 아름다운 세계가 있을 것이라고 막연히 꿈꾸었다.

그 동경의 바다, 꿈의 바다에서 방학 때면 하루종일 바다에 나가 바다를 바라보았다. '냐아오 냐아오' 소리를 내며 갈매기들이 너울너울 춤을 추며 날아다녔다. 하얀 갈매기들은 커다란 날개를 펴고 퍼런 물결 위를 넘실대면서 이따금 바다에 내려앉곤 했는데 먹이잡이를 하는 시늉이었던 것이다.

고향 바다에서 서식하는 갈매기는 괭이갈매기이다. 이놈들은 바닷물이 빠지면 갯벌 위에서 황새와 함께 긴 부리를 이용해 게를 잡아먹곤 했다. 그래서 갯벌 위에는 이것들이 눈 하얗게 질러놓은 물똥이 말라 마치 페인트 칠해 놓은 것처럼 보였다.

본래 괭이갈매기는 사람이 살지 않는 무인도에서 산다. 우리 동네 바다에는 칠산바다 언저리쯤에 몇 개의 무인도가 있어 그곳에서 날아왔다. 이놈들은 이름에서 알 수 있듯이 그 울음소리가 고양이를 닮았다. 듣기에 따라서는 '냐아오, 냐아오' 소리가 꼭 '야아옹 야아옹' 소리처럼 들려 고양이 우는 소리를 닮았다.

괭이갈매기는 수백 수천 마리가 집단을 이루며 산다. 그래서 무인도 절벽을 보면 갈매기 떼가 날아오르는 생기발양한 우는 소리가 하루종일 그치지 않는다. 그것들은 사람과 짐승들의 손이 닿지 않은 절벽의 바위에 새끼를 기르는데, 새끼를 키우는 봄날 접근하면 소리를 지르며 위협 비행을 한다. 때로는 똥을 퍼부어 공격하기도 하는데 그 냄새가 독해 코를 찌른다.

6월쯤엔 괭이갈매기 서식지에 생명의 소리가 요란하다. 먹이를 달라고 어미에게 조르는 소리와 분주하게 먹이를 나르는 어미의 소리가 가득하다. 새끼들은 배가 고프면 부리로 어미를 찌른다. 그러면 어미는 먹이를 토해 새끼에게 내놓기도 한다.

무리를 지어 날고, 무리를 지어 새끼를 기르는 괭이갈매기의 생태적 습성은 모정이 지극함을 보여준다. 수많은 새끼들이 한꺼번에 부화하기 때문에 어미가 먹이사냥을 나갔다가 돌아와 새끼를 찾기가 쉽지 않을텐데 잘도 자신의 새끼를 찾아낸다. 쌍둥이를 식별해 내는 쌍둥이 엄마와 같은 지극한 모성 때문일 것이다.

갈매기는 태어난 지 두 달쯤 되면 둥지를 떠난다. 어미가 새끼를 데리고 바다로 나가 먹이 사냥하는 법을 가르치는데, 이듬해 봄이 되어 다시 제 고향으로 돌아온다. 그동안 다른 바다나 섬에서 살면서 무리 지어 갯바람을 쐬며 뼈가 굵어지고 날개에 힘이 여물어간다.

이제 우리 고향에는 그 옛날처럼 갈매기 떼가 많이 날아오지 않는다. 몇 마리가 날아와서 그 옛날의 향수를 전해줄 뿐 둥지를 틀고 새끼를 키우지 않는다. 그것은 자연환경이 나빠졌기 때문이다. 이대로 두면 더욱 생태계가 나빠져 언젠가는 갈매기를 보지 못할까봐 걱정이 된다. 모두가 인간의 책임이어서 어깨가 무겁다.

콜럼버스가 항해를 하다가 갈매기를 만났다고 한다. 오랜 항해 끝에 만나는 갈매기를 통해 육지가 가까워진 것을 알았다고 한다. 배를 타고 가다가 푸른 울음을 울며 뱃전을 나는 갈매기의 날개짓과 그들이 신호하는 울음소리가 떠오른다. 희망의 메시지를 울음소리를 통해 주던 갈매기는 유년의 향수와 더불어 바다에서 길을 안내해주는 이정표이니 오랫동안 사람과 함께 항해하는 도반이 되어주길 진심으로 소망한다.

가을밤 풀벌레 우는 소리

가을이 되면 나는 시인이 된 것 마냥 풀벌레 우는 소리를 들으며 시심을 키웠다. 지금 생각하면 어린 날의 시심이라는 것은 무척 유치한 것이었다. 그렇지만 나의 시심은 그렇게 시작되었다.

따가운 여름날이 저물어갈 무렵부터 저녁 때가 되면 제법 서늘한 기운이 감돌았다. 이때 쯤이면 집안 마루 밑이나 댓돌 아래, 또는 뒤안 어디선가에서 귀뚜라미가 울었다. 낮에는 여전히 따가운 날씨여서 고추잠자리 떼가 동네 골목에서 어지럽게 날고 있는 그런 때였다.

그런데 이상하게도 귀뚜라미와 여치 등 이름도 얼굴도 모르는 밤벌레들이 우는 소리를 들으면 괜히 마음이 싱숭생숭해졌다. 누군가를 그리워하고 삶과 죽음에 대한 생각이 감상적인 수준이지만, 세상을 다 살아버린 사람처럼, 철학자가 된 양, 시인이 된 양, 염세주의자가 된다.

가을이 깊어가면서 꽃들은 오래 전에 모두 떨어져버리고 나뭇잎새가 우수수 바람에 떨어져 몰려다닐 때 특히 마당 구석 어디선가에서 우는 귀뚜라미 울음소리는 가슴에 면도칼로 그어대는 것처럼 아려왔다. '귀뚤, 귀뚜루루' 또는 '똘 똘 똘' 귀뚜라미마다 음계와 목청이 다른지 제각각의 화음으로 울어댔는데, 그 목소리는 어떤 간절한 슬픔을

우는 듯한 소리여서 마디마디가 슬프게 다가왔다.

낙엽이 지고 한 해 동안 무성했던 것들이 사위어 가는 조락의 계절이어서 가을이 더욱 슬프게 느껴지는 것이었을까? 가을은 독서의 계절이어서 모두가 잠든 깊은 밤중까지 호롱불을 밝혀놓고 누님들이 읽었던 연애소설 따위를 비롯해 이른바 세계의 명작들까지 닥치는 대로 읽고 있었다. 책 속의 슬픈 주인공에게 연민을 보이며 눈가를 촉촉이 적셨다. 그 때처럼 내가 가장 순수한 마음이었던 적은 없었던 것 같다. 그런 잠 못 이루는 밤 나와 함께 생명의 노래를 부르기도 하고 슬픈 사연을 울음으로 같이 한 친구는 어둠 속에서 밤을 보낸 풀벌레 울음 소리였다.

감나무잎이 하느작 하느작 떨어지는 밤, 마을 앞이나 들을 바라보면 나는 풀벌레 울음소리에 포위되어 헤어날 줄 몰랐다. 이때만은 세상의 어떤 악기보다도 더 아름다운 선율로, 세상의 어떤 유명한 작곡가의 악보보다도 더 아름다운 벌레들의 합창은 천상에서 벌어지는 음악회 같이 황홀했다.

귀를 기울여 들어보면 수많은 벌레들이 제각각 연주하는 소리가 선명했다. 그들의 합창은 락 음악 같고, 거문고 튕기는 소리 같고, 바이올린이 내는 소리 같았다. 거대한 오케스트라의 웅혼한 기품이 나를 가을밤의 대단한 음악회로 초대하는 것이다.

이제 계절이 지나면 생명의 노래를 부르는 악사와 가수들도 모두 땅속이나 나뭇잎 이불 속으로 들어가고 말겠지만 살아있음의 환희, 또는 세상에서 가장 구슬픈 장송곡이나 슬프디 슬픈 누군가의 가슴 아픈 사연을 노래하는 듯했다. 그들이 가고 나면 나무는 벌거벗은 채 바람이 불 때마다 지난 계절을 고백하며 스스로의 회초리로 제 종아리를 후려치는 겨울을 맞을 것이다. 그때 쯤은 가을밤에 듣는 풀벌레 소리도 하얀 눈 속에 잠겨들고 말 것이다.

가을밤 내내 댓돌 밑에서 울어대던 귀뚜라미가 유난히 나를 슬프게 했다. 그 귀뚜라미는 아마 오래 전에 사람이었을 것이라는 생각이 들었다. 누군가를 잊지 못해 가을이 되면 해마다 우리 집에 찾아와 그리움의 노래를 부르는 것이라는 생각도 들었다. 나는 문밖에서 들리는 귀뚜라미 소리를 따라 마루 아래로 내려갔다. 도대체 억세게 울어대는 놈이 누구인지 알고 싶었던 것이다. 그런데 내 발자국 소리를 들은 귀뚜라미는 울음을 뚝 그치고 마는 것이다. 댓돌 옆에서 한참을 기다렸지만 귀뚜라미는 인기척을 느꼈는지 침묵할 뿐이었다. 다시 방으로 들어온 후에야 귀뚜라미 소리가 들려오는데, 잠이 들도록 그 소리 그치지 않는 것이다.

이렇듯 애절하게 울어대던 유년의 가을밤 풀벌레 소리는 지금 떠올려도 그 곡조가 구슬프다. 어쩌면 나는 지금도 감상에 젖은 열세 살 짜리 유치한 시인인지도 모른다. 그렇지만 그런 기분일 때면 그 옛날 귀뚜라미 우는 가을밤처럼 마음이 맑아지고 순해져서 마치 세례를 받은 것 같다.

가을이 되어도 귀뚜라미도 울지 않는 도시의 아파트, 귀뚜라미 대신 바퀴벌레가 극성이는 돼먹지 못한 얄궂은 시대의 서정을 감당하기가 쉽지 않다. 이는 인간의 탐욕이 부른 재앙이기 때문에 우리가 감내해야 할 몫이 아닐 수 없다.

문득 "가을밤, 벌레우는 밤" 어쩌고 하는 노랫소리가 떠오르고 세상에서 가장 착한 표정을 짓는 소년이 되고 싶어지고, 그 옛날 까까머리 시절 하모니카로 불던 노래가 생각난다. 요즘 어린이들은 동요를 부르지 않고, 청소년들은 가곡을 부르지 않는다. 음악도 나이에 알맞는 노래를 불러야 훗날 어른이 되어 그 시절의 정서를 그리워하거늘 마음을 정화시켜주는 노래를 불러 우리 청소년들이 풀벌레 우는 가을밤의 정취를 느껴보기를 소망한다.

겨울 밤하늘 길을 밝혀주던 기러기 소리

옛날엔 가을하늘이 유난히 푸르고 높았다. 오늘날은 대기오염 등 환경오염으로 하늘은 뿌옇고, 산에 올라 도시를 바라보면 도시가 스모그 때문에 침침하게 보인다. 비가 개인 후 어쩌다 운 좋은 날 바다 건너 마을이 청명하게 보일 정도이다.

옛날엔 금수강산으로 불리던 우리나라의 아름다운 풍경과 더불어 물이 맑고 공기도 맑고 하늘도 맑았다. 특히 가을은 '천고마비의 계절'이라고 불릴 정도로 하늘이 높고 푸르렀다. 겨울이 깊어가면 북쪽에서 찬바람을 타고 철새들이 날아왔다. 먹을 것이 풍부한 우리나라의 강이며 산, 그리고 바다에서 겨울을 지내다가 봄이 오면 다시 북쪽으로 날아가곤 했다.

특히 기러기는 떼를 지어 남쪽으로 내려왔다. 이들은 군인들처럼 대열을 지어 비행하였는데, 우리 동네에서는 왠지 잘 모르겠지만 새벽이면 마을 뒷산을 넘어왔다가 낮동안에는 바다에서 머물렀다. 먹잇감이 많은 바다에서 활동하다가 밤이 되면 마을을 지나 뒷산을 넘어 어디론가 둥지를 찾아가곤 했던 것 같다.

동네에서 저녁밥 짓는 연기가 온 마을을 하얗게 덮을 무렵이면 기러기가 '끼루룩 끼룩 끼루룩' 소리를 내며 북쪽 하늘로 날아갔다. 기러기는 보통 새들과는 달리 하늘 높이 떠서 날아가곤 했다. 맨 앞에 길잡이 우두머리가 서고 그 뒤에 무리가 뒤따라 날아갔다. 무리는 Y자를 옆으로 돌려놓은 모양으로 대열을 짜서 날아가는데 무슨 병법에 의해 편대를 짠 것처럼 느껴졌다.

서정주 시인은 「동천(冬天)」이라는 시에서 초승달 뜬 밤하늘에 기러기가 날아가는 모습을 "그것을 알고 비켜 가더라"고 노래하였다. 날카로운 비수 모양으로 하늘에 떠 있는 달에 몸이 상할까봐 기러기가 그것을 알고 비켜갔다는 내용이 참으로 아프게 가슴에 박혔다.

밤하늘을 나는 기러기 소리를 들으면 마음이 짠해졌다. 하루를 마감하며 고단한 날개를 펄럭이며 어두운 북쪽 하늘을 날아가는 모습에서 인간의 고단한 삶을 보았기 때문이다. 그래서 목을 쭈욱 내밀고 다리를 뒤로 반듯하게 펴서 날아가는 기러기의 푸르고 가냘픈 목덜미가 슬프다는 생각도 들었다. 기러기를 자세히 보면 다리가 발달되지 않아서 잘 걷지 못한다. 물 위에서 비상할 때도 요란한 날개짓과 물소리가 비상의 서툼을 느끼게 해 준다. 그러므로 기러기는 오직 인간 세상과 먼 장천에서 천천히 날개짓할 때 자유스럽다. 기러기가 지상에 있을 때는 언제나 위태롭고 불안하게 보이는 것이다. 이런 기러기를 바라보는 마음은 편치 않았다.

어떤 날 저녁 때는 기러기 떼가 '끼룩 끼루룩 끼룩' 하고 날아가버린 후 한참 늦은 밤하늘에 혼자서 날아가는 기러기를 본 적이 있다. 무슨 사연이 있어 혼자서 늦게 둥지를 찾아 가는지는 모르지만 애처러운 생각이 들었다. 빈 하늘에 달이 교교한 적막 속에 떠, 있는데 갑자기 하늘에서 날개치는 소리가 들려 바라보니 혼자 날아가는 기러기가 가엾다는 생각이 들었다. 그래서 기러기를 바라본 시인들의 심사는 대부분 고단한 인간사와 견주어 노래했는지도 모른다.

70년대의 어니언스가 부른 「작은새」라는 노래가 크게 유행했다. "고요한 밤 하늘에 작은새 하나가 바람결에 머무는 그곳에는 길 잃은 새 한 마리 집을 찾는다. 세상은 밝아오고 달마저 기우는데 수만 리 먼 하늘을 날아가려나 가엾은 작은새는 남쪽하늘로 그리운 집을 찾아 날아만 간다."는 내용의 가사는 물론 곡조도 우울하고, 답답한 70년대의 사회분위기가 느껴지는 이 노래에서의 '작은새'는 기러기의 이미지와 맞아 떨어진다.

겨울 아침이면 바닷가 아이들은 새벽 일찍 일어나 해안선을 달려갔다. 날씨가 너무 추워 밤새 얼어죽은 기러기를 주으러 가는 발길들이었다. 기러기에 대한 연민과는 다르게 배고픈 시절 기러기 고기는 단백질과 지방을 보충해 주는 훌륭한 먹거리였다. 어쩌다 바닷가에서 얼어죽은 기러기를 줍는 일은 오늘날 로또에 당첨된 것 마냥 횡재였고, 한동안 아이들 세계에서는 재미있는 무용담이 되어 주었다.

오늘날엔 기러기 떼도 많이 수가 줄어들었다. 철새 도래지에나 가서 망원경으로나 볼 수 있는 교육용 새가 되어버렸다. 그 옛날 겨울이 되면 왠지 모를 서러움과 외로움을 전해준 목이 길고 눈매가 깊어 외로워 보이는 새는 이제 우리들의 귀한 겨울 손님이 되어버렸다. 그 흔했던 손님들이 떠나고 없는 겨울하늘을 바라보면 서리 내린 바닷가에서 무엇인가에 골몰하던 점잖고, 그러나 겁이 많은 그 날짐승이 그리워진다.

제4부

어머니의
도마질 소리

앙드레 마송 作, 「마을 사람들」 (1926년)

우체부 자전거 바퀴 돌아가는 소리

우리나라 사람들에게 '우체부'라는 이름에서 시대마다 사람마다 각기 다른 여러 가지 생각을 떠올릴 것이다. 6·25전쟁기에 '전사통지서'를 전해주던 저승사자 같은 존재가 우체부였을 것이고, 또 누군가에게는 애틋한 분홍편지를 전해준 사랑의 전도사도 우체부였을 것이다.

그래도 애틋한 마음으로 우체부를 생각하는 사람들이 훨씬 많은 것으로 짐작된다. 월남에 파병된 비둘기부대나 맹호부대 용사들이 고국의 가족이나 사랑하는 사람으로부터 전해온 편지는 고단하고 외로운 타국에서의 시름을 날려 보내는 데는 무엇보다도 청량제 역할을 했을 것이다.

특히 청춘시절, 뜨겁고 애틋한 마음을 담아 빨간 우체통에 편지를 부치고 나서 한동안 우체부를 기다리는 마음은 그립고 설레는 것이었다. 밤새 잠 못 이루고 썼다가 지우고 다시 쓴 편지에는 수줍음과 연모의 정이 가득찼을 것이다. 이러한 정서가 깃든 편지를 전해준 우체부는 모든 청춘들의 연인 같았으리라.

우체부는 동네에서 모르는 사람들이 없었다. 자식 같고 조카 같은, 그리고 형님 같고 삼촌 같은 이가 은륜을 반짝이며 '차르르' 바퀴 구르는 소리를 내며 빨간 자전거가 동네 어귀에 나타나면 궁금증과 호기심이 커졌다. 도대체 저 우체부의 가방 속에 무슨 사연의 편지가 들어있을지, 자전거 뒤에 실린 소포는 누구네 집에 배달되는건지, 혹시 기다리는 편지는 없는지가 궁금했다.

글을 모르는 할머니에게 온 편지를 읽어주며 가슴 아픈 사연에 같이 울어버린 은륜의 신사, 그 할머니의 사연을 받아 적으며 또 다시 눈물을 흘리던 우체부는 동네를 다니며 얼마나 웃고 울었는지 우리들은 잘 모를 것이다. 그런 우체부를 위해 더운 밥상을 차리고 먹을 것을 내놓던 사람들의 정겨운 마음은 또 얼마나 살갑고 고마운 일이었던가.

"편지요." 소리치며 사립문을 밀며 들어오던 우체부들도 늙어, 누군가에게서 물려받은 빨간 자전거를 또 다시 젊은 우체부에게 물려주었을 것이다. 이들의 청춘을 뒤돌아보면 물이 넘치거나 눈이 길을 막아도 하루도 거르지 않고 편지 한 통을 건네기 위해 자갈 구르는 산길을 땀을 뻘뻘 흘리며 끌고 오던 자전거의 털털거리는 소리가 들린다.

오늘날, 우체부의 자전거가 오토바이로 바뀌져 그만큼 수고를 덜 수 있게 되어 다행스럽다. 논길, 산길도 씨잉 소리를 내며 쉽게 건너거나 오를 수 있기 때문이다.

그러나 그들의 수고가 줄어든 것은 아니다. 옛날에는 주로 편지나 전보, 그리고 소포가 대부분이었지만, 오늘날에는 각종 고지서는 물론 온간 우편물이 산더미처럼 쌓여 몸이 지칠 대로 지쳐있다. 특히 명절 때는 온갖 농산물은 물론 선물꾸러미가 넘친다. 선거철이라도 되면 이들의 노동은 사람이 처리하기엔 매우 힘든 중노동에 시달린다.

우체부들이 더욱 힘든 것은 벨을 눌러도 나타나지 않은 사람들을 위해 전화를 하고, 또 다시 방문해야 하는 수고로움 때문에 받는 스트레스가 헤아릴 수 없는 고통일 것이다. 그 옛날처럼 가족을 대하는 살가움과 정겨움도 사라져버린 세태이니 이들이 더욱 힘이 들 것이라는 생각이 든다.

간혹 편지 겉봉에 "우체부 아저씨, 고맙습니다."라는 글을 발견할 때 우체부는 노동의 고단함을 잊고 미소를 지을 것이다. 세상이 변했다고 인심마저 변할 수는 없는 일이다. 그 옛날 은륜의 바퀴를 굴리며 찾아오는 우체부에게 한 바가지 샘물을 내밀던 수줍던 처녀의 마음으로 그들을 맞아야 할 것이다.

밤새 「데미안」을 읽고, 세계에 대한 동경이 무럭무럭 일어나던 시절, 빨간자전거를 보면 누군가에게 그리움의 편지라도 부치고 싶었다. 어쩌면 우체부가 평범하고 하찮은 심부름꾼일 수도 있겠지만, 우체부의 '따르릉 따르릉' 붉은 자전거 소리가 그리움과 꿈을 키워준 사랑의 전도사들이었음을 우리는 기억한다.

음악
4

아련한 서정의 변주, 풍금소리

피아노 소리가 세련되고 현대적, 또는 도시적 감성이 묻어있는 것이라면, 풍금소리는 시골스럽고 약간 촌스럽다는 생각이 든다. 그러기 때문에 풍금소리는 아련한 옛 향수에 젖어들게 한다.

처음 풍금소리를 들은 것은 큰누님을 따라갔던 궁산리교회에서였을 것이다. 아주 오래된 이 교회는 누님은 물론 우리 집안의 기독신앙의 발원지인데 여기에는 낡고 오래된 풍금이 하나 있었다. 처음 들어간 예배시간에 어떤 누나가 연주하는 풍금소리가 신기했다. 하얗고 검은 건반 사이를 손가락이 왔다갔다 할 때마다 들어갔다 나갔다 하는 건반 위에서 신선한 물고기가 튀는 듯 했다. 푸른 소리쯤이라고 말해야 할 것 같은 신선한 소리들이 교회당 안을 헤엄쳐 다니는데 모두들 그 소리에 화음을 맞춰 엄숙하게 찬송가를 부르는 모습은 무척 신성해 보였다. 그 분위기를 이끄는 것이 풍금이었다.

그리고 내 기억 속의 또 하나의 풍금은 초등학교 4학년 때 만났던 것 같다. 키가 작고 상고머리를 한, 다부져 보이는 담임선생님은 음악시간을 매우 좋아하는 분이셨다. 성격이 조금 까칠했지만 풍금 앞에 서면 날렵한 새가 되었다. 마치 신들린 듯이 온 몸으로 풍금을 치셨는데,

선생님의 발은 풍금에 바람을 넣는 발판을 밟으면서도 열 손가락은 분주했다. 때로는 폭풍을 몰고 오고 때로는 잔잔한 호수에 그림 같은 배를 띄웠다. 열 살 짜리 아이들을 바람부는 겨울 들판으로 데려갔다가도 메기의 추억이 있는 비밀의 화원으로 안내하기도 하였다.

선생님은 풍금 앞에 앉고 우리들은 한 명씩 풍금 앞에 나가 노래를 불렀다. “낮에 놀다 두-고 온 나뭇잎 배는 엄마 곁에 누워도 생각이 나요”라고 불렀던가, “햇볕은 쨍쨍 모래알은 반짝” 어쩌고 하는 노래를 불렀던가, 선생님이 치는 풍금 앞에 서면 신이 났다. 선생님은 특유한 베이스를 넣으면서 풍금을 연주하였다. 그래서인지 박자에 힘이 들어가 노래가 더 재미있었다.

예배가 끝나면 교회 구석에 놓여 거의 일주일간 침묵을 지켰다. 여름이 되면 성경학교니 주일학교니 하면서 분주하지만 평상시에는 한 주일간 교회당에서 풍금소리가 들리지 않았다. 그러다가 일주일만에 교회에 가면 예배당에 들어가기도 전에 저만치서 풍금소리가 났다. 그 소리를 들으면 왠지 마음이 편해지고 행복해졌다.

학교에서는 풍금소리가 그친 적이 없다. 학교에 한 대 밖에 없는 풍금이어서 이 교실 저 교실을 아이들이 옮겨 다니다보니 풍금은 낡고 상처나 칠이 벗겨지고 턱이 나갔다. 그래도 아름다운 풍금소리가 들리면 평화스러운 마음이 들었다. 가깝거나 먼 교실에서 들리는 풍금소리가 아이들 합창소리에 콧노래로 박자를 맞추며 노래를 따라하곤 하였다.

발로 발판을 밟으면 삐걱소리가 날 정도로 낡은 풍금이었지만, 내 유년의 풍금소리는 나를 수십 년 전 저 아득한 추억의 공간으로 데려간다. 그곳에는 천진난만한 까까머리 소년들과 단발머리거나 갈래머리 소녀들이 하얀 이를 드러내고 깔깔대고 웃고 있다. 그리고 바람소리에 함께 풍금소리와 아이들 노랫소리도 들려온다.

그때 아이들은 유행가를 부르지 않았다. "뜸북 뜸북 뜸북새 논에서 울고 뻐꾹 뻐꾹 뻐꾹새 숲에서 울때"를 부르거나 "엄마가 섬그늘에 굴 따러 가면 아기가 혼자 남아 집을 보다가"의 「오빠생각」이나 「섬집아기」 등 동요만을 불렀다. 순수하고 순정한 아이들의 동심이 깃든 노래들 뿐이었다. 그런데 오늘날 아이들은 동요를 잘 부르는 것 같지가 않다. 따라서 부르기 힘든 랩이나 어른들이 부르는 가요를 즐겨부른다. 그런 요즘 아이들을 보면 아이들답지 않다는 생각이 들어 아쉬울 때가 많다.

어느 까페에서 누군가 풍금을 치고 있었다. 박물관에서 가져온 것처럼 칠이 벗겨지고 상처투성이었다. 촌스럽고, 왠지 세련되어 보이지 않은 소리였지만, 나를 담박에 유년으로 추억여행을 보내버리는 순박한 소리였다. 아련한 향수를 자아내며 들려오는 풍금소리가 나를 서글프게 하지지만, 참으로 오랜만에 세례받은 듯 먼지 묻은 내 마음을 헹궈주는 것이다.

생기 발양한
아이들 노는 소리

옛날에는 온 마을에 아이들의 노는 소리가 시끄러웠다. "둘만 낳아 잘 키우자"고 했던 국가인구정책이 이제는 국가인구 감소를 걱정하는 시대가 되었다. 그 때는 골목마다, 마을 앞 신작로마다 아이들이 시끌벅적 들끓었다. 아이들 소리가 마을의 대를 이어가는 생명의 소리였던 걸 모르고 수천 년 대물림한 가난을 끊기 위해 오직 입을 하나라도 줄이려고 했던 것이 불과 몇 십 년 만에 전혀 다른 상황이 되었다.

우리 마을엔 바닷가에 있어 백사장에 가서 많이 놀았다. 특히 학교에 안 가는 일요일 아침이면 샘거리 청소를 하고 난 뒤 모두 바닷가 백사장에서 모여 놀았다. 모래 위에 막대기로 줄을 긋고 속칭 '오징어 놀이'라는 것과 기마전을 주로 했다. 백사장에서는 넘어져도 몸이 다치지 않기 때문에 마음 놓고 뛰어다녔다. 넘어져도 모래투성이의 몸을 털기만 하면 말끔했다. 어떤 아이는 모래성을 쌓기도 하고 두꺼비집을 짓기도 하였다. 그 때 아이들이 노는 소리는 마을에까지 들렸다. 간혹 농번기 때 백사장에서 노는 아이들을 보고 "참 철딱서니 없는 놈들아"하고 혀를 차는 어른들도 계셨지만 눈치코치 없는 아이들은 노는데 열중했다.

백사장에서 놀다가 지겨우면 갯벌에 들어가 고둥을 줍거나 조개를 캤다. 그리고 밀물이 들어오면 멱을 감았다. 그러다가 바다에 빠져 죽은 아이들이 생겨나도 했지만 아이들은 그것을 잊고 다시 바다로 몰려가곤 했다.

백사장 옆에는 작은 산이 있었다. 그곳은 마을 공동 묘지여서 무덤과 초분이 많았다. 절벽에서는 무덤이 허물어져 뼈가 바닷가로 흘러내리고 있었다. 그러나 아이들은 하나도 무섭지 않았다. 옛 무용담 속의 이야기처럼 편을 갈라 전쟁놀이를 하였다. 나무를 베어 그것이 용맹스러운 장군의 칼이라도 되는 양, "얏! 얏! 얏!" 기합소리를 지르며 상대 아이의 나무칼과 부딪쳤다.

아이들은 해가 바다 속으로 떨어지는 저녁 무렵이 되어도 시간가는 줄 몰랐다. 초가지붕과 대숲머리에 저녁밥 짓는 하얀 연기가 휩싸여도 노는 것에 빠져 저녁이 되는 줄 몰랐다. 저녁 무렵 해제 쪽 하늘과 함평만 바다가 붉게 타는 석양에 어머니나 누님들이 "밥 먹어라." 라고 수없이 외쳐도 그 목소리 들리지 않았다.

마을 앞 백사장은 아이들의 놀이터였다. 몸을 부딪치며 넘어져도 상처나지 않기 때문이다.

씨름도 재미있었지만 아이들은 기마전이 재미있었다. 힘이 센 아이가 말이 되고 또 다른 두 아이가 양쪽에서 팔을 끼고 마부가 되면 날렵한 아이가 장군이 되어 말을 타고 싸웠다. 상대의 기마병을 땅에 쓰러뜨리기 위해 서로 붙잡고 얽혀 안간힘을 쓰다보면 지친 말이나 마부의 진용이 허물어져 상대 기마병이 땅에 쓰러지곤 했다. 때로는 우리 말이 넘어지는 바람에 우리 편 기마병이 땅에 떨어질 때도 있었다. 이 때 적을 모두 쓰러뜨리면 이기게 되는데 그 때 아이들은 드높은 함성을 질렀다. 마치 수나라 대군을 물리친 고구려 병사들이라도 되는 양 의기양양했다.

아이들은 마을 앞에서 술래잡기도 하였다. 술래를 찾다보면 남의 집 담장을 넘을 때도 있었다. 어떤 때는 술래만 남겨놓고 아이들이 모두 집으로 돌아가버려 술래가 낭패를 당한 경우도 있었다. 학교 갔다가 돌아올 때는 비석거리에서 자치기 놀이를 하였다. 막대기로 자를 쳐 날릴 때는 통쾌했다. 이러한 유전자를 가지고 있는 우리나라 사람들이 골프를 잘 하는 것은 당연한 일인지도 모른다. 겨울날 마을 앞 언 논에서의 팽이치기와 마을 뒤 언덕에서 날리는 연날리기는 눈 속을 뛰어다니는 강아지처럼 즐거운 놀이였다. 온 몸이 꽁꽁 얼고 볼이 빨갛게 상기되어도 추운 줄을 몰랐다. 그 때는 축구공이라는 것이 귀해서 동네에서 돼지를 잡으면 오줌보에 공기를 넣어 축구를 하였다. 돼지 오줌보 축구공은 흙이 묻어 지저분했지만 그것을 가진 아이는 무슨 보물 다루듯이 했다.

오늘날 아이들은 그 옛날 아이들이 즐기던 제기차기, 윷놀이 등 민속놀이를 거의 하지 않는다. 놀 공간도 마땅찮고 공부에 시달리느라 놀 시간이 없기 때문이다. 그래서 요즘 아이들이 어쩐지 가엾다는 생각이 든다.

이 세상에서 가장 행복하고 듣기 좋은 소리의 하나는 아이들 노는 소리가 아닌가 싶다. 노인당이 새로 생기고 노인들 허리 두드리는 소리가 많아진 요즘, 자꾸만 그 옛날 백사장에서 놀던 나를 부르는 누님들의 “밥 먹어라.” 하는 소리가 그리워진다.

아랫목에서 술 익는 소리

우리집 아랫목에는 언제나 술이 익고 있었다. 따뜻한 아랫목에 이불이나 헌옷에 둘러싸인 작은 항아리가 하나 놓여있었는데 그 속에서 '보글보글' 소리를 내며 거품이 일었다. 술이 익어가면 방안엔 누룩냄새가 진동했다.

우리 집안 사람들은 술을 못 마셨다. 술을 마시면 얼굴이 빨개져 하루 종일 인사불성이 되었다. 아버지께서도 전혀 술을 마시지 못했다. 막내 작은 아버지도 마찬가지여서 술판에 출입하지 않으셨다. 밀밭가에 가면 벌써 취하는 줄 알았다. 그런데 큰 작은아버지는 예외여서 술고래이셨다.

옛날 배고픈 시절에 집에서 술을 만드는 일은 단속 대상이었다. 쌀이 귀했기 때문에 먹고 살기도 힘이 들어 술을 만들어 마시면 식량이 축나기 때문이었을 것이다. 그런데도 집집마다 가용주로 술을 만들어 마셨다. 이것을 단속하기 위해 군에서 공무원들이 밀주단속을 하여 걸리면 제재를 가했다.

우리집에서 술을 드신 작은 아버지는 얼큰하게 취해 당신의 어머니인 우리 할머니에게 괜한 투정을 부리곤 하셨다. 형님인 우리 아버지에게도 주사가 심했다. 큰 조카인 나를 무척 미워하였다. 작은 아버지가 다녀간 날이면 어른들은 속상해 하셨다.

그런데 작은 아버지는 술을 드시고 오 리 쯤 떨어진 당신의 집으로 비틀비틀 가셨다. 이럴 때 옛노래가 구성지게 풀어지곤 했는데, 길을 가다가 남의 보리밭에 쓰러진 적이 한두 번이 아니셨다. 어떤 때는 당신의 아버지인 우리 할아버지 무덤에까지 가서 잠든 적이 있었다. 이렇듯 작은 아버지의 술버릇을 아는 어머니와 나는 뒤를 따라가곤 했다. 작은 아버지가 쓰러지면 부축해 드리느라고 작은 집까지 갔다오곤 하였다.

집에서 몰래 만들어 먹는 밀주는 막걸리였다. 쌀밥을 해서 누룩과 적당히 버무려 항아리에 담아놓으면 발효가 되었다. 그러면 어머니는 그것을 체로 받아 걸러냈다. 술이 뽀글뽀글 익는 소리가 나면 배고픈 우리는 몰래 표주박으로 떠 마시기도 하였는데, 온몸이 뜨거워지고 얼굴이 빨개졌다.

그때 아이들은 요즘 아이들처럼 술로 마신 것이 아니라 호기심과 허기 때문이었다. 동네에 혼사나 장례 때면 커다란 항아리에서 아이들이 몰래 술을 퍼먹었다가 곤욕을 치루기 일쑤였다. 술술 목구멍에 잘 넘어가던 술이 나중에 도로 입으로 토해 나와 어른들께 혼나곤 하였다.

그 무렵 동네 앞 점방에는 술독이 있었다. 동네 술꾼들이 점방에 앉아 술을 마셨는데, 아이들에게 술을 받아오라고 심부름을 시키기도 하였다. 아이들은 주전자에 술을 받아 오다가 길에서 몰래 술을 마셨다가 아버지께 혼쭐나기도 하였다.

술을 떠올리면 조지훈과 박목월 시인의 시가 생각난다. 1940년대 시골 마을의 서정이 선명한 이들의 시에는 “나그네 긴 소매 꽃잎에 젖어/

술 익는 저녁노을”(조지훈 「완화삼」)과 “술 익는 마을마다/타는 저녁놀”(박목월 「나그네」)이 눈에 보이듯 선명하게 나타난다. 우울하고 가난한 시대의 두 시인의 우정과 낭만이 깃들어 있는 작품이지만, 그러나 그 배경에는 1940년대 식민지 치하의 궁핍한 시대상이 엿보인다.

오늘날에는 오만 가지의 술이 있다. 너무나 술이 많아 무엇을 마실지 모를 정도로 지천에 널려있는 것이 술이다. 그래서 술집도 많고 술 마실 기회도 많다. 이러다보니 술 때문에 육체적으로나 정신적으로 병든 사람도 많다. 그럼에도 그 옛날 가난한 시절 몰래 만들어 먹었던 술이 생각난다. 더불어 남은 밥으로 단술을 만들어 허기를 다스리게 했던 훌륭한 간식거리 단술도 떠오른다. 배가 고팠기 때문에 더욱 맛있게 먹었던 단술에 취해 하루 종일 정신이 몽롱했던 기억이 유년의 삽화가 되어 아련하다.

이것들이 오늘은 그리운 추억이 되어 향수에 젖어들게 하는 것은, 그 시절엔 아직 따스한 정이 흐르고 배가 고파 몰래 뜨겁게 흘렸던 눈물이 있었기 때문일 것이다.

지금은 까마득한 설화 같은 옛날이야기지만, 배고픈 시절 우리 유년의 쓸쓸한 풍경이다.

아궁이에
불 때는 소리

할머니는 내가 종손이어서 부엌에 얼씬도 못하게 했다. 부엌은 어머니와 누님들의 차지였다. 말이 부엌차지이지 어머니가 들에 나가 늦게 들어오시면 쌀을 씻어 솥에 안치고 아궁이에 불을 때는 노동의 현장이었다. 옛날에는 당연한 일이었다.

그런데 겨울날 아궁이 앞에 앉아 불을 때는 누님들이 부럽기도 했다. 날씨가 춥다보면 붉은 혓바닥으로 이글거리며 타는 아궁이의 불곁으로 가고 싶었다. 그래서 누님들 곁 아궁이 앞에 앉아서 노는 것은 큰 재미였다.

그 무렵 아궁이에 집어넣는 불쏘시개는 여러 가지였다. 가을엔 참깨를 털고 나면 나오는 마른 깻대와 잘 마른 담뱃대가 있었다. 겨울에는 장작과 마른 솔잎은 아주 고급 연료였다. 그것들이 대부분 소진된 때인 봄이나 여름철엔 땔감이 없어 생 소나무가지를 베어다 아궁이에 처넣었다. 그래서 한때는 아궁이를 우리나라 소나무를 잡아먹는 귀신이라고까지 했다. 산림계 공무원들이 소나무를 베는 사람들을 잡기 위해 산으로 돌아가기도 했다. 이 사람들을 '산감'이라고 불렀는데 들키면 벌금을 물기 때문에 '산감'이 출현했다고 하면 온 마을 사람들이 긴장

하였는데 벌써 산중에 소문이 났다.

생 솔가지를 아궁이에 넣고 불을 때는 계절엔 온 마을이 하얀 연기로 휩싸였다. 그 때는 마을 전체가 생 솔가지를 땔감으로 썼다. 별 뾰족한 땔감이 없었던 시절이었기 때문이다. 생 솔가지를 땔 때는 아궁이에 가득 생 솔가지를 넣고 밖으로 나와 버린다. 연기 때문에 눈이 매워 뜰 수 없었기 때문이다. 그러면 생 솔가지가 '탁탁탁' 튀면서 타는 소리가 요란했다. 그래도 아궁이 속에서는 불길이 날름날름거리며 탔다. 생 솔가지를 땔감으로 쓰는 날은 한참을 눈물을 흘리며 울어야 했다.

가장 좋은 땔감은 장작과 마른 갈퀴나무라고 불리는 마른 솔잎을 땔 때이다. 이것들은 매운 연기를 거의 배출하지 않고 잘 타기 때문에 노닥거리며 불을 땔 수 있었다. 장작은 한 번 타기 시작하면 크게 바쁘지 않았다. 이런 날 저녁은 오랫동안 장작이 구들장을 덥혀주기 때문에 방안이 뜨끈뜨끈해 아버지는 코를 골며 편하게 주무셨다.

장작불 타는 모습이 남성적이라면 솔잎이 타는 모습은 새색시처럼 매우 여성적이라고 할 수 있다. 솔잎을 아궁이에 집어넣고 불을 지피면 아궁이 안쪽에서부터 솔잎이 타갔다. 불기운도 장작보다 약하지만 타는 모습이 얌전했다. 요란한 소리도 안 내지만 수다스럽지도 않다. 솔잎이 어느 정도 타면 불이 아궁이 밖으로 나오게 되는데 이때는 솔잎을 아궁이에 넣고 나무 부지깽이로 타기 좋게 골랐다. 그리고 타버린 재를 부지깽이로 아궁이 안으로 밀어 넣었다. 매운 연기도 없이 아주 순한 아이 같았다.

마른 깻대는 땔감으로 사용했다. 깻대는 장작보다는 못하지만 솔잎보다는 화력이 셌다. 그리고 불길의 혀놀림도 더 빨랐다. 그래서 자주 깻대를 아궁이에 처넣어야 했는데, 말 잘 안 듣는 사춘기 아이 같아서 불을 때다보면 어느새 아궁이 밖에까지 불길을 끄집어내기도 했다. 또한 성질도 있어서 뭐라고 '타다닥' 소리를 지르곤 했다. 그래도 깻대는 오소리 잡는 듯 온 집안에 연기를 내뿜는 생솔가지에 비하면 착한 소년처럼 얌전한 편이었다.

이러한 시절, 잘 사는 집에서는 멥재를 큰 가마니 째 사서 불을 땠다. 정미소에서 벼를 찧어 쌀이 벗겨져나간 멥재를 아궁이에 넣고 쇠로 만든 작은 풍로의 손잡이를 돌리면 바람이 일었다. 이 때 풍로에서 이어진 바람길 주둥이를 멥재에 묻어 바람이 온전하게 멥재를 땔 수 있게 하였다. 한 손으로는 풍로를 돌려 바람을 일으키고 한 손으로는 멥재를 아궁이에 넣는 일은 한가한 시간은 아니었지만, 궁핍한 시절 멥재를 땔감으로 쓰는 것만으로도 요즘 말로 잘 사는 체를 하는 시늉이었으니 생각하면 가소로운 일이 아닐 수 없다. '걀걀걀' 풍로 돌아가는 소리와 함께 아궁이에서는 파랗거나 누런 불길이 구들장을 데우고 밥을 삶았으니 모든 난방과 취사가 전기와 가스로 해결되는 오늘날, 그때를 생각하면 격세지감을 느낀다.

생명성을 일깨우던 갓난아이 울음소리

갓난아이의 우는 소리를 들으면 왠지 처연한 생각이 들었다. 그래서 갓 태어난 아들의 모습을 바라보며 '고단한 이 세상에 왜 태어났느냐'는 생각이 들어 아이를 빤히 쳐다본 적이 있었다. 그렇지만 젖을 달라고 우는 아이의 몸짓에서는 살겠다는 원초적인 생명의 의지가 배어있음도 인식하였다. 아이의 울음이 인류가 오늘까지 목숨을 이어오게 한 원동력이 되었기 때문이다.

다섯 살 땐가 우리집 골목에서 여자아이 셋이 태어났다. 거의 사흘 간격으로 태어난 이 아이들 중 하나는 내 여동생이고 나머지는 이웃집 아이들이었다. 그러다보니 우리집 골목에는 아이들 우는 소리가 그치지 않았다. 어느 한 집에서 아이의 울음소리가 나면 다른 집 아이들도 덩달아 울었다. 골목에서 놀다가 이 아이들의 울음소리가 시끄러워 귀를 막은 적도 있었지만 오늘 아이들 울음소리가 귀해진 시골마을의 사정이고 보면, 아이 울음 소리가 참으로 귀한 생명의 가락임을 이제야 알겠다.

아이들 울음소리는 세계 모든 인종이 모두 '응애, 응애' 하고 운다. 나라마다 언어는 다르지만, 아이들의 울음소리만큼은 공통어이다. 그 언어들이 말하는 의미는 모두 다르지 않다. 배가 고프다거나 기저귀가 젖었다든가. 아니면 몸이 아프다는 등 허기지거나 불편하기 때문에 그 결핍을 충족시키려는 표현인 것이다.

그러므로 아이들이 우는 소리는 인간의 언어 이전의 가장 정직한 언어라고 할 수 있다. 그것은 마치 하느님이 이 세상을 창조하고 아담과 하와에게 창조한 것들에게 이름을 명명하라고 지시해 처음 불러주던 이름처럼 때묻지 않은 순수한 기호이다.

시간이 지나 점차 인간의 마음속에 탐욕이 생겨나면서부터 언어가 타락해지고 말지만, 태어난 지 얼마 안 된 아이의 울음은 시원의 소리이다. 강이 산골짝 작은 샘에서 흘러내리며 처음 내는 소리처럼 가장 맑고, 가장 순수한 것과 같이 갓난아이의 울음소리는 때묻지 않은 것이어서 더 이상 씻어낼 수 없는 무욕의 소리이다.

이는 갓난아이의 울음소리 뿐만 아니다. 갓 태어난 생명을 가진 모든 것들도 마찬가지이다. 탯줄을 자르면, 즉 어미와 분리되는 개체로서의 자유를 선언하는 신호의 소리를 내지른다. 처음 이 세상의 공기를 호흡하며 폐부에 산소가 들어가는 상징적인 소리를 내게 된다.

우리집은 돼지 새끼를 많이 생산하는 집으로 동네에 소문이 났다. 어린 날 자다가 잠에서 깨어났는데 돼지우리에서 새끼를 받아 방 안으로 옮기고 있었다. 할머니가 귀엽고 탐스러운 돼지새끼들의 몸을 닦아줄 때 나는 망태 속에서 꾸물거리는 돼지 새끼들이 내지르는 소리를 들었다. '깨액 깨액' 소리를 내는 이놈들은 어미의 젖을 찾는지는 모르겠지만, 그것들에게서 생명의 환희를 느꼈다.

강아지들도 마찬가지이다. 태어나서 일주일 쯤이 지나야 눈 뜨는 이놈들은 오직 후각과 청각을 통해 어미의 품으로 파고든다. 낑낑 대며 머리를 어미 품으로 처박으며 젖을 달라고 지르는 소리는 누가 시키지 않아도 본능적으로 내지르는 생명의 소리이다.

어린 생명들의 울음소리 중에서 오랫동안 내 의식의 밑바닥에 남아 여운을 남긴 동물은 염소이다. 아랫동생과 마을 뒷산을 돌아다닐 때였다. 저녁 무렵인데도 고삐에 매여진 어린 염소 한 마리가 긴 줄을 팽팽하게 끌면서 울고 있었다. 염소새끼는 어두워지는 산중에 홀로 남겨져 있는 것이 무서워서 울었는지 모르겠지만, 내가 생각하기에는 엄마 품이 그리워서 우는 것 같았다. 어린 염소새끼를 하루 종일 산중에 매어 놓았으니 당연히 어미가 그리웠을 것이다. '매애애 매애애' 하고 우는 소리가 무척 애달프게 들렸다. 지금도 그 소리를 떠올리면 겁 먹은 듯한 새끼염소의 눈매가 생각난다.

내 유년의 풍경 속에서는 송아지 울음소리도 들려온다. 어미의 젖을 빨던 것이 우시장에 팔려갈 때의 모습이다. 새끼를 떠나보내는 어미의 심정도 그랬겠지만 어미와 떨어지지 않기 위해 '매애애' 하고 울어대는 송아지의 울음소리는 참으로 처연했다.

이제 옛집 골목에서 한동안 울어댔던 아이들은 어른이 되어 아이를 낳고 어머니가 되었다. 그리고 또다시 그들의 딸들이 아이를 낳는 시간이 지나간 지금, 그 골목에서는 더 이상 아이의 울음소리가 들리지 않는다. 이 적막이 무서운 시대에 어린 것들의 울음소리가 더욱 그리워지는데, 그것은 어린 것들의 울음소리가 생명의 순환고리를 잇는 소리이기도 하지만, 아무것도 계산되지 않은 소리이며 인간이 지상에 처음 태어나 내질렀던 언어 이전의 가장 순수한 모음이기 때문이다.

비오는 날 부침개 지지던 소리

비오는 날 부침개 지지는 소리 참 듣기 좋았다. 부침개는 주로 여름철 비오는 날 즐겨 해 먹었던 음식이다. 여름철 비가 내리는 때는 들판에 심은 모가 땅 힘을 받아 푸르러서 바람이 불면 파르라니 흔들렸다. 농사철 중에 비가 내리고 하니 조금 한가해진 때여서 부침개를 해먹기 좋은 때였다.

부침개는 특히 비오는 날 해먹는 것이 제격이다. 물론 비가 안와도 즐겨먹는 음식이기는 하지만, 우리나라 사람들은 음식 하나 해 먹는 데에도 대단한 감성과 심미성을 발휘했다. 비오는 날 비 냄새를 맡을 줄 아는 선조들은 비냄새 뿐만 아니라 빗소리가 전이시키는 감성에 쉽게 감염될 줄 알아 심미적 촉수가 대단히 예민했다.

땅을 적시고 나무와 풀과 꽃을 적시는 여름비에서 자연의 냄새를 맡으며 자연을 닮은 사람의 냄새와의 동질성을 갖는다. 또한 빗소리에서 사람의 감성을 건드려주는 것을 인식하게 되는데 이 빗소리를 닮은 것이 바로 부침개 부치는 소리이다. 이와 닮은 것이 콩볶는 소리여서, 그러므로 비 오는 날 빗소리와 부침개 부치는 소리, 그리고 콩볶는 소리는 쉽게 일체감을 갖게 되어 이 소리들에서 사람들은 정서적으로 어떤 쾌감을 느끼게 되는 것이다.

옛날에는 오늘날처럼 특별한 간식거리가 없었다. 옥수수가 익으면 쪄먹고 감자와 고구마 밑이 들면 쪄먹는 것, 그리고 콩을 볶아 먹는다거나 부침개를 지져먹거나 밥솥 위에 밀가루 반죽을 얹어 개떡을 해먹는 것은 그래도 제법 입맛에 맞는 특별한 간식이라고 할 수 있었다. 이렇듯 쉽게 간식거리가 없던 시절이어서 어른 아이 할 것 없이 비오는 날 부침개를 부쳐먹는 것은 대단히 즐거운 일이었다.

부침개는 부엌에서 부치기도 했지만 비가 들이치지 않는 처마 아래에 돌을 놓고 그 위에 가마솥 뚜껑을 거꾸로 걸치면 훌륭한 지짐솥이 되었다. 오늘날 같으면 가스렌즈에 후라이팬을 얹어 편리하게 부침개를 해먹지만 옛날에는 가마솥 뚜껑이 후라이팬 역할을 했다. 잘 마른 불쏘시개를 간이 아궁이에 쑤셔넣고 불을 때면 솥뚜껑에 열이 달아오르고 그 위에 돼지비계덩어리로 문지를 땐 '지지직' 소리가 났다. 기름이 발라진 솥뚜껑 위에 부추나 애호박 썬 것을 섞은 밀가루 반죽을 얹는다. 그리고 놋수저로 평평하게 반죽을 편다. '지글지글' 끓는 소리가 나면서 부침개가 익어간다. 앞뒤로 잘 뒤집다보면 부침개가 노릇노릇 익게 되는데 부침개를 하얗게 덜 익어도 안 되지만 태워도 안 되기 때문에 적당히 노릇노릇 해질 정도로 살짝 눌게 하면 바삭거리고 맛이 좋다.

온 집안에 부침개 지지는 냄새가 가득차고 아이들은 솥뚜껑 주위에 앉아 목구멍에 침을 꼴딱 꼴딱 넘기기 마련이다. 다 익은 부침개를 어머니가 젓가락으로 찢어 나누어 주면 제비새끼 마냥 금세 받아먹고 또 다시 지글지글 끓는 솥뚜껑 위를 눈이 빠져라 바라보곤 했다.

부침개는 서민의 식품이지만 남녀노소를 막론하고 좋아하는 한국의 대표적인 서민 음식이다. 큰 노력을 안 들이면서 쉽고 간편하게 해먹을 수 있는 식품이기도 해 우리나라 사람이면 즐겨먹는다. 옛날에 비하면 재료가 다양해지고 종류도 여러 가지로 발전해 많은 사람들이 무척이나 좋아한다. 이 구수한 부침개는, 앞에서 얘기한 것처럼 비오는 날의 정취와 아주 잘 어울리는 음식이다. 그래서 어른들은 오늘날에도 비가 오면 막걸리 한 잔과 더불어 부침개가 떠오른다. 젊은 사람들도 마찬가지이다. 돈이 있건 없건 상관없이 가격이 아주 저렴한 부침개는 그 값을 더해주는데 우리 한국인의 입맛에 아주 잘 어울린다.

여름 장맛비가 연일 내린다. 그러다보니 방안이 눅눅하다. 보일러를 넣자 방바닥에 온기가 돌고 뜨끈해지면 스르르 잠이 몰려온다. 밖에는 추적추적 비가 내리는데 그 빗소리가 부침개 지지는 소리를 떠올려 준다. 부침개 지지는 소리와 빗소리의 목청이 닮아 비가 내리는 날은 자동적으로 부침개가 생각나는 것이다.

오늘날은 어쩌면 향수 반 구수한 맛 반으로 부침개를 해먹는지 모른다. 아내가 만들어 주는 부침개 맛이 그 옛날 배고플 때 어머니가 해 주시던 부침개 맛일 수는 없지만 부침개를 먹으면 주마등처럼 수많은 추억이 떠오르고 비오는 날의 풍정이 떠오른다.

국어
1

마음의 양식을 일구던 글 읽는 소리

우리 옆집에 나보다 서너 살 쯤 더 나이를 먹은 이웃집 형은 서당에 다녔다. 고개 너머 이웃마을에 서당이 있었는데 학교에는 안 다니고 서당에만 다녔던 것 같다. 그 형 뿐만 아니라 학교 대신 서당에 다니는 동네 형들이 더 있었는데 이들은 책보에 천자문이나 추구 등 교재와 벼루 · 먹 · 붓 등을 싸서 날마다 이웃마을의 서당에 나가곤 했다.

1960년대 까지만 해도 서당에 다니다가 다시 학교에 들어가는 경우가 있었다. 그때 어른들은 신학문을 배우는 것보다 구학문인 한문 공부가 더 유용한 것이라고 생각했던 것 같다. 학교에서 배우는 신학문은 글을 읽을 줄 알고 계산을 좀 할 줄 알면 된다는 생각이 컸기 때문이다.

여름 한낮, 어른들이 들에 나가 아무도 없는 빈 집에서 혼자있을 때 옆집 형이 글을 읽었다. 처음에는 "하늘천, 따지, 검을현, 누루황" 어쩌고 하더니 나중에는 알아들을 수 없는 소리로 무엇인가를 읽는 소리가 담장 너머로 들려왔다.

옆집 형네는 농사를 짓지 않았다. 집에서 배를 띄웠기 때문에 모두가 바다에 나갔다. 배가 한 번 고기잡이를 떠나면 며칠씩 집을 비웠다.

그러면 옆집 형과 내 또래의 여동생이 남아 지냈던 것 같다.

그런데 옆집 형이 서당에 가고 없으면 그의 여동생이 혼자 남아 집을 지키곤 하였다. 혼자 남은 여동생은 날마다 울었다. 한동안은 왜 우는지 몰랐다. 그 아이는 지금 생각해보니 소아마비환자였던 것 같다. 어른들이 고기잡이로 출어를 하고 나면 오래비와 동생만이 남았는데 오래비마저 서당에 가고 나면 집에 혼자 있는 것이 무서워서 울었던 것이다. 그 울음은 오랫동안 그치지 않았다. 울음소리는 무척이나 슬프게 들려왔다. 무슨 한이라도 맺힌 것처럼 서러운 곡조였다. 울음소리는 내가 초등학교에 들어가고 다시 초등학교를 졸업할 무렵에야 그쳤던 것 같다. 어느 날 그의 부모님들의 울음소리가 한바탕 항아리 깨지는 소리로 들렸다가 다시는 그 아이의 울음소리를 듣지 못했던 것이다.

옆집 아이의 울음소리와 더불어 자주 들려왔던 소리는 바로 서당에 다니는 옆집 형의 천자문이나 추구를 읽던 낭랑한 소리이다. 그 형은 무릎을 꿇고 바르게 앉아 몸을 앞뒤로 흔들면서 구성지고 아주 큰 목소리로 한자 투성이의 책을 읽었다. 그 목소리가 하도 크고 낭랑해서 부근에 사는 사람들이 "익상이가 글 읽는 시간이구먼" 할 정도였다. 그런데 글을 읽는 옆집 형의 목소리가 참으로 시원시원하여 나도 흉내내고 싶었다.

학교에서 선생님은 특히 저학년 때 글 읽는 연습을 많이 시켰다. 나는 일찍이 문자를 터득했지만 왠지 쑥쓰러워 남들에게 글 읽는 모습을 들킬까 두려워했다. 그런데도 옆집 형의 글 읽는 소리가 하도 보기 좋아 아무도 없는 백주 대낮에 국어책을 읽었다. 이 모습을 들에 갔다가 돌아오신 할머니께서 보시곤 "아이고, 우리 손주 글 읽는 소리도 이쁘

네." 하셨다. 그리고 온 동네에 당신의 손주가 책을 잘 읽는다고 소문을 내고 다니셨다.

글 읽는 일이 무슨 대수겠는가마는 할머니에게 손주의 책 읽는 소리만큼 듣기 좋은 것이 있겠는가 싶은 생각이 든다.

초등학교 다닐 때부터 나는 닥치는 대로 책을 읽었다. 그런데 가끔은 눈으로 읽는 것이 아니라 또박또박 소리를 내어 읽곤 했다. 특히 옛 시조를 읽는 것이 즐거웠다. 휘영청 달 밝은 밤, 옛 선비들은 후원 뒤꼍까지 들리게 글을 읽었다고 한다. 글을 읽어 유익함을 얻기도 하지만 글 읽는 일은 그 자체가 하나의 놀이였고 즐거움을 주었을 것이다.

그런데 요즘 아이들은 책을 잘 안 읽지만, 읽더라도 소리내어 책을 읽는 경우가 드물다. 책을 소리내어 읽다보면 글 속에 리듬이 있는 것을 발견하게 된다. 그리고 그 속에 어떤 지극한 길이 있음도 알게 된다. 특히 책의 내용이 머리 속에 쏙쏙 들어와 효율적인 독서가 된다.

소리내어 글 읽기의 즐거움은 시나 시조를 낭송할 때 더욱 멋들어져 들린다. 글 읽는 일이 노래 부르는 것과 같기 때문이다. 이러한 풍류를 옛선비들은 매우 즐겼던 것 같다. 오늘날 시낭송회나 독서회를 통해 글을 읽는 사람들을 보면 왠지 사람이 남다르게 보인다.

마음을 울리던 상여소리

내가 네 살 되던 날, 할아버지께서 돌아가셨다. 마을에서 장사로 불리던 할아버지셨지만 6 · 25때 당했던 모진 고문의 후유증으로 앓다가 세상을 하직하신 것이다. 집안의 종손인 나를 업고 키우셨던 할아버지가 돌아가셨지만 집안에서 음식을 지지고 볶고 하는 것이 그저 좋았다. 마당에 차일이 쳐지고, 사람들이 들끓는 것이 무슨 잔치라도 벌어진 양 즐거워했지만, 밤중에 빈 상여가 들려지고 아버지, 어머니와 작은 아버지, 어머니들이 통곡을 하며 울자 나는 갑자기 슬퍼졌다. 그래서 방에 처박혀 있다가 다음날 할아버지가 산으로 갈 때는 혼자서 울었던 것 같다.

평생 살던 고향마을을 떠나 이승의 마지막 하직인사를 하는 노제 때는 마을사람들 모두가 슬퍼했다. 마을의 젊은 장정 일곱이나 여덟이 상여를 어깨에 메고 마을 끝에서 끝을 오가며 구슬프게 노래를 불렀다. 북망산천을 향해 가는 서러움의 내용을 담고 있는 그 노래는 인생의 허무함과 이별의 아쉬움이 담겨져 있었다. 목청 좋은 상두꾼이 상여 앞에 서서 유족의 주머니를 호렸다. 상주나 인척들은 먼 길 떠나는 망자를 위해 주머니에서 지전을 내놓았다. 그러면 상두꾼은 돈을 상여

줄에 달아놓고 나중에 그것을 모아 상여꾼들과 밥을 먹었다.

같은 하늘아래에 살다가, 또는 자신을 낳아준 부모님과의 이별이 마음 아파, 또는 망자의 삶이 너무나 한스러워 우는 사람들은 제 슬픈 곡조에 더욱 슬퍼져 넋 나간 사람이 되어 땅이 꺼지는 슬픔을 온 몸으로 받아냈다.

상두꾼이 "어어이 넘자, 어여이, 이제 가면 언제 오나. 북망산천 어여이 넘자, 어여이"하면서 슬픈 목청으로 선창을 하면 상여꾼들이 이를 따라 불렀다.

할아버지가 산으로 가시는 날, 나보다 한 살 위인 다섯 살짜리 작은집 형은 철딱서니 없이 대나무에 종이를 끼운 깃대를 하나 들고 상여를 따라가다가 마을 사람들이 "참 철없는 아이야"하며 그것을 빼앗았다고 한다. 그때 아이들은 장지까지 따라가서는 만장을 빼고 대나무를 가지기 위해 대나무 깃대를 들고 가곤 했다.

마을 외진 곳에 상여집이 있었다. 그곳은 주로 산골짜기나 바닷가였다. 우리 동네 상엿집은 바닷가 으슥한 곳에 있어서 사람들이 잘 가지 않았다. 그런데 어린 우리들은 호기가 발동해 상엿집으로 몰려갔다. 마을에 사람이 죽으면 꺼내어 쓰고 다시 상여를 보관해두는 공간이었다. 상여집 안은 어두컴컴했다. 우리는 가슴을 조이며 상엿집에 들어갔는데 상여에 그려진 단청무늬와 귀신같은 그림이 무서웠다. 그러나 누구 하나 무섭다는 말을 안했다. 우리가 상엿집에 갔다 온 것을 안 그날 저녁 나는 아버지께 야단을 맞았다.

오늘날은 집에서 장례를 치루지 않는다. 도시생활이라는 것이 마당이 없는 경우가 많고 불편하기 때문에 장례식장이라는 곳에서 장례를 치룬다. 그런데 왠지 아쉬운 생각이 든다. 편리하기는 하지만 상업화

되어 있고, 인스턴트 냄새가 나는 것 같다.

어린 날 내게 처음으로 삶과 죽음에 대한 생각을 스미게 했던 상두꾼의 구슬픈 소리는 어쩌면 이 세상에서 가장 슬픈 소리일지 모른다. 누구나 피할 수 없는 죽음을 한 번은 꼭 맞아야하는 숙명이기 때문이다. 그러니 망자가 이승에서 마지막으로 듣는 노랫소리가 어찌 슬프지 않겠는가.

마을 앞에서 누군가의 노제가 있던 날, 우리 집 골목 담벼락에 기대어 몸을 숨긴 할머니가 눈물을 훔치며 듣던 상여소리, 나이가 들어가면서 그 때 할머니의 마음이 어떠했는지 헤아려지는 듯하다.

교회당에서 들려오는 찬송가 소리

일요일 오전 한가한 시간에 교회당에서 들려오는 종소리를 들으면 마음이 고요해지고 편안해진다. 분주했던 한 주간을 뒤돌아보며 쉬는 시간이니 교회에 가는 발길은 참으로 평화롭다. 교회 종소리와 함께 내 가슴에 잔잔한 행복감과 더불어 감동의 파동을 전해주는 것이 교회당에서 들려오는 찬송가 부르는 소리이다.

세상을 살아가면서 누군가를 미워하고, 질투하고, 시기하다가 찬송가를 부르게 되면 몸과 마음이 세례를 받은 것처럼 가벼워지고 맑아진다. 그렇기 때문에 사람들은 세상에서 더럽혀진 몸과 마음을 씻기 위해 교회당에 가는 것이다.

옛날에는 성경책이 귀하고 신자들이 글을 몰라 예배를 주로 찬송가를 부르는 것으로 대신했다고 한다. 교회에서 열심히 찬송가를 부르는 것만으로도 죄를 씻는 듯 했고 마음이 헹궈졌을 것이다. 이는 찬송가도 노래이기 때문에 노래를 많이 부르면 행복해질 수 있는 것이었으리라.

교회에 나가지 않는 사람들도 교회당을 지나다가 담장 밖으로 찬송가 소리가 들려오면 마음이 순해지고 착해진다. 하물며 교회에 나가는 사람이야 그 기쁜 마음은 말할 나위가 없다. 여럿이서 더럽혀진 마음을 씻기 위해 부르는 찬송가 소리는 부르는 사람이나 듣는 사람 모두가 마음이 신성하고 경건해질 수밖에 없을 것이다.

서양에서 인쇄술이 발달하지 않은 아주 오래전에는 곡조에 성경의 의미를 담은 찬송가를 통해 예배를 드렸다고 한다. 그러니까 성경봉독 대신 찬송가만 불렀던 것이다.

우리 어머니는 찬송가를 아주 즐겨 부르신다. 젊은 시절에 백난아나 이미자의 노래를 멋들어지게 잘하는 실력으로 당신이 좋아하는 찬송가 부르는 것이니 그 솜씨가 어디 가겠는가. 아버지가 돌아가시기 전에 어머니는 아버지와 함께 찬송가를 자주 부르셨다. 체구는 작지만 우렁우렁한 목소리로 기쁜 마음으로 노래를 부르시곤 했는데 어머니에게 찬송가 부르는 일은 밥 먹는 일과 같은 것이었다.

6 · 25전쟁 때 여순사건의 주역인 14연대의 하사였던 작은 아버지 때문에 집안이 풍비박산이 되었을 때의 일이다. 어머니는 할아버지와 아버지, 그리고 막내 작은 아버지와 함께 모진 고문을 당하셨다고 한다. 특히 전기고문을 당할 때에는 개구리처럼 사지가 뻗어버리기도 하고 수없이 기절을 했다고 한다. 그래서 마침내 총살을 당하러 함평 돌머리 백사장으로 끌려갈 때 마지막 소원으로 찬송가를 부르게 해달라고 졸랐다고 한다. 다행히 찬송가를 부르고 우여곡절 끝에 살아오셨는데, 그 이후로 어머니의 신앙은 더욱 굳건해지셨다.

바람 부는 세상 끝에서 갖은 고생 다하며 살아오신 어머니는 특히 자식 둘을 먼저 저 세상으로 보내는 아픔과 치욕을 당하셨다. 어머니는 당신의 작은 아들과 큰 딸을 잃으셨다. 자식을 잃은 아픔이 참으로 컸겠지만 어머니는 입술을 꼭 깨물고 눈물 대신 찬송가만 불러댔다.

전쟁이 터지던 해 섣달그믐 날 아버지가 6 · 25전쟁에 나가 소식이 없을 때도 어머니는 기도와 함께 찬송가 부르는 소리가 더욱 우렁차고 간절했다고 한다. 아버지는 돌아가시기 전까지도 숨이 가빠 누운 자리에서 작은 소리로 찬송가를 부르셨다. 아마 얼마 남지 않은 생을 예감하고 혼자서 죽음을 준비하고 계셨던 것 같았다. 고향에서도 어머니의 찬송가 부르는 소리는 추운 겨울날 새벽 시오리 교회길에서 칼바람 소리보다도 더 드높았다.

그런데 언제부턴가 어머니의 찬송가 부르는 소리에는 속울음 같은 슬픔이 배어있다. 당신의 작은 아들과 큰 딸을 잃고 나서부터일 것이다. 새끼를 잃은 어미의 그늘진 심사가 찬송가에 스며들었기 때문이다. 간혹 어머니의 찬송가 부르는 소리를 들으면 나는 가슴이 미어지는 아픔을 느낀다. 슬픔이 스며든 어머니의 찬송가 노랫소리가 다름아닌 속울음이기 때문이다.

교회당 앞을 지나가다가 교인들이 부르는 찬송가 소리를 들으면 어머니의 생이 떠오르고 가슴 아픈 가족사가 생각나지만, 이승에서의 이별을 넘어 언젠가 요단강 건너 다시 만날 인연들을 그리워하는 어머니의 염원이 느껴진다.

유년의 가슴을 때리던 다듬이 소리

가마솥에서 맛있는 것이 익어 가는지 김이 폴폴 났다. 그러나 허기진 배를 채울 개떡이나 송편이 익어가는 것이 아니라 어머니가 솥뚜껑을 열면 하얀 무명의 옷들이 삶아지고 있었다. 어머니는 동생의 기저귀감이나 이불홑청, 그리고 하얀 무명옷의 묵은 땟국을 빼기 위해 가마솥에 삶곤 하셨다. 김이 무럭무럭 나는 빨랫감을 삶아 우물가에서 헹구셨다. 그리고 풀을 먹여 빨랫줄에 널어 마르면 빨랫감을 여러 번 개어 다듬이돌에 올려놓고 다듬이 방망이로 때렸다. 어머니는 큰누님과 함께 박자를 맞췄는데, 요즘말로 난타를 공연하는 것 같았다.

흔히 직사각형의 반듯한 다듬잇돌을 사용했지만 우리 집에서는 둥그렇고 쑥무늬 모양으로 반짝반짝 빛나는 자연석을 다듬잇돌로 사용하였다. 표면이 대리석처럼 매끄러운 공룡알처럼 둥그스름한 그 돌은 어느 바닷가에서 아버지가 주워온 것이라고 하는데 그동안 버리지 않고 지금도 우리 집에 있다.

옛날에는 집에서 모시를 길러 며칠씩 걸려 무명옷감을 짜 옷이나 아이들 기저귀, 또는 이불 홑청으로 만들어 사용하였다. 모든 것이 사람의 힘과 손을 이용해 생산했으니 그 시절 우리 어머니들의 노고가 어떠했는지 짐작해 볼 수가 있다. 낮에는 들일을 하고 아침 저녁으로 열두 식구의 밥을 삶아내면서 밤 시간을 이용해 고단한 몸으로 다듬이질을 하셨던 것이다.

다듬이질 소리는 기분에 따라 다르게 들렸던 것 같다. 고되고 모진 시집살이 중에 때리는 다듬이질 소리는 다듬이질하는 사람의 마음이 그대로 나타나 화가 났는지 신명이 났는지를 금방 알 수 있었다.

시어머니의 꾸중이라도 있는 날엔 다듬이 방망이에 힘이 더 들어가 그 소리가 크고 무겁게 들렸다. 마치 시어머니를 두들겨 패는 양 힘껏 빨랫감을 때리니 경쾌하게 들릴 리가 없다. 이럴 땐 잘못하다간 빨랫감이 상할 수도 있었다.

기분이 좋은 날 두드리는 다듬이 소리는 아주 경쾌했다. 다듬이 방망이는 흔히 두 사람이 다듬잇돌을 마주보며 두 손에 각각 하나씩 가지고 두드릴 때는 리듬을 맞춰 다듬이질을 하였다. 방망이질에 흥이나 속도가 붙으면 '토닥토닥' 얌전한 소리가 나는 것이 아니라 '토다닥 토다닥' 또는 '따갱 따갱 따따갱' 사분의 삼박자가 팔분의 육박자 왈츠곡처럼 신명나는 소리를 냈다.

들일을 마치고 밤에 다듬이를 한 집에서 시작하면 소리를 타고 다른 집으로 전염이 되어 나중에는 이집 저집 할 것 없이 동네가 다듬이질 소리로 가득 차 저녁마을은 때 아닌 거대한 난타 공연장이 되고 만다.

서로 얼굴을 마주하지 않아도 다듬이 소리에 박자를 맞춰 가며 방망이질을 해댔다. 누가 가르쳐 준 것도 아니고, 누가 시킨 것도 아니지만 다듬이질의 리듬은 이상한 마력이 있어 흥을 일으키며 마음 사람들을 모두 난타연주자로 만들곤 하였다.

지금 생각하면 다듬이질 소리는 우리 민족의 내면에 흐르는 흥취를 일깨우는 소리였던 것 같다. 푸념과 불만불평의 한숨대신 우리 민족의 핏속에 흐르는 신명의 유전자를 일깨우던 소리였던 것이다. 고달픈 생의 길을 걸어가면서 버거운 일상의 노동조차 삶의 에너지로 만들어 신명을 내던 우리 어머니와 누님들의 다듬이질 소리가 마음 깊은 곳에서 정겹게 들려온다.

오늘날 세탁소가 많이 생겨 빨랫감을 세탁소에 맡기는 편리한 시대이지만 아득한 유년의 감성을 일깨우던 다듬이질 소리가 오늘은 심장에서 들려온다.

마른 논에 물 들어가는 소리

1966년부터 1968년 까지 삼천리강산을 휩쓴 대가뭄이 있었다. 논바닥과 저수지는 거북이 등처럼 쩍쩍 갈라져 저수지의 물고기가 떼죽음하였다. 한창 푸르러야 할 벼와 밭작물이 빨갛게 타 죽어가고 있었다. 그 무렵의 논은 대부분 천수답들이어서 하늘만 바라보고 있었다. 그러자 마을 사람들은 마을 뒷산 큰 두루봉에 올라가 기우제를 지냈다. 그러나 마음이 하늘에 닿지 못했는지 야속한 하늘은 비 한 방울도 내려주지 않았다.

어떤 사람은 바다 건너 감악산의 용굴에 살던 이무기가 승천하지 못하고 바다에 빠져 죽었기 때문이라고 하였다. 황톳길도 마른 먼지가 풀풀나고 마을의 우물도 시원치 않았다. 마을 사람들은 웅덩이에 고인 물이건 도랑에 고인 물이건 모두 논과 밭으로 퍼 날랐지만 그것으로 농사짓기에는 턱없이 부족하였다. 그런데 가뭄에 불행까지 겹쳤는데 제방으로 바닷물이 넘쳐 바닷가의 논이 빨갛게 타버리고 말았다. 가뭄이 심해지자 마을에는 흉흉한 소문이 돌아 인심마저 고약해졌다.

그 중 다행으로 마을의 저수지 하나가 아직 물이 차 있었는데 그 동안 물을 가두어 놓았기 때문이다. 마을 사람들이 저수지 수문을 열라고 야단들이어서 할 수 없이 수문을 열었다. 수문이 열리자 저수지에서 쏟아져 나오는 물이 '쏴아아아' 힘찬 소리를 내며 핏줄같은 수로를 타고 시원하게 흘러내렸다. 아래로 흘러가는 물길에는 마른 논들이 마치 어머니 젖가슴을 무는 것처럼 매달려 있어 서로 젖을 먹겠다는 시늉으로 수로에 입을 대기 위해 수로의 옆구리를 텄다. 그러자 물길이 갈라진 논바닥으로 흘러 들어갔다.

그러나 한정된 저수지 물로 목마른 논들을 모두 배불리 먹일 수는 없었다. 저수지 수문을 닫아버리자 논 주인들이 아우성이었다. 또다시 수문을 열자 눈에 불을 켠 농부들이 삽을 들고 수로를 지키고 있었다. 누군가가 자신의 논에 물을 대기 위해 남의 집 물꼬를 막아버리는 일이 허다했기 때문이다. 아버지께서도 삽을 들고 수로를 지키셨다. 그러다가 잠시 집으로 돌아온 밤중에 옆집 논 주인이 우리 논으로 향하는 물꼬를 막아버리고 자기 논으로 물꼬를 돌려버리는 일이 발생하였다. 아침에 논에 가면 논에 물이 들었을 것이라고 생각한 아버지는 논에 나가 그 모습을 보시고는 화가 나 물꼬를 우리 논으로 돌려버리셨다. 이를 안 옆집 논 주인과 들판에서 한바탕 크게 싸우셨다. 가뭄이 마을 사람들을 갈라놓는 일은 허다했다.

비가 안 와 저수지만을 바라볼 수 없는 아버지와 어머니는 논 구석에 있는 둠벙에서 두레질로 물을 논으로 푸기도 하셨다. 오랫동안 농사만 지어온 착하디 착한 농부들이 가뭄 때문에 서로 감정이 쌓이고 사이가 나빠져 한동안 서로를 외면하는 풍경이 벌어진 것은 어쩌면 생존의 방식일 수밖에 없을 것이다. 농사에만 목을 매고 있는 가족이 농사를 망치면 모두 굶어 죽는다는 절박함이 그 시대 우리 아버지 어머니들을 한밤중에도 잠을 못 자게 하고 들판으로 내몰았던 것이다.

아버지는 며칠째 논가에 앉아 타는 가슴을 달래기 위해 연신 쓰디쓴 담배를 물고 폭폭 연기를 내뿜으셨다. 그러던 참에 하늘이 감동하여 한밤중에 비가 쏟아지자 마을 사람들은 모두 마을 앞으로 뛰어나와 환호성을 내지르며 만세를 불렀다. 아이들도 뛰어나와 함께 즐거워했다. 그러자 아버지는 물이 흐르는 수로에 앉아 우리 논으로 '철철철' 흘러 들어가는 물소리를 들으셨다. 농부에게 물소리는 아마 이 세상에서 가장 기쁜 복음일 것이다. 핏줄로 흘러가는 핏톨 소리처럼 생명의 소리였기 때문이다.

이듬해부터 아버지는 손바닥만한 열두 배미의 논을 한 배미로 합병하는 대공사를 힘들게, 그리고 외롭게 혼자서 하셨다. 학교에 갔다 오다가 그 쪽을 바라보면 아버지께서 삽질하고 계셨다. 곡괭이질을 하고 계셨다. 요즘 같으면 불도저나 포크레인으로 간단하게 해치워버릴 일을 두 해에 걸쳐 하시다보니 곡괭이가 반 토막 나버렸다. 나는 한동안 그 곡괭이를 가보처럼 여겼는데 지금은 어디로 가버렸는지 보이지 않아 아쉽다.

가뭄을 대비하기 위해 아버지는 대공사와 함께 논 한 귀퉁이에 깊고 넓은 둠벙도 파셨다. 지금은 남의 땅이 되어버린 고향의 논 앞으로 지나갈 때 바라보면 젊은 날의 아버지가 떠오르고, 수로에서 우리 논으로 들어가는 물소리를 들으며 그것을 바라보시던 아버지의 마음을 생각해 보곤 한다.

가장 순결한 언어 이전의 언어, 휘파람 소리

나는 어려서부터 휘파람을 잘 불었다. 내가 어찌하여 휘파람을 불게 되었는지는 생각이 잘 나지 않지만 휘파람으로 어떤 노래도 자유자재로 불었다.

내가 휘파람을 부는 방법은 두 가지이다. 텔레비전에 휘파람을 잘 분다 하여 출연하는 사람들을 가끔 보았는데 모두가 입술을 오므리고 혀를 아랫니에 밀며 그 사이로 바람을 불면서 소리를 냈다. 이렇게 휘파람을 부는 것이 일반적인 방법이다. 이럴 때 휘파람 소리가 먼 데까지 들린다. 나 역시 이러한 방법으로 휘파람을 불었다.

그러다가 어떻게 하다보니 입술로 휘파람을 부는 것이 아니라 이로 부는 방법을 스스로 터득하게 되었다. 아랫니와 윗니 사이를 조금 열고 그 사이로 바람을 밀면 소리가 났다. 나는 그 방법을 통해 휘파람을 자주 분다. 그러다보니 입술로 부는 휘파람이 약간 고장이 나서 요즘에는 소리가 신통치 않다.

휘파람 소리는 영혼을 관통하는 소리 같다. 그런데 옛날 어르신들은 휘파람을 불면 꾸중을 하셨다. 도둑이 담장 넘어갈 때 부는 소리라는 것이다. 아마 도둑들이 자기들끼리 소통하기 위해 휘파람을 불었던 모양이다. 또 어떤 사람들은 휘파람 소리를 잘 내는 사람은 연애질을 잘 한다고 말하기도 하였다. 어렸을 때 동네 총각들이 처녀들을 홀리는 소리였기 때문이다. 휘파람 소리가 집안에 있는 처녀를 불러내기 위해 총각들이 부르는 신호였던 것이다. 어쨌든 휘파람 소리는 사람에 따라 여러 가지 신호로 이용되기도 했던 것 같다.

서부영화에서도 휘파람 소리가 등장한다. 서부 개척시대의 총잡이가 석양에 말을 타고 황야를 건너갈 때 부는 휘파람 소리는 매우 경쾌했다. 영화 속의 이미지이지만 그 인상적인 장면이 오래도록 남아 있다. 그래서 나는 휘파람을 부는 것이 자랑스러워 자주 휘파람을 불었다. 노래는 물론 휘파람으로 온갖 새소리까지 흉내내곤 하였다.

새 중에도 휘파람을 부는 새가 있다. 우리나라에서 사는 휘파람새는 큰 새는 아니지만 그 울음소리가 '호오, 호케꼬, 케코' 하면서 점차로 낮아지는 휘파람 소리를 낸다. 키가 작은 나무나 목초지의 나뭇가지 위나 줄기 사이에 둥지를 틀고 사는 이 새는 기막히게 휘파람을 잘 분다. 아마 수컷이 암컷을 홀릴 때 내는 소리일 것이다.

그런데 나는 개가 휘파람을 부는 것을 보았다. 오래 전에 집에서 키우던 개가 바로 그 주인공인데, 내가 자주 휘파람 소리를 내는 것을 보고 어떻게 배웠는지는 모르지만, 어느 날 휘파람 소리가 들려 귀를 기울이니 우리집 개가 휘파람을 부는 것을 보고 깜짝 놀란 적이 있다. 그 개는 마당에서만 살다보니 집 밖의 세상에 나가본 적이 없어 짖지를 못했다. 참으로 이상한 이 개는 마당 끝에 있는 석류나무에 앉아 있는 직박구리를 보고 짖는 대신 휘파람을 불었다. 비오는 어느 날 저녁 목줄을 풀고 도망가버려 이별하고 말았지만 별난 개였다. 그 무렵에 펴낸 나의 네 번째 시집 이름이 『휘파람을 부는 개』인 것은 우연이 아니다.

휘파람 소리에는 낭만이 깃들어 있다. 그래서 어떤 가수는 "외로울 때는 휘파람을 부세요. 누군가가 그리울 때는 나지막하게 휘파람을 부세요" 하고 외로울 때, 그리고 누군가가 그리울 때는 휘파람을 불라고 노래를 불러 듣는 이의 가슴에 깊은 울림을 전해주었다.

휘파람 소리를 인간의 언어로 표현하는 일은 불가능하다. 영어로도 적지 못하는 것까지 세계에서 가장 다양한 소리를 기록할 수 있다는 우리 한글로도 표현할 수가 없다. 휘파람 소리를 '쉬이익' 또는 '휘이익'이라고 표현하지만, 그러나 그것은 실제의 휘파람 소리와는 거리가 있다. 인간의 언어로 표현할 수 없는 휘파람소리는 바람소리 같고, 새 소리 같고, 별똥별이 떨어지는 소리처럼 들리기도 한다. 듣는 이의 마음에 따라 다르게 들린다. 이렇듯 다양한 이미지와 의미를 던져주는 휘파람 소리에는 오만 가지 감정의 무늬가 수놓아져 있다.

이러한 휘파람소리는 언어 이전의 언어이다. 인간의 언어는 이미 인간의 욕망이 깃들어 있어 순수하지가 못하다. 헛된 욕망, 증오, 분노의 이념으로 덧씌워져 맑지가 못하다. 그러나 휘파람소리는 태초에 조물주가 이 세상을 만들었을 때 들려왔던 소리이다. 그러므로 가장 순결하고, 가장 해맑고, 가장 감동적인 언어 이전의 언어인 것이다. 때묻지 않은 이 휘파람 소리는 꽃이 피는 소리, 물이 흘러가는 소리, 소나무 가지에 부는 바람소리처럼 우리에게 이념을 강요하지 않는 소리인 것이다.

마음 속 깊은 곳에서 깨달음을 전해주는 품바타령 소리

봄이 되면 어디선가 한 떼의 동냥치들이 나타났다. 덕지덕지 헝겊쪼가리를 바느질로 기운 누추한 옷에는 땟국물이 흘렀다. 이들은 어떻게 알았는지 잔칫집에 나타나 품바타령을 하였다. 어린시절 들은 타령이라 확실하게 기억을 하지 못하지만 "어 시구시구 들어간다, 작년에 왔던 각설이 죽지도 않고 또 왔네……" 라고 흥에 겨워 부르는 첫 소절은 뚜렷이 생각난다. 얻어먹는 사람들이 무슨 즐거움이 있어 흥에 겨운지 도무지 이해가 되지 않았지만 그들은 즐거운 표정으로 타령을 불렀다.

이들은 잔칫집 뿐만 아니라 집집마다 떠돌며 품바타령을 하기도 하였다. 지금 생각하면 이들은 우두머리가 있어 일사분란하게 행동했던 것 같다. 대장인 듯한 사람이 먼저 문 앞에서 선창을 하면 무리가 따라하면서 타령이 시작되었던 것 같았다. 지금도 떠오르는 것은 인심좋은 어머니께서 집안의 식은 밥을 모두 가져와 먹였는데, 이들은 맛있게 밥을 먹고 집에서 한참을 흥에 겨운 소리를 하다가 돌아갔다.

나는 겨울동안 이들이 어디에서 무엇을 먹고 살았는지가 궁금했다. 춥고 허기진 눈보라 치는 삼동엔 이들은 그림자도 얼씬거리지 않았다. 그 깊은 속내를 알 수 없어 하던 봄날이면 어김없이 고개를 넘어 나타나곤 하였는데, 이들이 한바탕 놀다가고 나면 동네 아이들은 '어시구시구 들어간다……' 하며 품바타령을 부르곤 하였다.

이들이 다녀가고 나면 아버지는 공부를 열심히 해서 훌륭한 사람이 돼라고 말씀하셨다. 게으르고 공부를 안해 저 사람들처럼 얻어먹고 살지 말아라 하시며 각설이들을 실패한 사람의 표본처럼 말씀하셨다. 그래서 나의 생각 속에서는 오랫동안 각설이들을 '그저 얻어먹는 동냥치' 정도로 생각하고 있었다. 그러다가 나는 어른이 되어 80년대 어느 날 김시라 씨를 만나 자주 어울리면서 형님 동생하는 사이가 되어 그가 공연하는 것을 여러 번 구경하였다. 에너지가 넘치고 신명이 나는 이 품바타령은 들어도 들어도 질리지 않았다.

오늘날 '품바타령'이 공연예술로 정착하게 된 것은 순전히 김시라 씨의 노력 덕분이었다. 1980년, 광주를 학살하고 우리나라를 군사독재의 공포에 떨게 했던 전두환 정권시절, 독재를 풍자하며 민주화의 바람을 일으키며 국민들의 절대적인 지지를 받았다. 각설이 타령은 우리나라 전역에서 각설이들을 통해 불려지던 타령이다. 그러던 것을 전라남도 무안군 일로 일원에서 각설이들에 의해 불려지던 타령을 김시라 씨가 공연예술로 정착시켜 전국화하였다.

이후 각설이 타령은 이상하게도 나이트클럽 등 밤무대에서 상업적으로 성행하는 것으로 변질되어버려, 음담패설을 적당히 섞어 노는 메시지 없는 오락물로 전락하고 말았다. 그러던 참에 무안에서 〈품바보존회〉를 만들어 품바의 정체성 확립과 새로운 품바를 발굴하여 보급하는 운동을 펼치고 있어 다행스럽다.

품바타령은 조선시대에 몰락한 지배계층이 나그네가 되어 거지로 분장하거나 혹은 정신병자나 병신으로 위장하여 걸인행각을 하면서 부르던 타령이다. 이들은 광대나 백정, 재인으로 전락하여 음지에 사는 인간들이 속악한 세상에 던지는 야유, 풍자, 해학, 무심, 허무, 영탄의 정서로 웃음과 비애를 느끼게 하였다. 품바타령은 독특한 민족문학적 체취를 풍기는 예술장르이다.

남도지역에서 불려지는 품바타령은 우리나라 최초의 장시인 무안 일로장(남창장)에서 춤과 노래, 사설로 조선 조정에 불만과 시대의 아픔을 풍자하면서 시작되었다고 한다. 그렇기 때문에 우리나라 품바의 고향은 무안 일로라는 것인데, 오늘날 무안에는 일로 품바보존회에서 품바의 전통을 계승발전시키기 위해 다양한 노력을 기울이고 있다.

나는 무안 일로 품바보존회의 자문이 되어 그들과 함께 하고 있다. 보존회에서는 해마다 일로의 회산백련지에서 새로운 품바들을 발굴하기 위해 전국의 내놓으라 하는 품바타령 명인들의 공연과 함께 신인들의 공연을 듣는다.

그런데 참으로 애석한 것은 이들 신인들이 품바의 진정한 정신을 이해하지 못하고 있다는 점이다. 나는 김시라 씨가 생전에 들려준 이야기가 떠오른다. 각설이(覺說理)란 그냥 얻어먹는 거지가 아니라 '깨달음을 전파한다'는 뜻의 불교용어인 동냥, 즉 승려들의 탁발행위와 같은 것인데, 거지들이 호구지책으로 얻어먹기 위해 내지르는 소리가 아니라는 것이다. 김시라 씨에 의하면, 하느님이 남에게 베풀지 않는 인색한 사람들에게 베푸는 것을 가르쳐 주기 위해 지상에 각설이들을 내려보내 품바타령을 통해 흥을 돋우며 깨달음을 전하고자 한다는 것이다. 물론 신학대학을 나온 사람으로서 기독교적인 해석이지만 본질적으로는 본래 각설이의 의미와 같다고 볼 수 있다.

각설이들이 내뱉는 품바타령은 입방귀를 내어 어리석은 백성들에게 깨달음을 주는 예술형식이다. 그러나 민가에서는 품바타령의 본래의 취지를 모르고 그저 흥에 겨운 노래로만 인식해 온 것이 사실이다. 그럼에도 불구하고 저 까마득한 내 유년의 기억 속에서는 어떻게 알고 나타났는지 잔칫집에서 한바탕 신명나게 놀다 가는 영혼이 자유로운 재주꾼으로 떠오른다. "작년에 갔던 각설이 죽지도 않고 또 왔네" 쯤에 이르르면 곤궁한 삶 속에서 겨울을 이기고 살아왔다는 의미가 보이고 생명의 환희가 느껴진다.

외롭고 쓸쓸한 시절을 위로해 준 하모니카 소리

초등학교 6학년 때 중학교 입시공부를 하느라고 학교 뒷산 당마산 너럭바위에 올라가 공부를 할 때, 누군가 교실에서 부르는 하모니카 소리가 내 마음 속의 슬픔과 우수를 깨웠다. 아직 열두 살의 어린 나이였지만 뉘엿뉘엿 지는 해를 배경삼아 듣는 하모니카가 들려주는「섬집아기」라는 동요는 절창이었다. 바닷가 마을에 사는 나는 바닷가에 나갔다가 저녁무렵 집으로 바구니를 들고 돌아오는 어머니가 떠올랐다. 감수성이 예민했던 나는 애처로운 하모니카 소리가 들려주는 아이를 혼자 두고 바다에 나가 게와 고등을 줍던 어머니가 아이가 걱정되어 다 못 찬 바구니를 들고 바쁘게 집으로 돌아온다는「섬집아기」의 내용 속으로 빠졌다. 마치 노래속의 아기가 된 것 마냥 의미와 정서가 내게로 전이되어 나는 누군가가 들려주는 하모니카 소리에 푹 빠졌다. 그래서 하모니카 소리가 미치게도 좋았다.

중학교 1학년 열두 살 때, 읍내 중학교에 진학하여 문구점에서 하모니카를 샀다. 처음 만져보는 하모니카를 혼자서 불기 시작하였다. 처음에는 그저 노래가 되지 못한 소리만 났지만 어떻게 하다 보니 하모니카로 노래를 부르게 되었다. 악보도 없이 노래만 알면 모두가 노래

가 되었다. 나는 아이들 속에서 하모니카를 잘 부는 재간꾼이었다. 혼자서 마당에 나가 하얗게 비춰주는 달빛 아래에서, 아무도 없는 파도만 들락날락 하는 바닷가 둑 위에 앉아, 나의 하모니카 연주는 나를 외롭고 슬픈 주인공으로 만들었다.

두 살 아래인 아우도 하모니카를 잘 불었다. 형인 나보다 잘 불어 우리 형제는 하모니카로 화음을 맞춰가며 연주했다. 훗날 아우는 바다 건너 해제마을에서 쓸쓸하게 세상을 마감하였지만, 끝까지 아우를 지켜주던 것도 하모니카였다. 내가 좋아하는 노래는 어쩐지 비애가 가득한 것들이었다. 서울에 돈 벌러 갔다가 몇 해 동안 집에 돌아오지 않는 누님을 생각하며 쓸쓸한 마음으로 하모니카를 불었다. 그때 내가 불렀던 노래의 제목은 잊었지만 "고향땅이 여기서 얼마나 되나, 푸른 하늘 끝닿은 거기가 거긴가……" 하는 내용의 노래였다. 물론 「섬집아기」는 나의 십팔 번이었다. 어쩌다가 어른들이 부르는 노래도 불렀다. "가도 가도 사막의 길, 끝없는 사막의 길" 하며 부르는 옛노래에서는 방랑과 유랑의 길을 걷는 나그네의 심정이 가슴을 찔렀고, 「성불사의 밤」에서는 적막한 산사의 밤의 우수를 느꼈다.

훗날 매형이 부르는 하모니카 소리를 듣고 깜짝 놀랐다. 요즘말로 매형은 하모니카의 달인이었다. 매형은 지금껏 내가 보지 못한 커다란 하모니카를 여러 개를 가지고 있었다. 나처럼 어렸을 때부터 집 뒤의 산에서 소를 먹이기에 올랐다가 소가 꼴을 뜯는 동안 혼자서 어린 날의 우수를 하모니카로 풀었다고 한다. 다른 아이들은 중학교에 진학해 학교를 다니는데 진학하지 못하고, 소를 먹이던 자신이 가엾어 어느 날 부모님 몰래 서울로 줄행랑 쳤다는 것이다. 그때마다 매형을 지켜주고 위로해 주던 것이 하모니카였다는 것이다. 안타까운 사연이 깃든 매형의 하모니카 소리는 지금껏 내가 들었던 가장 슬픈 노래였다.

매형이 하모니카 불 때에는 방창방창 울리는 베이스 소리에 듣는 이의 가슴에 바람을 넣었다 뺐다를 반복했다. 노래 중간 중간에 넣는 베이스에 깊은 슬픔에 빠졌다가도 흥에 겨워 어깨가 들썩들썩 거렸다. 그런데 그 베이스 소리에 왠지모를 슬픔이 배어 있었다. 그 무렵 나도 베이스쯤은 넣을 줄 알았지만 매형처럼 힘차거나 기교가 다양하지 못했다. 아무리 배워도 매형의 하모니카 솜씨를 따라가지 못했다.

누님이 죽고 일년 동안 누님을 그리워하다가 식음을 전폐하고 술로 세월을 보내던 매형은 일년 후에 세상을 등지고 말았다. 지금은 죽어서 누님과 매형이 고향 언덕에 나란히 누워있다. 명절 때마다 누님과 매형의 무덤을 찾아가면 그 옛날 누님과 매형이 누워있는 그 언덕에서 소에게 꼴을 먹이며 불던 하모니카 소리가 들릴 것만 같다.

언젠가 매형이 나에게 자신이 쓰던 하모니카를 하나 선물한 적이 있다. 나는 그 하모니카를 불며 쓸쓸한 소년시절을 건너왔다. 이제는 나와 함께 유년의 강을 건너던 아우도 떠나고, 내게 하모니카 부는 방법을 가르쳐 준 매형과 누님도 이 세상을 떠나 더 이상 그들이 부르는 하모니카 소리를 듣지 못한다. 어찌된 일인지 언제부턴가 나도 하모니카를 잊고 살아왔다. 오랫동안 하모니카 소리 듣지 못했어도 누군가가 텔레비전에서 부르는 하모니카 소리를 들으며 가슴이 찢어지는 아픔을 느낀 적이 있다.

어제는 후배 시인의 출판기념회에 다녀왔다. 그 후배가 하모니카를 불었다. 후배 시인이 하모니카를 불고 그 노래를 배경삼아 시인의 아내가 시를 낭송하였다. 나는 그 소리에서 수많은 하모니카 소리를 들었다. 아우가 부르는 하모니카 소리, 매형이 부르는 하모니카 소리, 그리고 까까머리 소년이 부르는 슬픈 하모니카 소리를 들었다.

추운 줄도 모르고 지치던 썰매 타는 소리

마을 앞에 커다란 논이 있었다. 먼 옛날엔 바다였는데 바다를 가로질러 둑을 쌓아 생긴 논이다. 논과 둑 사이에는 또 다른 작은 둑이 있어 바닷물이 들고 나는데, 그곳에는 갈대밭이 우거져 있었고 몸에 털이 난 참게가 살아 황새나 두루미 등 철새들이 많이 날아왔다. 논에도 게들이 살아 마을 앞 논은 철새들이 가득했다. 그래서 철새가 날아오면 포수들이 나타나 새들을 잡아가기도 하였다.

가을 추수가 끝나면 물이 가득하여 날씨가 추워지면 초등학교 운동장 서너 배쯤 되는 커다란 논은 얼음판이 되었다. 추운 줄도 모르는 아이들은 언 논에 모여들어 지칠 줄 모르고 썰매를 타고 놀았다. 그래서 아이들은 날씨가 추워지기를 기다리며 마루 밑에 놓아둔 썰매를 고치거나 새로운 썰매를 만들어 그것을 가지고 언 논에 나가 겨울을 보냈다. 그때는 한 집에 아이들이 6~7명씩이나 되어 겨울내내 언 논은 마치 운동회날 운동장처럼 아이들 웃음소리가 그칠 줄을 몰랐다.

본래 썰매는 겨울에 눈이 많이 오는 지방인 강원도에서 짐을 실어나르던 기구였다. 짐을 싣고 다닌다 하여 이름도 '설마'였는데, 사람들이 된소리를 많이 쓰면서 '썰매'로 바뀌었다고 한다. 그런데 겨울에 짐을

실어나르던 교통수단이 얼음이나 눈 위에서 아이들이 타고 노는 놀이기구로 쓰이기도 하였다.

썰매 날은 납작하고 길이가 1.5~2미터쯤 되는 널빤지를 만들어 날 앞쪽은 가로막는 것이 있어도 부드럽게 타고 넘어갈 수 있도록 살짝 둥굴리고, 날 위쪽은 짐을 올릴 수 있게 널찍한 가로막대를 대어 만든 것이다. 그런데 우리 마을에서는 널빤지 좌우에 굵은 철사를 대어 얼음 위에서 잘 미끄러지도록 만들어 타고 놀았다.

나는 아버지가 만들어 주신 썰매를 언 논으로 끌고 가 동생을 태우고 끌고 다녔다. 썰매를 타고 노는 아이들은 그리 많지 않았다. 마을 앞과 뒤에 대숲이 많아 대나무로 만든 스키를 타고 놀았다. 아무래도 아이들이 썰매를 만드는 일이 쉽지 않았기 때문에 큰형이나 아버지가 만들어 주지 않으면 썰매를 가질 수 없었다.

요즘 아이들은 겨울이 되어도 썰매를 타고 놀지 않는다. 옛날에는 얼음판 위에서 팽이를 돌리거나 썰매를 타고 대나무 스키를 타는 것이 큰 즐거움이었다. 썰매가 얼음판을 가로지르며 달릴 때는 썰매의 밑바닥에 달린 굵은 철사와 얼음이 마찰하면서 경쾌한 소리가 났다. "스으윽" 소리를 내며 딱딱한 얼음판 위를 썰매가 미끄러질 때는 가슴에 스릴이 넘치며 말로 다할 수 없는 쾌감이 느껴졌다.

썰매는 줄이 있어 사람이 끄는 것과 작은 나무 끝에 못을 박은 막대로 썰매 위에서 얼음을 찍으며 그 힘으로 달리는 것이 있다. 누군가가 줄을 끌어 움직이는 썰매가 됐든 혼자 막대로 지치는 썰매든지 간에 썰매가 움직이는 데에서 묘한 즐거움이 느껴졌다. 오늘날은 눈으로 된 스키장에서 커다란 지팡이로 눈을 지치며 스키를 즐기지만 얼음 위에서 질주하는 썰매를 타는 묘미를 옛날 아이들은 즐겼다.

긴 겨울방학이지만 마을 앞 그 논에서 추운 줄도 모르고 뺨이 빨갛게 된 아이들은 날씨가 따스해져 얼음판에 나가 썰매나 스키를 즐기다가 얼음이 녹아 차디찬 물 속으로 빠지는 경우도 있었다. 다행히 논이 깊지 않았지만 물 속에서 나오려고 발을 얼음에 딛을 때마다 마치 어른들이 논에서 김을 매는 것처럼 자꾸 얼음을 깨며 얼음 위로 올라오려고 발버둥치곤 하였다. 얼음이 깨져 얼음덩이가 된 아이는 젖은 몸으로 덜덜 떨면서 집으로 돌아가 부모님께 꾸중을 들었지만, 감기에 걸리지 않고 건강한 겨울을 보냈다.

이제 옛날처럼 삼한사온의 겨울 날씨도 변해버리고, 겨울에도 언 논엔 썰매를 지치는 아이들도 없지만, 어쩌다 고향 앞을 지나다가 마을 앞 논을 바라보면 얼음 위에서 썰매를 지치던 아이들이 생각난다. 그곳에는 푸르른 벼가 자라고 있을 뿐 그 옛날 마을 앞에서 날개짓하며 장관을 이루던 황새, 두루미도 어디로 갔는지 보이지 않는다.

일용할 양식을 쏟아내던 방앗간 소리

우리 마을은 제법 큰 마을이어서 200호쯤 되었다. 옛날엔 마을 앞의 포구에 커다란 창고가 있었는데, 그곳은 인근 마을에서 거둬들인 조세인 식량을 싣고 서해를 지나 한강을 거슬러 올라가 경창(京倉)으로 가는 해창(海倉)이었다. 이렇듯 유서깊은 우리 마을은 이름도 해창이라고 불렀다. 그러다보니 우리 마을엔 인근 마을의 쌀을 도정하는 방앗간이 있었다.

마을 한가운데에 있는 방앗간은 우리 마을에서 가장 커다란 집이었다. 마치 2층짜리 집처럼 가운데가 불룩 나왔는데, 그곳에서 우리 마을뿐만 아니라 부근의 마을에서 추수한 쌀을 도정하였다.

방앗간 집은 마을에서도 가장 권력이 있는 집이었다. 적은 양의 쌀을 돌확에 찧어먹는 집도 있었지만, 대부분 방앗간을 이용해야 하기 때문에 방앗간 주인의 말이 가장 힘이 셌다. 그러다보니 그 집 아이들을 함부로 건드릴 수가 없었는데, 그 집 아이들은 그것을 무기삼아 언제나 권력자 행세를 하였다.

학교에 갔다가 마을이 보이는 고개마루를 내려갈 때면 방앗간에서 쌀을 찧는 발동기가 "통통통" 소리를 내며 돌아가는 소리가 들려왔다.

언젠가 방앗간에 오래된 발동기를 치우고 새로운 발동기가 들어왔다. 그 발동기는 아주 커다란 것이었는데 시동을 걸자 굉음을 내며 좌우에 달린 바퀴가 힘차게 돌아갔다. 힘 센 발동기를 들여오자 방앗간 천정에 이어진 벨트가 기계들을 움직이는 소리가 더욱 요란해졌다. 발동기에서 힘을 내면 줄을 타고 천정에 설치된 기계들이 일사불란하게 움직이면서 방앗간 구석구석까지 힘을 공급하며 움직이는데, 마치 방앗간이 살아서 꿈틀대는 것처럼 생기발랑했다.

아버지는 추수한 벼를 길가에 멍석을 깔고 햇볕에 말리셨다. 잘 마른 벼일수록 수매에서 좋은 등급을 맞을 수 있으므로 벼말리기는 매우 중요했다. 농사를 잘 지어놓고 잘 말리지 못하면 그만큼 좋은 등급을 받지 못해 손에 쥐는 돈이 적기 때문이다. 쌀농사를 지어 우리들을 먹이고 학교에 보내셨기 때문에 농사를 잘 짓기 위해 아버지는 햇볕이 내려쬐는 무더운 여름에도 땀을 뻘뻘 흘리며 김을 메고 물관리에 신경을 썼다. 수매하고 남은 벼는 우리 가족이 일 년 동안 먹고, 가용에 쓸 살림 밑천이 되었다.

아버지는 잘 마른 벼를 방앗간에 가지고 가 찧곤 하셨는데, 그날은 쌀겨를 하얗게 뒤집어 쓰고 방앗간에서 보내셨다. 방앗간의 기계가 돌아가면 "차르르" 소리를 내며 허연 쌀이 나무로 된 큰 기둥 속에서 쏟아져 내렸다. 아버지는 쌀을 가마니에 담으시며 농사 지은 보람을 느끼셨을 것이다. 도정이 끝나면 방앗간 밖의 작은 창고에서 쌀껍질을 가마니에 담으셨다. 뿐만 아니라 방앗간 앞의 창고에서 쌀겨도 가마니에 담으셨다. 쌀겨를 버리지 않고 여러 가지로 사용하셨다. 벼껍질은 퇴비나 연료로 사용하셨는데 하나도 버릴 것이 없었다.

방앗간에는 언제나 사람들이 붐볐다. 도정을 위해 방앗간을 찾기도 하지만 방앗간 한 편에서 고추도 찧기 때문이다. 고추방앗간은 씨멘트로 만든 서너 개의 구덩이에 일자로 된 절구가 오르락내리락 하면서 빨간 고추를 빻아 고춧가루로 만들어냈다. 이전에는 일일이 절구통에 고추를 넣고 사람의 힘으로 절구질을 하여 고추를 빻았는데 사람들은 좋은 기계가 나와 편리하게 고추를 빻을 수 있다고 좋아들 하였다.

발동기는 방앗간의 심장이나 마찬가지였다. 방앗간을 움직이는 동력이기 때문인데 어쩌다가 발동기가 고장이 나면 며칠 째 방앗간에서 방아찧는 소리가 들리지 않았다. 어떤 때는 며칠째 발동기를 해체시켜 놓고 모르는 아저씨들이 손과 얼굴에 기름을 칠한 채 고치는 모습도 볼 수 있었다.

발동기는 석유로 움직이기 때문에 방앗간 밖에 작은 웅덩이가 하나 있었다. 이 웅덩이는 폐유가 가득찬 시컴한 웅덩이였다. 아이들이 불놀이를 하기 위해 폐유를 가져가려고 웅덩이에서 얼찡거리다가 빠져 온 몸에 까만 폐유를 뒤집어 쓰기도 하였다.

이제 방앗간도 사라지고 그 위에 현대식 건물이 들어섰다. 방앗간을 돌리던 주인도 늙어 꼬부랑 할아버지가 되었다. 고향을 떠난 지 수십년이 되어 나를 알아보지 못할 것이다. 그렇지만 고향마을을 지날 때면 눈길이 자꾸 옛 방앗간이 있던 자리로 가고 유년에 들었던 방앗간 돌아가는 소리가 들릴 것만 같다.

뜨거운 밥을 차리던 어머니의 도마질 소리

아침 저녁이면 부엌에서 들리는 어머니의 도마질 소리가 즐거웠다. 먹을 것이 별로 없는 시절이었지만 어머니는 무엇을 써시는지 도마질을 하셨다. 어머니의 도마질 소리에 특별할 것도 없는 밥상이 차려지곤 하였지만, 그러나 그 소리는 허기진 아이들의 식욕을 일깨웠다.

어머니가 도마질을 하는 날은 깍두기나 채를 썰 때, 김치를 썰 때, 그리고 마늘을 쪼을 때, 어쩌다 생선을 썰 때, 그리고 특별한 날 낙지를 통통통 두드릴 때와 닭뼈나 생선뼈를 잘게잘게 썰 때 도마질을 하셨다.

농번기 때 모내기를 할 때나, 벼를 베는 날 어머니는 읍내 장에 가서 고등어를 사가지고 오셨다. 일꾼들에게 먹일 점심이나 저녁을 마련하기 위해 감자나 무를 썰고 고등어를 토막 내 고등어조림을 하셨다. 하루일이 끝나면 저녁밥은 집에서 밥을 먹곤 했는데, 그럴 때면 일꾼들은 새끼들을 데리고 와 밥을 먹였다. 이런 날은 무슨 대단한 잔치를 벌이는 양 아이들은 괜히 마음이 들뜨고 즐거웠다.

지금은 도마가 플라스틱으로 만들어진 것들이 많다. 그러나 옛날에는 도마는 나무로 만든 것들뿐이었다. 큰 나무를 베면 가운데를 쪼개

대패로 다듬어 도마 아래에 판자를 대어 다리를 만들어 썼다.

나무로 만든 도마에 대장간에서 만든 무겁고 날카로운 식칼로 칼질을 하면 도마는 속이 패여 갔다. 그런데 이상하게도 도마를 더 이상 사용할 수 없는 지경에 이를 때까지 배가 홀쭉해질 때 쯤이면 무쇠 칼은 여러 자루가 닳아 없어지는 것이다. 칼 맞는 일이 밥 먹는 일인 도마는 온몸에 칼을 맞아 상처투성이이다. 사람 같으면 수백 명이 쓰러질 일이지만 도마는 한 발짝도 물러서지 않고 칼을 맞받아친다. 부드러운 나무가 날이 시퍼런 칼을 맞는 당당한 기개는 마치 국난 때 몸 사리지 않고 적과 싸웠던 것은 우리 선조들의 의로운 기품을 닮았다.

도마의 상처가 깊고 쓰라릴수록 우리들의 식탁엔 무럭무럭 김나는 더운 밥상이 차려지곤 하였다. 마치 압제의 폭력에 굴하지 않은 지사와 투사의 정신을 닮은 듯한 도마의 정신이 의롭게 느껴지곤 하였다. 어찌 보면 나뭇조각에 불과한 도마이지만 어린 날 고등어조림을 만들어주고 뜨거운 밥을 지어주던 도마는 내게 살아있는 정신이었던 것 같다.

도마를 내려치는 식칼이 무뎌질 때마다, 지쳐서 녹슬 때마다 아버지는 숫돌에 식칼을 갈아 날을 세웠다. 어머니의 도마질이 수월하라고 숫돌에 날을 갈아 주시던 아버지는 돌아가시는 날까지 우리 집의 무딘 칼을 갈아주곤 하셨다. 그러나 아버지가 돌아가시자 어머니의 도마질은 무디고 둔탁한 소리를 낸다.

한번은 지하철에서 칼을 가는 기계를 샀다. 그런데 그것에 칼을 가는데 빽빽 소리만 나고 오히려 칼날이 상해버렸다. 누군가 중국산이라서 칼이 잘 안 갈아지는 것이라고도 했지만 어쨌든 나는 아버지처럼 칼을 가는 재주가 없어 어머니의 칼을 자주 갈아 드리지 못했다. 어머니께서는 도마에서 칼질을 하시면서 아버지 생각을 많이 하셨을 것이다.

우리 내외 출근하기 때문에 구순이 다 된 어머니께서 도마질을 하며 집안 살림살이를 해주시니 참으로 죄송한 마음뿐이다. 어머니는 엊그제 아버지가 쓰시던 숫돌을 내놓으셨다. 오랜만에 마음을 먹고 숫돌에 칼을 갈았다. 무사가 칼을 가는 마음에는 살의가 있게 마련이지만 살상용 칼이 아니라 식사를 마련하는 칼을 갈기 때문에 정성껏 칼을 갈았다. 나는 숫돌에 칼을 갈면서 칼을 갈던 아버지의 마음을 헤아렸다. 무딘 칼을 쓰는 어머니께서 힘들어 하실까봐 숫돌에 물을 발라가면서 슥삭슥삭 칼을 가는 마음은 참으로 애틋한 것이었을 것이다. 뿐만 아니라 칼을 가는 마음은 숫돌이 자신의 몸을 버려가면서 칼날을 세우는 정신이 투사된 것이라는 생각이 들었다. 즉 자신을 희생함으로써 우리 가족이 더운밥을 먹게 하는 일은 나보다도 타자를 위하는 마음의 배려이기 때문이다.

아들이 숫돌에 갈아준 그 칼을 들고 어머니는 당신이 늘 쓰시던 다 헐은 나무 도마를 꺼내어 도마질을 하셨다. 여전히 옛날처럼 뜨거운 밥상을 차리는 도마질 소리가 오랫동안 내 마음의 귀를 울린다.

누룽지 익던
가마솥 들끓는 소리

가마솥은 집안의 온 식구들을 밥 먹였다. 크고 웅숭한 마음씨가 삼대가 같이 사는 대가족제도에서 식구들의 밥을 삶아내는 데는 아주 유용한 것이었다. 단순히 밥만 많이 해내는 것이 아니라 두꺼운 무쇠솥이 익혀내는 밥맛이 기가 막히게 맛이 있을뿐더러 누룽지와 구수한 숭늉을 만들어 냈기 때문이다.

명절 때 식구들이 많이 모이거나 동네에 큰 일이 있을 때는 밖으로 옮겨져 돼지고기를 삶고 국을 끓이는데 사용되었으니 그 옛날 시골집 아궁이에 앉아 있던 가마솥은 무쇠라는 쇳덩이가 아니라 훈훈한 인간미와 정이 넘치는 품이 넓은 어머니였다.

가마솥은 성품이 자애스럽고 넉넉한 종가의 며느리 같다. 양은솥처럼 속이 얇지 않고 두꺼워 불길에 쉽게 끓지 않아서 천천히 달구어진다. 그러나 한 번 달구어진 가마솥은 쉽게 식지 않고 오랫동안 온기를 간직한다. 사람으로 치자면 성미가 무던해 쉽게 촐랑거리지 않고 입이 무거운 사람이라고 할 수 있다. 반면에 열을 받으면 물불을 가리지 않고 자신의 온기로 상대를 품는다.

가마솥에는 장작을 지펴야 제 격이다. 뜨거운 화력을 오랫동안 지펴야 쉽게 가마솥을 달굴 수 있다. 아궁이의 불길이 세어지고 솥의 온도가 올라가면 밥이 끓고 수증기를 솥뚜껑 틈으로 내보낸다. 그러면서 가마솥은 '보글보글' 소리를 내며 밥이 익어가고 있음을 알려준다. 수증기가 너무 많이 밖으로 빠지면 밥이 모래알처럼 꼬들꼬들해지기 때문에 불길을 조절하거나 솥뚜껑을 조금 더 닫는다. 솥뚜껑을 제대로 닫아놓으면 밥솥에 압력이 차 '쉬이익' 소리를 내지르며 하얀 김이 밖으로 빠져나온다.

가마솥에서 밥을 지으면 밥이 눌었다. 가마솥에 물을 부으면 누룽지는 누른밥이 되고 누룽지가 녹은 물은 숭늉이 되었다. 누룽지가 만들어지면 가마솥바닥을 숟가락으로 누룽지를 빡빡 긁어냈다. 숟가락은 누룽지를 긁어내는 전용으로 사용하다보니 반쯤 닳아져 있다. 숟가락과 가마솥이 마찰하면서 '빡빡' 소리가 나는데 집집마다 밥을 삶아낸 아침이나 저녁 때는 가마솥 긁는 소리가 들리곤 하였다.

가마솥의 용도는 다양한 것이어서 시루떡을 만들 때도 유용했다. 가마솥에 물을 붓고 솥단지 위에 시루를 얹었다. 가마솥과 시루 사이는 김이 새어나가지 못하게 쌀가루나 밀가루로 막았다. 이것이 시루팬인데 아이들은 시루팬을 떼어먹었다. 가마솥에 불을 때면 시루에서 김이 무럭무럭 났다. 어머니는 화력에 따라 어느 정도 불을 때야 하는지 짐작할 수도 있지만 떡시루 속에 칼을 찔러봄으로써 떡이 잘 익었는지, 그래서 불을 그만 때야 하는지를 가늠하였다.

보통 집안에는 가마솥이 세 개가 있다. 조리를 하는 부엌 중앙에 가마솥이 두 개가 있고, 행랑채나 외양간에 붙은 방을 지피기 위해 그 곳에 또 하나가 있다. 그곳에서는 주로 쇠죽을 쑨다. 특히 겨울철에 쇠죽을 많이 쑤는데 짚을 작두로 썬 것과 겨를 섞고 때로는 영양식으로 고구마나 농산물을 넣기도 했다.

추운 겨울 날 쇠죽을 끓일 때는 막대기로 잘 저어주곤 하는데 쇠죽에서 하얀 김이 피어오르고 쇠죽이 설설 끓었다. 겨울동안 소를 잘 먹여야 봄이 되어 쟁기질이나 달구지를 끌게 하는 등 잘 부려먹을 수 있었다.

쇠죽을 끓인 다음 열기가 남아있는 가마솥에 물을 가득 부으면 물이 데워진다. 그 물로 겨울동안 씻지 못한 몸을 씻곤 했는데 가마솥은 사람 뿐만 아니라 짐승들까지 먹여살리는 어머니 같은 존재였다.

이제 가마솥에서 밥을 삶는 집은 거의 사라졌다. 전기밥솥에 쌀을 씻어 앉히면 금방 밥이 익는다. 핵가족화 되었기 때문에 많은 밥을 하지 않는 시대에 전기밥솥은 아주 간편한 취사도구이다.

그러나 전기밥솥은 누룽지와 숭늉을 만들 수 없다. 쉽게 끓고 쉽게 식는 것이 오늘 우리들의 모습을 닮았다. 조금만 시간이 지나도 코를 씩씩거리며 딸랑딸랑 소리를 낸다. 편리한 시대라지만 나는 오히려 가마솥에서 밥을 하고, '뽀글뽀글' 끓던 가마솥의 정신을 간직하고 싶다. 농경사회의 대가족을 먹여 살리고, 어린 우리들의 겨울을 따스하게 하고, 쇠죽을 끓여내던 품이 넓은 어머니 같은 가마솥의 정신은 탐욕으로 가득한 시대를 따스하게 뎁혀줄 수 있기 때문이다.

운동회장
만국기 펄럭이는 소리

초등학교 시절, 제일 기다려지는 날은 운동회날이었다. 주로 가을에 운동회가 열렸는데 이 날은 학교는 물론 온 마을도 잔칫날이었다. 설을 기다리는 이유가 설빔을 얻어 입고 맛있는 음식을 먹을 수 있는 것처럼 운동회날도 맛있는 음식을 먹을 수 있고 마음껏 놀 수 있어서 가장 기다리는 날의 하나였다. 내가 좋아했던 먹을거리는 젤리처럼 약간 끈끈한 액체에 단맛을 넣은 것 뿐인데도 나는 그것이 먹고 싶었다. 먹고 나면 혓바닥에 빨갛거나 파랗게 물이 들었지만 참으로 맛있게 먹었던 것 같다.

운동회날 학교에 가면 확성기를 통해 경쾌한 음악이 운동장을 뒤덮었다. 축제분위기를 돋우기 위해 실에 붙은 만국기를 운동장 끝에 서 있는 단풍나무에 묶어 펄럭이게 하였다. 그런 분위기에 아이들은 괜히 가슴이 설레였다.

운동회는 청군과 백군으로 나뉘어 벌어졌다. 달리기, 기마전, 오자미 던지기, 축구, 배구 등 여러 가지 종목으로 경기를 치뤘다. 부모님과 아이의 다리를 묶어서 목표물을 돌아오는 경기는 서로 호흡이 맞아야 이길 수 있었다. 호흡이 잘 안 맞아 뒤뚱뒤뚱 걷다가 부모님과 아이가

넘어질 때는 이를 바라보는 사람들은 박장대소를 했다.

100m 달리기는 선생님이 화약권총을 쏘면 권총소리를 신호로 삼아 달리기가 시작되었다. 나는 혼자 달리기를 잘 못해 한 번도 상을 탄 적이 없다. 그래서 달리기를 할 때는 주눅이 들었다. 재미있는 것은 기마전을 할 때였다. 마부가 되어 말의 어깨에 내 어깨를 걸면 그 위에 기마병이 탔는데 우리는 상대의 말과 마부에게 머리를 처박으며 힘으로 밀어댔다. 지친 상대의 말이 쓰러지면 기세등등하게 다른 상대를 찾아 돌진하였다.

나는 운동회 때마다 청군만 했다. 참으로 우연한 일이지만 청군만 하다 보니 내 마음 속에는 '청군'이라는 말이 새겨져 진짜 청군이 되어 버렸다. 심지어는 백색보다는 청색을 더 좋아하게 되어버렸다.

오자미 던지기는 주로 저학년이 했던 것 같다. 높다란 기둥 끝에 오자미를 던지는 이 놀이는 댓살로 공모양으로 둥글게 뼈를 만들고 그 위에 종이를 붙여 만든 공 속에 오자미를 던져 집어 넣는 게임이었다. 오자미를 더 많이 집어넣은 팀이 이기는 경기였는데 아이들은 쉴새 없이 종이공 속으로 신나게 오자미를 던졌다. 오자미는 콩이나 모래를 주먹보다 조금 작은 헝겊에 담은 것으로 사람들이 맞아도 아프지 않았다.

달리기를 잘 하거나 경기에서 이기면 작기장(노트)이나 연필을 상품으로 받았다. 어떤 아이들은 연필이나 작기장 상품을 여러 개 타기도 하였지만 나는 겨우 단체전에서 연필 한 자루를 탄 적이 있다. 그래서 상품을 많이 탄 아이들이 부럽기도 했다.

오늘날은 운동회가 대부분 체육관에서 진행된다. 심지어 도시의 신설학교는 운동장이 없는 학교도 있다고 한다. 그래서인지는 모르겠지만 요즘 아이들은 옛날 아이들보다 더 많이 먹어 비만을 걱정할 지경이다. 체력과 지구력이 떨어지는 아이들은 운동 자체를 싫어한다고 하니 격세지감이 느껴진다.

옛날에는 잘 못 먹어 학교 가다가도 머리가 어지러워 잠시 앉았다가 길을 갈 때도 있었다. 월요일마다 운동장에서 교장 선생님의 훈시를 들을 때 못 먹은 아이들은 픽픽 쓰러졌다. 허기져서 달리기도 잘 못했지만 학교 운동장 가득 바람이 불 때마다 만국기 펄럭이는 소리가 참 좋았다. 영국 · 미국 · 일본 · 그리스 · 프랑스 · 독일 등의 국기를 식별하다가 우리나라 태극기가 가장 아름답다는 생각을 하기도 하였다. 이 무렵에 세계에 이름도 모르는 나라가 있다는 것도 알게 되었다.

오늘날은 만국기가 주유소나 전자제품 또는 삼겹살집 개업식장에 펄럭이기도 한다. 광고와 홍보용으로 전락해 버린 것이다. 씁쓸한 생각과 더불어 그 옛날 운동회장을 달리던 아이들의 머리 위에 펄럭이던 만국기를 떠올려 본다. 그리고 펄럭이는 만국기 아래에서 들려오는 힘찬 함성을 듣는다.

한가위 달빛아래
강강수월래 소리

팔월 한가위 때가 되면 동네의 처녀들은 마당 넓은 집에서 강강수월래를 하였다. 저고리와 치마의 한복을 곱게 차려 입은 말만한 처녀들이 손을 맞잡고 덩실덩실 춤을 추었다. 둥근달이 떠오르면 강강수월래가 시작되곤 하였는데 처녀들은 둥근 원을 그리며 춤을 췄다. 목청 좋고 소리 잘 하는 사람이 맨 앞에 서서 메기는 소리를 하면 나머지 사람들은 "강강수월래"를 받는 소리를 하였다.

처음에는 늦은 가락으로 나가다가 노랫소리와 춤도 빨라져서 나중에는 뛰는 것처럼 노래와 춤이 빨라졌다. 우리 동네에서는 메기는 소리를 응용하기도 하였는데, 자신의 소원을 던지듯이 메기면 나머지 사람들은 "강강수월래"를 후렴구로 외쳤다.

처녀들이 강강수월래를 하는 날은 동네 총각들이 몰래 엿보기도 하였다. 여기에서 처녀를 마음에 점찍기도 하였으니, 내 유년의 강강수월래는 남녀가 자연스럽게 만나는 의식이기도 하였다.

강강수월래는 중요무형문화재 제8호로 지정되어 있다. 임진왜란 때 이순신 장군이 왜군에게 우리의 병사가 많게 보이기 위해 마을 부녀자들을 모아 남장을 시켜 산을 돌게 한데서 시작되었다고 한다.

그러나 농경민족인 우리 민족이 한 해 농사를 마치고 이른바 추수감사의 의식으로 벌인 놀이라고 보는 것이 더 타당하다는 생각이 든다. 주로 팔월한가위 때 강강수월래가 벌어지는 것은 일년 중 달이 가장 밝은 날을 택한 것이 그 이유이다. 추수가 마무리 되는 팔월한가위가 일년 중 가장 밝은 달이 뜨기 때문이다.

이는 밝은 달을 좋아했던 우리 민족의 정서와 관련된다. 달을 통해 소원을 빌고 달을 통해 대화를 하여 자신과 이웃과의 소통을 시도했다고 볼 수 있을 것이다. 이뿐만 아니라 강강수월래라는 민속놀이 속에는 멋진 춤과 노래를 부름으로 해서 남성을 유혹하고, 부모에 대한 효성스러운 마음을 다짐하는 의미도 지녔다.

강강수월래는 단순한 놀이가 아니었다. 둥글게 춤을 추다가 흥이 나면 한 사람이 원 안으로 들어가는 남생이 놀이와 고사리 꺾기, 청어엮기, 기와밟기, 꼬리따기, 덕석말이, 문지기놀이, 실바늘 꿰기 등 다양한 놀이의 등을 하기도 하였다.

특히 강강수월래가 재미있는 것은 속도의 변화 때문이다. 물론 다양한 놀이로의 변화도 재미있지만 기본적으로 속도에 변화를 주기 때문에 활력이 넘치고 흥미롭게 느껴진다. 처음에는 늦은 강강수월래로 시작하여 중강강술월래, 잦은 강강수월래로 속도를 빠르게 변화시키면서 발놀림과 노랫소리가 빨라진다. 이때쯤이 강강수월래가 절정을 이루는 때이다.

강강수월래는 한 시간이고 두 시간이고 계속 이어지는데, 연약한 처녀들이 어디에서 힘이 생겨났는가 싶을 정도로 활력과 에너지가 넘쳐났다.

강강수월래는 남성중심의 사회에서 여성들이 놀 수 있는 놀이를 생각하여 발전된 여성전용 민속놀이이다. 여성들이 대낮에 춤을 추는 일은 상상할 수 없었기 때문에 하루 노동이 끝난 그 시간, 다른 때 같으면 베틀 앞에 앉아있을 그 시간을 이용해 달밤에 춤을 추고 노래를 불렀던 것이다.

여성들의 놀이가 별로 없었던 시대에 활달한 여성의 기상을 보여주며 자신과 그리고 이웃과, 또는 여성과 남성이 소통하는 삶의 방식이라고도 할수 있다. 우리 할머니, 그리고 어머니들의 정서가 녹아난 민속놀이로 오랜 시간의 우리 민족의 정서가 깃들어 있는 놀이이다.

오늘날은 강강수월래를 중요무형문화재로 지정하여 보존하고 있지만, 그 옛날에는 부녀자들이 모여 집단으로 벌였던 축제였다. 달밝은 밤 누님들이 마실에 나간다고 하여 몰래 따라갔던 우리 동네에서 가장 잘 살았던 박부자네 마당에서 밤새 이어졌던 강강수월래 노랫소리와 춤이 아득하게 떠오른다. 이제 그 누님들은 모두 어디선가 늙어가고 있을 것이다. 그러나 달밝은 팔월한가위가 되면 강강수월래 노랫소리와 춤이 떠오를 것이다.

한가위 때
동네 콩쿠르 노랫소리

추석 명절 때가 다가오면 마을 이장네 감나무에 매달린 확성기에서는 '한가위 노래자랑'을 안내하는 방송이 나오곤 했다. 이때쯤 마을의 청년들은 노래자랑 무대를 만들고 상품을 마련하는 등 부산하게 축제를 준비하였다.

노래자랑은 주로 추석 전날 밤에 열렸다. 서울이나 객지에 돈을 벌려고 나갔던 처녀 총각들이 고향에 돌아와 마을은 활기를 띠었다. 1960년대에는 '무작정 상경'이라는 영화가 만들어질 정도로 서울로 올라가 공장에 취직한 젊은이들이 많았다. 그러다가 설이나 추석 명절이면 고향에 내려와 일가친척들에게 인사를 드리고 선물을 하고 성묘를 하였다. 그래서 귀성열차는 언제나 미어터지게 북적대고 서울에서 전라도 고향까지 열 두 시간 걸렸네, 열다섯 시간 걸렸네 하였다. 고향에 돌아와 오랜만에 친구들을 만나니 즐겁지 않을 수 없어 노래자랑에 나가기도 하고 구경도 하였다.

큰 누님은 동네에서도 유명한 명가수였다. 누님은 다른 동네 콩쿠르에 나가 상을 타오곤 했는데 그때는 양은솥, 시계, 밥그릇이 주된 상품이었다. 그래서 우리 집에서는 그릇을 사지 않아도 되었다. 누님이 콩

한가위 노래자랑

쿠르에 나가면 무조건 상품을 타오기 때문이다.

누님이 무대에 오르면 청년들은 휘파람을 불었다. 부끄러움을 잘 타는 수줍은 누님은 머쓱한 표정으로 노래를 시작했다. 그러나 노래에 빠지면 이미자 뺨치게 노래를 잘 불렀다. '열아홉 순정'이나 '섬마을 선생님'을 잘 불렀는데 누님의 노래가 끝나면 "앵콜! 앵콜!" 하는 소리가 터져 나오곤 하였다.

콩쿠르를 준비하는 청년들 중에는 기타를 잘 치는 사람이 있었다. 어디서 구했는지 요란한 옷을 입은 청년들이 노래자랑 출전 선수가 노래를 부르면 기타반주로 흥을 돋구었다. 폼이라고 생긴 폼은 다 내면서 기타연주를 했는데 그 모습에 콩쿠르는 흥겨운 마을 축제가 되는 것이었다.

콩쿠르의 심사는 마을 이장과 어른들 중에서 맡았다. 옷을 어떤 것을 입었는지, 무대 매너는 어떤지, 그리고 노래 실력은 어떤지를 보아 점수를 주고 등수를 매겼다. 어떤 처녀는 평소 점잔을 빼다가도 무대에 올라와서는 난리를 치면서 온갖 끼를 발산하기도 하고, 어떤 청년은 돼지 멱따는 소리로 노래를 불러 마을 사람들에게 즐거움을 주고, 마을 할머니는 심청이 인당수에 빠지는 소리를 불러 구경꾼의 애간장을 다 녹이기도 하였다.

콩쿠르가 벌어지는 동안 마을 사람들은 저녁밥을 먹고 콩쿠르가 열리는 마을 앞 가설무대로 몰려들어 자리를 잡는다. 누구네 집 자식이 노래를 잘 부르는지, 아무개가 서울에 갔다가 얼굴을 내보이는지를 알 수 있는 추석 무렵의 콩쿠르는 온 마을 사람들이 함께하는 유일한 잔치였고, 사람들의 소식을 알 수 있는 소통과 친교의 마당이었다.

콩쿠르를 통해 누구누구가 눈이 맞았다는 소문이 퍼지기도 하였는데, 그 옛날 콩쿠르는 주로 청년들의 소통의 장이었던 셈이다. 또한 그 시절 가장 현대적인 문화의 마당 역할도 담당했던 것이 사실이다.

이제 어느 마을에서 추석 무렵에 콩쿠르를 여는지 모르겠다. 그 옛날의 콩쿠르 같은 것은 거의 사라지고 사람들은 텔레비전 앞에 앉아 텔레비전에서 방영하는 추석특집 프로그램을 본다. 온 마을을 들썩이는 흥에 빠지게 했던 콩쿠르는 옛 이야기가 되어버렸다. 양은솥 상품을 타오던 처녀들은 할머니가 되었다.

디지털 시대의 문명은 갈수록 자본화되고 비인간화되어가고 있다. 이러한 시대에 옛 콩쿠르 무대에서 울려 퍼지던 마을 가수의 어설픈 노랫소리가 그리워진다. 세련되지 않은 노래이지만 함께 울고 웃었던 농경사회의 추억이 더욱 그립게 다가오는 것은 단순한 향수가 아니다. 옛 콩쿠르에서 들려오던 노랫소리 속에는 따스하고 애틋한 인간의 정이 배어 있고, 화장하지 않은 인간의 맨 얼굴이 있었다.

화이트 크리스마스에 울려퍼지는 캐롤송

우리 동네는 6·25때 일부 고약한 기독교인들 때문에 전쟁이 끝난 후에도 기독교가 성하지 못했다. 기독교에 대한 인식이 좋지 않았기 때문이다. 그래서 내가 중학교 다닐 때쯤에사 동네에 교회가 생겼다. 가건물 구조물을 짓고 우리 동네 출신의 전도사가 교회를 부흥시키기 위해 갖은 노력을 다했다. 교회를 운영하기 위해서는 돈이 필요했을 텐데 젊은 전도사는 야산을 손수 개발하여 수박 · 참외 · 오이 등 과일을 심고 밭을 일궈 농사를 지었다. 아이들이 수박서리를 하는 바람에 곤욕을 치루기도 했지만 젊은 전도사는 열심히 자신의 고향마을을 복음화시키려 갖은 노력을 다했다.

밤마다 야학을 열고 아이들을 모아 찬송가는 물론 복음성가와 율동을 가르쳤다. 우리 집안은 할아버지 적 부터 개신교회에 나가던 터라 오히려 이러한 일에 대해 적극적인 참여와 협조를 하였지만, 그때 까지만 해도 이른바 '예수쟁이'라고 손가락질을 받았다.

전도사는 기독신앙을 마을에 전파하기 위해 여러 가지를 고심했는데 특히 재미있는 놀이와 율동을 통해 아이들이 흥미를 갖도록 하였다. 그는 입담도 세고 노래 솜씨도 보통이 아니었다. 그래서 동네사람

들은 전도사를 '궁따따'라고 호칭하였다. 이는 그가 아이들에게 가르쳐 준 노래의 제목인데 "궁따궁따 궁따따 정말 좋구나"하며 부르는 이 노래의 후렴구에서 따온 이름이다. 율동과 함께 부르는 이 노래는 "궁따 궁따 궁따따"를 반복함으로써 흥이 돋구어졌다. 그래서 아이들은 물론 동네 사람들까지 '궁따따'라는 노래와 '궁따따'라는 전도사에게 호감을 갖게 되었다.

사람들을 만나면 인사도 잘 하는 친화력을 지닌 전도사는 늘 쾌활하고 긍정적인 분이었다. 교회에서 행사나 무슨 일이 있으면 많은 사람들이 힘을 보탰다. 마치 '상록수'의 주인공 같다는 생각이 들었다.

크리스마스가 가까워지면 예배당에서 신나는 캐롤송이 흘러나왔다. 아이들은 크리스마스 때 부를 노래를 연습하느라 교회에서 지내는 시간이 많았다. 코가 예쁜 루돌프 사슴으로 분장하기도 하고, 또 어떤 아이는 산타크로스 할아버지로 분장하여 토막 연극을 연습하기도 하였다.

교회는 마을 맨 끄트머리에 있었다. 여전히 교회에 부정적인 어른들도 있었지만 아이들은 대부분 호의적이었다. 그래서 크리스마스 분위기를 띄우기위해 교회에 크리스마스 트리를 장식하여 울긋불긋한 불을 밝혔다.

교회에서 흘러나오는 캐롤송은 아이들의 가슴을 들뜨게 했다. 왠지 모르게 좋은 일이 있을 것처럼 크리스마스가 다가오기를 기다렸다. 크리스마스 이브엔 경건한 마음으로 예배를 들였다. 그리고 크리스마스 새벽 아이들이 일찍 일어나 동네를 돌아다니며 찬송가와 캐롤송을 불렀다. 아득한 새벽 하늘에서 하얀 눈이 내리면 화이트크리스마스의 축복을 받은 듯 아이들은 행복했다. 아이들이 서 있는 지상이 천국 같다는 생각이 들었다.

아이들은 자신들이 천사가 된 양 어둠 속에서 "고요한 밤 거룩한 밤 어둠에 묻힌 밤 주의 부모 앉아서 감사기도 드릴 때 아기 잘도 잔다" 하면서 거룩하고 신성한 마음의 목소리로 찬송가를 부르고 "흰 눈 사이로 썰매를 타고 달리는 기분 상쾌도 하다"며 캐롤송을 부르며 동네를 누볐다. 그리고 만나는 사람들에게 "메리 크리스마스"를 연발하였다.

크리스마스가 가까워지면 도시에서는 더욱 흥취가 났다. 레코드사 앞 길거리는 물론 다른 상가들도 모두 크리스마스 분위기를 돋구는 장식을 하였다. 반짝반짝 빛나는 크리스마스 트리가 장식된 길거리엔 많은 사람들이 쏟아져 나와 붐볐다. 여기에는 기독교인과 비기독교인의 구분이 없었다. 모든 사람들이 크리스마스라는 축제를 함께 즐기는 분위기였다.

그런데 언제부턴가 크리스마스가 돌아와도 즐겁지가 않다. 무엇인가 좋은 일이 있을 것 같은 크리스마스 분위기가 죽었기 때문이다. 이는 IMF사태 이후 팍팍한 경제사정상 삭막해진 인심 때문이다. 먹고 살기가 쉽지 않으니 크리스마스가 무슨 대수겠는가. 사람들의 정서마저 메마르다 보니 크리스마스 분위기가 썰렁해진 것이다.

그러나 나의 소년시절의 크리스마스를 생각하면 흥겨운 캐롤송이 들려온다. 그 아득한 날의 기쁨이 충만한 분위기가 느껴진다. 아무런 욕심없이 아기 예수님의 탄생을 진심으로 축복했던 우리 세대들의 이야기가 배어있는 캐롤송은 여전히 우리를 행복하고 기쁘게 할 것이다.

겨울밤
문풍지 우는 소리

옛날에는 소나무 가지가 휘어질 정도의 눈이 서정적으로 내렸다. 더불어 사흘은 따스하고 나흘은 매서운 날씨를 보였는데 특히 바람이 많이 불었다.

추운 날 바람이 불면 아버지는 아궁이에 장작불을 지피시고 어머니는 고구마를 쪄냈다. 간식거리로는 고구마가 그만이어서 말랑말랑한 찐고구마는 달착지근하게 맛있었다.

문밖에는 눈보라가 치는데 문풍지에서 소리가 났다. 지금 생각하면 여간 시끄럽다는 생각이 들었겠지만, 그러나 겨울이면 듣던 아름다운 선율을 연주하는 악기소리였다.

우리 집엔 방이 둘이 있었는데 작은 봉창문까지 일곱 개의 문이 있었다. 6·25때 식구들이 잠시 피난을 갔는데 그 사이에 누군가가 우리집 문짝들을 떼어가버려 문짝의 아귀가 잘 안 맞는다. 그러다보니 돌쩌귀가 흔들리고 문틈이 넓었다. 덕분에 가을에 문짝에 창호지를 새로 바를 때는 다른 집보다 문고리쪽 문풍지를 더 넓게 하곤 했다. 그래야만 문틈에 바람이 적게 들어오기 때문이다.

초겨울이 되면 어머니와 누님들은 집안의 모든 문짝을 떼어내고 문

짝에 창호지를 발랐다.

대부분의 집은 월동준비의 하나로 창호문을 발랐다. 창호문 바르는 일을 주로 큰누님의 몫이었다. 먼저 낡고 때자국이 누렇게 된 문짝 위의 창호지를 뜯고 문창살에 풀을 발랐다.

큰누님은 아주 섬세한 손길을 가졌는데 보잘 것 없는 문이지만 창호지를 바를 때는 꼭 멋을 부렸다. 예쁜 꽃이나 나뭇잎을 창호지에 붙이고 그 위에 또다시 창호지를 붙였다. 문짝에 꽃이 피거나 낙엽이 떨어져있는 모습을 비춰 은근히 서정적인 기운이 나게 하였다. 뿐만 아니라 할머니가 창밖을 내다볼 때 자주 바라보던 봉창문에는 작은 투명한 유리를 끼어넣어 문을 열지 않고도 밖을 바라보게 하였다.

그런데 시간이 지나면 창문에 구멍이 생기기 시작하였다. 짓궂은 아이들이 밖을 내다보기 위해 창호지를 찢거나 손가락에 침을 발라 구멍을 내곤 하였다. 그 구멍으로 바람이 들어올까 봐 어머니는 창호지 조각을 덧대어 붙여 바르곤 하셨다.

눈내리는 겨울 밤엔 꼭 뒤곁에서 부엉이가 울었다. 노랫말처럼 부엉이는 춥다고서 우는지, 아니면 배가 고파서 우는지는 잘 모르겠지만 아이들은 꿈결인 듯 동화속인 듯 부엉이 우는 소리를 들으며 겨울잠에 들곤 했다. 이런 날은 밤새 문풍지가 울었다. 문풍지 소리는 바람이 세게 불 때와 약하게 불 때 그 소리는 달랐다. 문풍지 소리는 바람이 바르르 떠는 창호지에서 나는 소리였다. '붕붕붕' 소리를 내기도 하고 '윙윙윙' 소리를 내기도 하였다. 그러다가 바람이 잦으면 온 세상이 절간처럼 고요했다. 그런 날도 아이들은 잘도 잤다. 꿈 속에서 산중의 노루나 산토끼가 추운 날 무얼 먹고 사는지가 궁금했다.

이제 창호지 문은 거의 사라진 것 같다. 간혹 한옥에서나 볼 수 있다.

그러므로 겨울 바람 부는 날 문풍지 우는 소리도 들을 수 없게 되었으니 사뭇 아쉽다. 모든 것이 간편한 인스턴트화된 시대가 삭막하게 느껴지는 오늘날, 옛 이야기처럼 잠들지 못하고 눈에 불을 켠 채 밤을 지키는 부엉이 우는 소리와 어울려 밤새 떠는 문풍지 소리가 그리운 것은 나만의 심사가 아닐 것이다.

강경호 에세이집
내 마음의 소리

2015년 3월 20일 인쇄
2015년 3월 25일 발행

지은이 | 강 경 호
펴낸이 | 강 경 호
기획 · 인쇄 | 도서출판 시와사람
등 록 | 1994년 6월 10일 제 05-01-0155호
주 소 | 광주광역시 동구 백서로 125번길 32-5 (금동 8-1)
전 화 | (062)224-5319
팩 스 | (062)225-5319
E-mail | jcapoet@hanmail.net

ISBN 978-89-5665-419-5 03810

값 15,000원

공급처 ■ 한국출판협동조합
경기도 파주시 탄현면 오금리 202번지
주문전화 (02)716-5616, 070-7119-1740